故 노동은 선생님 1주기에 부쳐

2017년은 민족음악가 김순남과 윤이상 선생 탄생 백 주년이 되는 해입니다.
두 음악가의 탄생 백주년은 노동은 선생님이 돌아가신지 1주기가 되는 해이기도 합니다.
이렇게 우리들에게 또 하나 역사의 맥락이 시작되는 것이겠지요.

언제나 한 순간 한 순간이 역사가 된다고 늘 말씀 하셨던 것 잊지 않겠습니다.
조금씩 선생님이 일구어 놓으신 학문의 소리에 귀 기울이며 노력하겠습니다.

선생님 항상 고맙습니다.

선생님은 방대한 양의 원고를 탈고하고
책을 마감하셨을 때 항상 고요하고 평화롭다고 하셨지요.

이제 고요하고 평화로우신가요?

곁에서 쉽 쉬고 계실 것만 같은 밤,
조용히 여쭈어 봅니다.

문화와 역사를
담다   001

인물로 본
한국근현대음악사

음악가 10인의
엇갈린 선택

노동은

민속원

故 미리내 노동은 선생의 근현대 음악가 연구

민족음악학자 노동은 선생님의 숙명과도 같은 학문의 길은 우리민족 음악 중 '근대近代'에 관한 음악연구, 즉 '근대음악사近代音樂史'에 펼쳐져 있다. 한 평생을 근대의 음악자료와 싸우고 근대 음악역사의 맥락과 정체를 파악하기 위해 기꺼이 모든 열정과 시간을 내어 준 것이다.

노동은 선생님의 근대음악사 연구에서 첫 실마리가 된 것이 바로 음악가 연구였다. 근현대 음악가 연구가 그가 열중을 쏟은 학문연구의 뿌리가 되는 것이다.

노동은 선생님은 1985년 '우리나라 최초의 양악인 이은돌' 연구를 시작으로 계속해서 여러 음악가들에 대한 연구를 진행했다. 그는 '이은돌' 연구 이후 일제 강점기 음악가(1987)·월북음악가(1988)·김희조(1989) 등을 탐구했고, 북한음악가 김길화(1990)·윤이상(1990)·홍난파(1991)·윤심덕(1992) 등으로 연구 영역을 넓혀갔다.

그 후 계속 몇 년간 천착하여 탐구한 인물인 김순남에 관한 연구 성과가 빛을 보게 된다. 음악가 연구 저서로는 최초로 1992년『김순남 그 삶과 예술』(서울: 낭만음악사, 1992)이 출판된 것이다. 이 책은 음악학의 한 분야로 전기학傳記學이라고 할 수 있는 음악가연구의 한 획을 긋는 획기적인 성과였다. 그후 한국음악학계는 음악가연구라는 새로운 학문적 계보를 얻게 된다.

노동은 선생님의 음악가연구에 대한 열의는 현제명(1993)·김영동(1993)·신막(1993)·안익태(1994)·안확(1996)·안기옥(1996)·이건용(1996)·한성준(1998)·김덕수(2001)·김창조·백낙준(2001)·이건우(2001)·이의성(2001)·안보승(2003)·정율성(2005)과 연이어 고종익·김동진·김원복·이종태·조두남·최희남(이상 2010)까지 음악가의 활동분야와　시기를 막론하고 끊임없이 이어진다.

　　이들 연구는 방대한 양의 책과 악보, 사진과 신문자료 등을 깊이 있게 들여다보고 그것을 씨줄로 날줄로 엮어내는 노동은 선생님만의 역량이 있었기에 가능했다. 그의 음악가 연구는 종으로는 역사적 맥락을 이어오는 통시적인 관점의 역사성을 가지지만 횡으로는 새롭게 발굴되는 자료들의 경향을 분석하고 수정, 보완해서 계속 연구의 외연을 확장하였다. 그래서 한 인물의 연구라도 수차례 반복적으로 연구서를 쏟아냈고, 그 연구의 성과들이 종으로 횡으로 잘 짜여 거대한 산과 같은 연구 업적을 이루어 낸 것이다.

　　노동은 선생님이 설립한 〈한국음악연구소〉가 유작 엮음 중 첫 번째로 음악가 연구서인 『인물로 본 근현대음악사 - 음악가 10인의 엇갈린 선택』을 출간하는 이유이기도 하다.

우선 선정한 음악가들은 이은돌, 홍난파, 채동선, 안익태, 김순남, 이건우, 이의성, 김희조, 정율성, 윤이상 등 10명이다.

이 연구들은 노동은 선생님이 초기연구(1980년대)부터 계속해서 써온 글들을 하나로 묶었기 때문에 대부분의 음악가 연구는 몇 년에서 몇 십 년간의 연구 성과가 축적된 결과물이다. 특히 노동은 선생님은 생전에 이미 음악가 연구를 책으로 묶어 출간할 계획을 세우고, 계속 자료를 보강하였다.

다만 노동은 선생님의 음악가 연구 중 단연 독보적이라고 할 수 있는 '현제명 연구'는 남겨진 글이 미완성 글이기도 하고 연구의 질적 내용과 양적 모습으로 보아 전체적인 수정과 보완을 통해 연구 성과가 더 첨가되어야 할 것으로 판단했다. 추후에 내용을 수정, 보완해서 '현제명 평전'을 단행본으로 출판할 계획이다.

책을 내면서 글을 편집할 때 선생님의 문체를 그대로 두는 것을 기본 원칙으로 삼았다. 군데군데 예스러운 문체들이 있지만 현대어로 고치지 않았다. 다만 문장에서 단순한 오타나 문맥의 흐름이 맞지 않는 경우에만 바로 잡았다.

민족음악학자 노동은 선생님을 음악가연구의 선구자로 평가하는 것

은 한국음악학계에서 음악가연구의 본격적인 시작을 알렸기 때문이기
도 하지만 연구의 내용과 연구자의 자세 때문이기도 하다.

그는 음악가 연구를 할 때 가능한 1차 사료를 모아서 살펴보고 분석해
서, 성과를 남겼다. 그리고 되도록 어떻게든 직접 음악인들을 만났고, 그
게 여의치 않으면 자녀나 후학 등의 후손을 만나서 살아있는 인물의 역
사를 복원해 인물역사학을 만들려고 노력했다. 그렇게 몸으로, 발로 뛰
고 열정적으로 자료를 모아서 공부하고 분석했다. 의미를 찾아내어 진실
을 알아가는 선생님만의 독보적인 연구방법이었던 것이다.

그러기에 이 책을 내 놓기가 너무나도 어렵고 송구스럽다.

모쪼록 노동은 선생님이 생전에 일구어 놓은 학문적 업적에 조금이라
도 누가 되지나 않기를 조심스럽게 바라는 마음이다.

2017년 9월
한국음악연구소
책임연구원 강현정

근현대 음악가를 떠올리며

　오늘과 내일에 한국 음악문화를 창달하려고 부단히 모색할 때라도 반드시 국악만으로 이루어진 음악 문화로 전개되는 것은 아니다. 이미 서양음악 문화의 요소는 '음악적 모국어'를 창조하려는 당대의 시대적 요청에서도 변수로 작용할 만큼 단순한 접촉단계를 지난 내용이다.

　이것은 지금까지의 서양음악 문화와의 접촉 과정이 한국음악이라는 전 질서에 끊임없이 재조정되어 왔고, 앞으로도 재조정될 것이기 때문이기도 하다.

　그러기에 '어제의 접촉'을 밝히는 것은 바로 한국 음악문화의 통시적通時的이고도 공시적共時的인 관계에서도 정립해야 함은 물론 재해석해야 할 과제이기도 하다.

　그러므로 서양음악이 어느 때에, 누구에 의해, 어떠한 내용이 전달되고 어떻게 소통되었으며, 당대의 의미가 무엇인가에 대하여 관심을 가질 수밖에 없다. 특히 시대적 상황 속에서 한국음악과 서양음악의 소통에 기여한 음악가들을 통해 당대의 고민과 소통의 수준을 파악하는 것도 중요하다.

　1876년 개항開港을 전후해 조선은 급격한 서양문물의 유입을 체험한다. 단순히 서양 이방인의 출현뿐만이 아니라 조선의 지식인 사회에도 큰 충격파가 미쳤다. 개화파의 출현은 이러한 변화에 대한 자주적 대응의 한 흐름으로 등장한 것이었다. 이후 서양 지식을 수용하기 위해 정부 파견과 개인 차원의 유학이 이뤄지면서 '개화開化'는 피할 수 없는 시대의 대세가 되어갔다. 이러한 흐름에서 전통음악계도 예외가 될 수 없었다. 이른바 '양악洋樂과의 접촉과 수용이 자연스럽게 이뤄지고, 외국에 나가 양악을 배워오는 유학생들이 줄을 이었으며, 이들이 전통음악계와 교류하며 새로운 음악(서양 음악)을 주도하게 된다.

지금까지 한국음악에서 양악사洋樂史 연구로는 1885년 미국의 개신교 선교사들의 찬송가와 그 뒤의 창가, 그리고 1900년대 '시위연대 군악대' 侍衛聯隊 軍樂隊와 프란츠 에케르트Franz Eckert에 관한 것이 주종을 이뤘다. 물론 그 이전, 즉 18세기 전반 연행사燕行使를 통한 북경 천주당天主堂과의 서양음악 접촉, 1860년대 '외방전교회' 신부들의 찬미가Cantique 등이 있지만 아직은 단편적인 소개에 그치고 있다.

근대 시기 초기부터 1910년까지 태어난 대표적인 양악인으로 1880년대 일본에서 프랑스 음악인에게 수학한 코오넷과 신호나팔의 전공자 이은돌李殷乭을 제외하면 1881년 태생의 정사인鄭士仁, 1883년의 백우용白禹鏞, 1994년의 이상준李尙俊, 1885년의 김인식金仁湜과 김형준金亨俊,

1893년의 김영환金永煥, 1897년의 윤심덕尹心悳, 1898년의 홍난파洪蘭坡, 1900년의 박태준朴泰俊, 1901년의 채동선蔡東鮮과 김재훈金載勳, 1903년의 현제명玄濟明과 윤극영尹克榮, 1904년의 김세형金世炯과 계정식桂貞植, 1906년의 안익태安益泰와 이인선李寅善, 1908년의 김원복金元福·김영희金永義·이승학李昇學, 1909년의 정훈모鄭勳謨와 이흥렬李興烈, 그리고 1910년의 이상춘李想春·김성태金聖泰·안병소安柄玿 등이 모두 근대여명기의 음악사에 영향을 미친 음악가들이다. 어느 한 음악가를 손꼽더라도 그 평가는 결코 간단치 않다.

특히 1898년의 홍난파부터 1901년의 채동선, 1903년의 현제명, 1906년의 안익태 등 9년 기간 안에 태어난 이들은 근대양악을 정착시키고 전문화시킬 수용 초기에 선후배 관계로 동시대를 살았으며, 일제강점기와 해방공간의 분열과 분단고착기에 이념의 갈등과 변신 속에서 활동을 한 만큼이나 극적인 삶을 살아간 대표적인 음악인들이다.

채동선을 제외한 다른 세 사람이 모두 개신교 출신으로 음악적 영감을 모두 교회에서 발전시켰으며, 정신적인 내용을 드러내는 양악의 바탕을 한국의 기독교정신에서 발전시킨 음악인들이다. 이들 모두는 유학생 출신이다. 홍난파가 일본과 미국을, 채동선이 일본과 독일을, 현제명이 미국을, 안익태가 일본과 미국 그리고 헝가리 등을 유학한 양악인으로 한국 양악문화를 발전시킨 주인공이기도 하다.

반면, 이의성, 김순남, 이건우, 정율성은 전혀 다른 삶의 궤적을 보여 준다. 일제강점과 분단의 아픔 속에서 가장 치열하게 현실에 부딪히며 높은 수준의 음악 창작활동을 이어갔다.

이렇듯 나라의 주권을 빼앗긴 일제강점기에 음악활동을 하면서 음악 가들의 선택은 엇갈렸다. 많은 음악가들이 자의로 또는 타의로 친일음 악의 길로 들어섰다. 그러나 모든 음악가들이 친일의 길을 선택한 것은 아니었다. 어느 음악가는 오선지를 그리는 펜을 꺾었고, 어느 음악가는 식민지 조선을 떠나 해외에 나가 음악의 길을 이어나가는 길을 선택하 기도 했다. 이 책은 바로 이러한 엇갈린 선택을 한 근대 음악가들의 추적 하는 작업이 될 것이다.

노동은 拜上

차례

1장

근대음악을 들여온

최초의 양악인 洋樂人

이은돌

생소한 음악인 이은돌은 미국의 개신교 선교사들이 들어오기 전인 1881년에 일본에 유학한 최초의 양악 전공자이다. 귀국 후 양악식 악대(밴드) 지도자로 군악대 설립을 도모하여 한반도 악대문화를 자주적으로 발전시킨 주인공이기도 하다. 그는 1882년부터 1884년 갑신정변까지 한반도 역사의 현장에서 민족주의 선구자의 한 사람으로 몸부림친 최초의 음악인이라는 데서도 특별한 의미를 찾을 수 있다.

李殷乭

근대음악을 들여온
최초의 양악인 __ 이은돌

군인이자 최초의 '악대 지도자'

1860년대 이후 나라 안팎의 격변기에서 위기를 극복하려는 운동이 일어났다. 정학正學(성리학) 이외의 사상이나 학문은 사학邪學으로 간주하여 배척한 '위정척사衛正斥邪운동'과 나라문의 빗장을 열고 선진의 외국 기술을 수용해 자강自强하려는 '개화운동'이 그것이다.

개화운동은 실학자들의 현실 직시, 현실 개혁 의지에 근거를 두고, 19세기 서구 이양선異樣船의 '숨은 큰손'으로부터 우리 역사의 자주성을 지키려는 운동이다. 이 자구自求·자주自主적인 성격은 1880년대 우리 사회의 여러 분야에 걸쳐 무르익어 간다. 음악 분야도 예외가 아니었다.

이 시기 한국에서 서양 음악문화는 세 가지 통로로 소통되었다.

첫째로 1882년부터 청나라 군대에 의한 신호 음악 소통, 1883년 독일 라이프치히Leipzig함대 해군 군악대의 서울 연주 등 밖에서 안으로 들어오는 길이다.

두 번째는 일본 육군교도단 군악대에서 정식 군악 교육을 받고 귀국하여 나팔수 양성과 새로운 신호 나팔음악을 통해 소통하거나 서상륜徐相崙이 만주에서 로스John Ross 목사로부터 찬송가를 배워 1884년 소래교회를 중심으로 소통시킨 사례와 같이 안에서 밖으로 나간 길이다.

세 번째는 서양 음악문화를 직접 접촉하는 것이 아니라 신문·잡지·악기 등을 통해 외부 문화를 소개하거나 수입하는 길이다. 이는 1883년 통상조약에 따라 서양 악기를 수입할 수 있게 된 상황, 1884년 해관세칙海關稅則에 따라 일본으로부터 악기 수입, 단편적이지만『한성순보漢城旬報』를 통한 외국의 군악대, 러시아 음악학교 소개 등을 통해 이루어졌다.

이러한 소통은 자생적 풍토에 따른 문화접촉이라기보다는 서세동점西勢東漸의 파고波高와 동아시아 질서 변화에 따른 청나라와 일본의 조선 간섭이라는 역사적 상황에서 이루어졌다.

이러한 상황에서 이은돌은 직접 밖에 나가 서양음악 문화의 보따리를 싸들고 와서 이 땅에 푼 개화기 최초의 음악인이다. 위의 분류에 따르면 두 번째 소통의 길에 나선 인물이다. 그렇기 때문에 이후 선교사나 외국의 군악대, 프란츠 에케르트Franz Eckert 등 밖에서 안으로 들어와 그물을 친 유형과는 다르다. 이은돌의 역할에 주목하는 이유는 밖의 선교사가 찬송가를 들고 조선 안으로 들어와 서양 음악이 비로소 소통되었다는 '찬사'나 '미화'에서 벗어나고, 1885년 직후를 한국 근대 양악사의 기점으로 삼는 견해를 바로잡을 수 있는 사례이기 때문이다.

이은돌은 1882년 이전까지 산발적이고 단편적인 서양의 음악문화와의 접촉을 집중적이고도 집단적으로 소통시킨 첫 음악인이다. 또한 그는 한국 군제사의 나팔수 편성을 앞당겨 놓은 군인이자 최초의 '악대 지도자'였다.[1]

....

1) 노동은,「개화기 음악 연구L」,『민족음악의 현단계』, 세광음악출판사, 1989 참조.

개화운동과 별기군別技軍, 그리고 나팔수

개화운동의 일차적인 관심은 과학 기술과 이에 기초한 부국강병富國强兵·무비자강武備自强의 추구였다. 조선 정부에서도 군대의 근대화는 시급히 선결해야 할 중대한 문제였다.

1880년 '통리기무아문統理機務衙門'의 설치, 1881년 신사유람단紳士遊覽團의 일본 시찰, 영선사領選使의 청나라 파견 등은 모두 강병책强兵策과 맥을 같이 한다. 신식군대인 별기군別技軍은 이러한 시대적 요청에서 1881년에 조직된다.

1881년 음력 2월에 조선 정부는 영선사 파견 문제를 놓고 오랜 의논 끝에 다음의 안을 결정했다.

(1) 병기 제조법에 관한 것은 학도들을 보내어 배우게 하고,

(2) 신식 군대를 가르치는 것은 밖에서 교사를 구하여 훈련시키며,

(3) 아울러 병술 훈련을 위한 군사 파병은 제외한다.

여기서 두 번째의 안을 구체화한 것이 별기군의 창설이다.

이것은 1880년 봄 일본의 변리공사辨理公使 하나부사 요시모토花房義質가 무위영武衛營 별선군관別選軍官 윤웅렬尹雄烈과 충무영忠武營 참봉參奉 김노완金魯莞을 통하여 신식 군대에 기예技藝를 가르치려는 의도가 있으나 미루고 있다는 정보를 입수하고, 조선 정부에 교사 문제를 돕겠다고 나선 데서 시작됐다. 이 제안에는 교사 초빙 문제가 어려우면 조선의 일본 공사관에 있는 육군 소위 호리모도堀本禮造를 추천하겠다는 내용이 포함돼 있었다. 호리모도는 별기군 조직 전에 이미 일본 공사관에 있었다.

고종은 이 제안을 받아들이고 조직에 착수한다. 윤웅렬도 일본 공사관을 방문하고 근대식 군대의 육성 방안을 호리모도와 여러 번 상의한다. 문명개화에 깊은 관심을 가진 윤웅렬은 이미 1880년 제2차 수신사修

信使 일행으로 도쿄東京에 다녀왔다. 이때는 조선과 일본 간의 현안 문제를 타결하고, 근대화된 일본 물정物情을 탐색하기 위한 것이었다. 특히 윤웅렬은 별군관別軍官으로 일본의 근대 군제 상황에 더 진력하여 탐색한 '전형적 무관'이었다. '별기군' 창설 이전에 근대의 군제를 누구보다도 잘 알고 있었던 것이다.

그는 개화파에 속한 인물로 1881년 음력 4월에 각 영(훈련도감訓鍊都監·어영청御營廳·수어청守禦廳·금위영禁衛營·총융청摠戎廳)을 대상으로 80여 명을 가려 뽑아 그 이름을 별기군이라 호칭해 신식 군대를 창설한다. 종래 5군영軍營을 두 개의 영(무위영武衛營·장어영壯禦營)으로 군제 개편한 조선 정부는 '별기군'을 '무위영'에 소속케 하였다. 당상堂上에는 민영익閔泳翊을 임명하였고, 교관은 호리모토가 담당키로 하였다. 일본 공병 학교 출신인 육군 소위 호리모토는 통역관을 데리고 훈련에 들어간다. 처음에는 서대문 밖 모화관慕華館에서 신식 교련을 시작하였다가 후에 하도감下都監으로 옮겼다.

별기군은 '교련·무장·제복·계급·전투실기'를 모두 근대화하여 시행한 우리나라 최초의 현대식 군대였다. 당시 장안 사람들은 별기군이 총을 메고 먼지가 공중을 덮을 정도로 행군 훈련하는 모습을 보고 놀라지 않은 사람이 없었다.

한편 군대의 작전이나 훈련 및 온갖 병영 생활에서 행동을 일사불란하게 통일시키려고 '신호信號 체제'가 확립되는데, 여기에는 구령뿐만 아니라 깃발旗, 횃불烽燧 또는 악기 등을 사용했다.

당시 조선의 군제에서 호령號令에 쓰인 악기로는 징鉦, 대금大金, 꽹과리 소금小金 등의 금金과 고鼓, 비鼙, 도鼗 등의 북, 그리고 (대각大角, 소각小角), 나팔喇叭, 태평소號笛, 탁鐸, 자바라啫囉, 점자點子(운라雲鑼보다 크기가 작은 악기) 등 국악기였다.

그 동안 병영에서 쓰인 나발喇叭은 대열의 배치를 담당하였다. 혼자

조선 후기, 악기에 의한 병영 신호 체계

악기	신호구분	행동구분	악기연주범	비고
각角	명령을 내릴 때의 신호 접전 개시 신호 재촉하는 신호 보고하는 신호	정숙히 주의를 집중시킬 때 — •진퇴시 •교전시 •대장의 명령 없이 독자적으로 교전할 때	大角을 분다. 小角을 분다. 大角으로 재촉한다. 小角으로 재촉한다. 小角사용	大角재료는 나무 小角재료는 뿔
금金	진퇴할 때의 금지(정지)신호	•퇴각할 때 •정지할 때	자주 친다. 느리게 친다.	징 꽹과리류
고鼓	각종 행동을 개시할 때의 신호	•전진할 때 •교전할 때	상황에 따라 느리게 치거나, 빠르게(교전하는 각을 불면서)친다.	지휘 북
탁鐸	•수합, 재정비할 때의 신호 •야간통행금지시 궁성 순행할 때 신호	정숙히 하며 정돈시 —	— 정병 2명이 방울을 흔든다.	쇠로 만든 방울 속에 울림쇠(혀톱)가 있는 악기
비鼙	임전 상황시 분발 신호	시끄럽게 소리치며 공격할 때	북을 두드리면서 여럿이 함성을 지른다.	북의 한 가지
나발 喇叭	각종 대열을 배치시킬 때의 신호	•호령이 내려질 때 •병졸 집합 •대오를 벌려 설 때 •대오 배열 후 1열로 배열시킬 때 •몸을 돌릴 때 •夜時法의 시간 단위인 更點을 정할 때	혼자 분다. 길게 낸다. 북을 두드리면서 분다. 긴소리로 분다 긴소리를 불면서 기를 돌린다. 밤에 북을 치며 긴소리를 낸다.	두 도막 또는 세 도막으로 구분하여 만든 관악기管樂器
나螺	말에 올라탈 때 전후 신호	•몸을 일으킬 때 •말에 올라탈 때 •두목이 몸을 일으킬 때	처음 세 번 분다. 두번째에 분다. 한 번 분다.	바라哱囉, 나각螺角, 소라, 고동이라고도 함.
나鑼	말에서 내릴 때 전후 신호	•말에서 내릴 때 •앉아서 휴식할 때	첫 번 울린다. 두번째 울린다.	징鉦의 딴 이름
호적 號笛	관기官旗를 모으고 발고發敎할때	〃		태평소의 딴 이름

부는 것은 호령을 맡은 것이고, 길게 내는 것은 병졸을 집합시키는 것이고, 북을 두드리면서 부는 것은 대오를 서라는 것이고, 대오를 배열한 뒤에 긴소리를 내는 것은 1열로 배열하는 것이고, 긴 소리를 불며 기를 돌

리는 것은 몸을 돌리라는 것이고, 밤에 북을 치며 긴 소리로 부는 것은 경점更點을 정하는 신호로 쓰였다. 또 취타吹打에 편성되어 쓰이기도 하였다.

나발은 손구멍tone-hole, finger-hole이나 보조 장치가 없이, 한 가지 낮은 음만 길게 내게끔 사용한 악기이다. 동일한 한자음으로 번역되는 서구식 나팔trumpet은 입술로 진동시켜 음을 내는 공기 울림악기aerophone이다. 이 악기는 십자군에서 사용한 이래로 근대 병제에서도 그대로 사용된 악기이다.

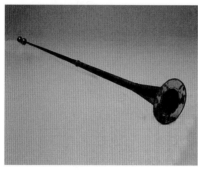

전통 나발과 서구식 나팔

군대 신호소리military calls에 사용한 서구식 나팔은 손구멍이나 밸브 같은 보조장치extra device가 없지만, 입술 조정으로 기본음fundamental note에 대한 배음열harmonic series을 발생시킬 수 있기 때문에 여러 음으로 신호 지시의 의미를 다양하게 전달할 수 있는 악기이다.

중요한 점은 이 신호나팔에 의한 음악 전달이 지시된 행위만을 유발하는 것이 아니라는 것이다. 무엇보다도 이 양식으로 이루어진 각종 서양음악 양식을 소통시킬 수 있는 바탕이 이루어질 뿐 아니라 그로 인한 음악적 신념이 길러질 수 있다는 점이다. 서양의 모든 음악은 배음열 harmonic series에 공통의 기원을 가지고 있고, 이로 인한 의미 체계를 형성하기 때문이다.

전통적인 한국음악 양식만 경험하던 조선 사회에 신호나팔이 등장한 것은 전혀 새로운 음악 양식의 등장을 의미하는 것이다. 또 신호나팔을 점차 도구화시켜 사용한다면 그것은 새로운 음악 언어가 소통되는데 그치지 않고, 서양음악 문화의 요소들이 이 땅에서 서구적인 의미 체계까지 형성시키는 기틀을 마련하여 준다. 아울러 군대에서 필요에 따라 쓰인다 하여도 새로운 음악 언어를 익혀야 하고, 또한 그것은 1대 1이 아니라 집단적인 소통으로 이루어져 새로운 음악 언어에 대한 믿음이 형성된다.

일본의 양악사洋樂史도 바로 군대의 나팔음악 문화로 열렸다. 당시 일본이나 중국에선 서양 악기인 나팔과 북으로 신호 체제를 갖춘 근대식 군제를 운영하고 있었다.

그러나 별기군에는 신호나팔에 의한 체제가 없었다. 모두 80여 명밖에 안 되는 훈련 공간에서는 악기가 당장에는 불요불급不要不急했을 것으로 생각되며, 유일하게 교관으로 지도하고 있는 호리모도나 통역관은 각각 공병 출신이거나 어학생語學生이었다. 또한 나팔수를 교육시킬 교관이 일본 공사관에도 없었다.

따라서 교사인 호리모도가 별기군 창설 이전에 공사관에 있었던 사실을 근거로 '별기군 창설에 맞추어 군악대도 개편' 되었다거나 '호리모도가 일본에서 오면서 가져온 것으로 추측되는 신호나팔과 북으로 편성된 곡호대' 라는 글들은 명백히 추측이고 허구로 보아야 한다.

다만 근대적인 군제 개혁의 발판이 된 신식 군대 별기군의 등장으로 앞으로도 새로운 신호 체제인 나팔이 필요하다는 것을 별기군 책임자 윤웅렬이나 김노완, 신호나팔 체제로 병대훈련을 받았던 호리모도 교사는 절실하게 생각하였을 것이다.

별기군 창설 주역인 윤웅렬은 임오군란壬午軍亂(1882.6)이후 별기군이 해체되자, 일본에 피신한 뒤 함경남도 북청부 남병영南兵營의 책임자로

가게 된다. 여기서 470명 이상의 신식 병대를 훈련시켰고, 신호나팔을 가졌던 것으로 보아 오래 전부터 나팔에 의한 신호 체제를 확립하려던 계획이 있었다는 것을 알 수 있다.

신호나팔의 필요성은 이들만 자각한 것이 아니다. 1881년 무비자강武備自强을 위하여 개화 정책을 철저히 파악하려고 청나라의 천진天津에 갔던 영선사 일행들, 또 일본을 시찰한 신사유람단紳士遊覽團들, 예컨대 육군을 담당한 홍영식洪英植과 그 수행원인 고영희高永喜, 성낙기成洛基, 김낙운金洛雲과 군사 조련操練 부문을 맡은 이원회李元會와 송헌빈宋憲斌, 심의영沈宜永 등 수행원들은 육군성 관병식과 사관학교·호산학교 등의 훈련조직과 군제를 알고 있었다. 시찰단 대부분이 군악대 주악은 물론 신호나팔 기능을 알고 있었다. 이들은 일본에서 '호령號令 등의 절차는 금金과 북을 쓰지 않고 오직 나팔과 기旗와 작은 적笛만을 쓴다'라고 하여, 조선은 금金과 북을 쓰고, 일본은 나팔과 기旗·적笛 등으로 호령에 쓰고 있음을 비교할 정도로 근대 병제에서는 나팔이 필요하다는 것을 알고 있었던 것이다.

신식군대의 등장과 함께 이제 나팔수喇叭手는 안에서 밖으로 나가 배워 오든지 그렇지 않으면 밖에서 나팔 교사를 초빙하여 교육시켜야 할 단계에 다다른 것이다. 이를 위해 개화파들은 이은돌을 일본에 유학시켜 나팔수를 본격적으로 양성시킬 계획을 실천에 옮긴다.

일본 '교도단 군악대敎導團軍樂隊' 입학

1880년대 벽두부터 개화파들, 특히 김옥균金玉均이 이끄는 급진개화파들은 근대적인 외국 기술을 습득하고, 근대적인 국가 체제를 수립하려는 문화사업의 일환으로 인재 양성에 힘을 쏟는다.

김옥균은 "우리나라를 구하자면 민중을 교육시키는 외에는 타도他道

1881년 이은돌과 신복모가 입학한 육군교도단과 육군호산학교
도쿄 동쪽의 교도단 자리(이찌카와시, 市川市)(왼쪽), 동경 토야마(戶山)지역의 육군호산학교(오른쪽)

가 없다"라고 말할 정도로 일찍부터 민중교육에 뜻을 두고 있었다. 이 뜻은 인재를 뽑아 일본에 유학시킴으로써 실행에 옮겨진다.

1882년 봄 김옥균이 제1차로 일본을 방문하였을 때 다수의 유학생을 데리고 간 것으로 전해진다. 이때 수행원이 수십 명이었다. 학생들은 변수邊樹, 김용원金鏞元, 신복모申福模, 김화원金華元 등이다. 이은돌은 이들보다 앞서 1881년 11월에 일본에 갔다.

김옥균이 이끄는 개화파는 사회 신분을 초월한 각계각층 -양반, 중인, 무변武弁, 상민, 승려 등-의 인물들로 규합된 근대적인 정치 집단이었다. 그만큼 이들 유학생이 신분은 낮았지만 개화파에 가세하여 나중엔 요인으로 활동한다.

일본에 파견된 이은돌은 바로 육군 교도단教導團에, 신복모는 호산학교戶山學校에 입학한다. 당시 군제에 뜻을 둔 한국 유학생들, 즉 신복모나 그 뒤의 서재필徐載弼 등 사관생도 14명은 군인 양성기관인 육군사관학교, 호산학교, 교도단, 사관학교부설 유년생도학교 중에서 특히 호산학교를 선호하여 입학한다. 호산학교는 여러 지역의 병대兵隊에서 올라온 사관, 하사관들에게 공수전법攻守戰法과 사격, 체조술 등을 7개월 기간으로 재교육시키는 곳이다. 여기에서도 사관과 하사관 외에 나팔병까지 교육시켰다.

이은돌이 들어간 교도단은 하사관 양성기관이다. 이은돌은 호산학교나 호산학교 나팔병 교육과정이 아닌 교도단에 입학한 것이다. 교도단에서는 잡수雜手를 전문적으로 교육시킬 뿐 아니라 육군에서는 유일하게 '교도단 군악대 기본대基本隊'(이하 '교도단 군악대'로 약칭)라는 군악대가 있어 전문적인 군악교육을 받을 수 있기 때문이었다.

이은돌은 일본에 가기 전부터 군악軍樂 전문교육을 받기 위한 목적이 분명했다. 이것은 또한 근대 군제체제 확립에서 당시나 앞으로 신호 체제에 따른 나팔수 양성과 군악대 설치의 필요성을 이은돌뿐만 아니라 정부나 개화파, 그리고 윤웅렬 등 모두가 절실히 생각하고 있었기 때문에 교도단 군악대에 입학하였을 것이다.

원래 일본의 신호나팔과 군악대는 메이지유신 때 개항한 요코하마橫浜에 주둔한 영국과 프랑스 군대에게 신호나팔과 군악 교육을 배우는 데서부터 출발한다. 일본은 군대용 신호나팔을 구입하기도 하고, 한편으로는 군제개혁의 일환으로 1866년 프랑스와 협약하여 1867년에 '제 1차 프랑스 군사고문단軍事顧問團'을 요코하마에 불러왔다. 이 고문단에는 '귀띠그 Gutig라는 보병 나팔 하사관이 있었다. 일본 보병 32명은 그에게서 신호나팔을 배우고, 이때 생긴 나팔대가 1870년에 오사카大阪에 있는 육군 관할의 병학료兵學寮에 소속된다. 이어 블랑Blanc 소위를 나팔 교관으로 맞게 된다. 1870년에 설립된 이 병학료에는 청년학사와 유년사, 둔소병대屯所兵隊와 함께 교도대라는 생도 양성기관이 있었다. 1871년 12월 8일에 이 교도대가 먼저 도쿄로 옮겨진 후 이름이 '교도단'으로 바뀌었다.

1872년 5월 '제2차 프랑스 군사고문단'

이은돌을 가르친 다그롱(G.C. Dagron) 일본 육군교도단 나팔 교사
그는 1883년 프랑스로 귀국할 때까지 11년간 나팔과 코오넷 뿐만 아니라 군악교사로서 군악교육을 담당하여 일본 군악대를 발전시켰다.

16명이 들어오자, 일행 중 다그롱Gustave Charles Dagron을 육군교도단 나팔 교사로 맞이하면서부터 '교도단 군악대 기본대'가 생긴다. 그 해 9월부터 육군 군악교사가 된 다그롱은 1883년 여름 프랑스로 귀국할 때까지 11년간 나팔과 코넷Comet뿐 아니라 일반 군악 교육 전반에 걸쳐 프랑스식으로 운영한다.

이은돌은 1882년 프랑스 군제에 충실한 교도단에 입학하였을 때 적어도 다그롱에게 프랑스식 나팔 교육과 군악 교육을 받을 수 있었다.

교도단 군악대 조기 졸업

교도단 군악대에 이은돌이 입학해 군악 교육을 받은 사실은 1882년 6월 17일자 『동경일일신문東京日日新聞』에 "육군악대에서 오랫동안 군악 교육을 받고 있는 조선인 이돌은李突銀"이라고 소개된 데서 확인이 된다. 여기서 육군 악대는 육군교도단 군악대를 가리킨다. 여러 병대에서 나팔수가 편성되어 있긴 했지만 군악대는 유일하게 교도단에만 있었기 때문이다. 교도단 군악대는 일본 육군이 치루는 중요 행사에 참가하고 있는 유일한 군악대여서 보통 육군악대로 불렸다.

그리고 이돌은은 이은돌 또는 이은석의 잘못 표기된 이름이다. 이은돌은 여러 이름으로 알려져 있는데, 도쿄에 수신사로 온 박영효朴泳孝 역시 그를 이은돌이나 이은석으로 병행하여 불렀고, 김옥균은 이은석李殷石으로, 정부에서는 이은석李銀石으로 각각 부르거나 표기하였다.

한편 교도단 군악대는 악기나 불고 행사만 치르는 악대가 아니라, 교과과정에 따라 충실하게 운영된 악대였다. 군악 교사인 다그롱 이외에도 나팔 교관이 교도단에 있었다. 이은돌은 이들로부터 신호나팔에 대한 주법이나 악보 읽기, 리듬치기, 행진법 등 실제적인 면과 서양음악의 여러 가지 이론을 익혔을 것이다. 이 점은 다그롱이 교도단 군악대에서 나팔과 코넷 외에 체계적으로 군악교육을 실행한 데서 알 수 있다. 아울러 이은돌은 군인으로서 갖춰야 할 훈련과 체조 등도 익힌다.

특히 나팔 교육을 정확히 배울 수 있었던 것은 다그롱이 오기 전에 나팔주법에 대하여 논란이 일어나 병학료兵學療가 나팔 전문 교사의 필요성을 인식해 요청한 상황에서 그가 유학 왔기 때문이다. 그가 코넷과 일반 군악 교육을 가르쳤던 것으로 보아 이은돌은 밸브valve 없는 신호나팔 외에 밸브 장치가 된 근대 서양 금관악기도 아울러 익혔을 것으로 보인다. 이것은 밸브의 메커니즘 중의 하나인 피스톤 밸브piston valve로 된 코넷이나 트럼펫이 이미 1870년부터 있었거니와 이들 악기로 피스톤을 누르거나 누르지 않은 상태에서도 신호나팔 음악을 연주할 수 있기 때문이다.

무엇보다도 이은돌은 서양 음악 양식에 따른 음악적 관습이 이루어졌을 것이라는 사실이다.

신호나팔은 마우스피스를 입술로 조정하여 배음열 중 제2상음에서 제6상음까지 음을 끌어내어 여러 음형으로 무수한 음악언어를 만들 수 있기 때문이다. 이 배음열에 근거를 두고 충실하게 발전된 서양 악기를 다루고, 서양음악의 교과과정을 익혔다는 것은 이은돌이 지금까지 조선에서 관습화된 양식 말고 또 하나의 서양음악 문화를 경험함으로써 서양 음악 양식에 '심리적 과정의 심리psychology of human mental process'가 트이고 있음을 말한다.

배음열에 기초한 음조직이 음악적 생활의 모든 국면을 변화시킨다. 말하자면 이은돌이 익혔던 대상이 나팔이든, 코넷이든, 다른 군악 교육이었든지 간에 도구 연관과 관련된 '서양 음악문화'의 의미 체계the meaningful system를 익혀 나간다는 사실이다. 이로써 이은돌이 지각하고, 사고하고, 행동하는 방법에 서양음악 문화로 조건 지을 수 있는 음악적 신념이 길러진다. 당시 도쿄의 서양음악 문화 -군악대의 각종 연주, 창가와 교육, 악보 출판, 음악인과 청중 형성 등- 를 경험함으로써 더욱 분명

韓人陸軍樂隊を卒業

〔六・一七、東京日日〕豫て陸軍樂隊に永く軍樂稽古中なる朝鮮人李突銀氏は、意外の上達にて、來る八月中には全科を卒業なすべしと云ふ

十一日、晴、兵隊李殷石、喇叭卒業、歸國便付狀啓。兵隊李殷石段、以喇叭受學、間己卒業、領有該國證書、今方復路歸國是白只、緣由、緣由、順便馳啓爲白臥乎事是良爾詮次善啓向教是事。

『동경일일신문』과『사회기략』의 이은돌 기사
단편적으로나마 이은돌의 행적을 알 수 있는 기록들이다.

해졌을 것이다.

한편 이은돌은 보통 7개월 걸리는 교육 기간을 5개월 만에 전 교과 과정을 마쳐 주위를 놀라게 한다. 1882년 6월 17일자 『동경일일신문東京日日新聞』에선 이 사실을 밝히는 기사를 보도할 정도였다.

'한인韓人 육군악대를 졸업'

이미 육군악대에서 오랫동안 군악 교육을 받고 있는 조선인 이돌은 (이은돌-필자 주)은 의외의 수준에 도달하여 돌아오는 8월 중에는 전과全科를 졸업하게 된다고 한다.

이은돌이 유명 인사가 된 것이다. 이 기사로 미루어 그가 국내에서 국악기를 다룬 사람이 아닌지 의심스럽기도 하지만 그의 재질과 사명감이 그만치 뛰어났기에 가능한 것은 분명하다.

이은돌은 드디어 졸업을 한다. 나팔뿐 아니라 군악 교육, 군인으로서 갖추어야 할 과정을 전부 마친다. 이에 따른 졸업증서도 받았고, 많은 사람들로부터 치하도 받는다. 그는 한국인으로는 처음으로 해외에 나가 서양음악 공부를 한 '최초의 음악인'이 된 셈이다. 그는 현해탄 넘어 한반

인물로 본 한국근현대음악사

도의 역사와 자기가 해야 할 사명 의식을 불태우고 있었는지도 모른다.

그러나 그는 바로 귀국하지 않는다. 실제로 귀국한 날은 양력 10월 22일이었으니, 졸업 후 두어 달 동안 일본에 그대로 머무른 셈이다. 이미 졸업 직전 7월 23일(음력 6월 9일)에 임오군란壬午軍亂이 일어나 신식 군대인 별기군이 해체되고, 조선의 군제는 구제舊制로 복귀되었기 때문에 별기군 같은 신식 군대가 아니고서는 자기의 쓰임새가 필요 없었기 때문이다.

국내에서는 임오군란 이후 진주한 청군淸軍이 진압 후에도 철군을 하지 않고 있었고, 위정척사파衛正斥邪派의 정권 복귀가 이루어졌다. 이것은 초기 개화운동이 타격을 입는다는 것이고, 이러한 충격을 도쿄에 있는 이은돌을 비롯한 개화파들은 생각하고 있었다. 원래 청국은 일본식으로 실시하는 신식 군인훈련을 좋게 안 보던 터에 별기군이 해산되는 임오군란을 계기로 일본식으로 훈련시키려는 개화파나 정부의 계속적인 계획에 제재를 가하는 등 내정 간섭을 본격화한다. 이 갈등은 임오군란에 이어 갑신정변에서 맞부딪치게 된다.

이은돌은 귀국을 주춤할 수밖에 없었다. 그 대신 개화당 인사들을 자주 만나 국내 사태를 관망할 기회를 갖는다.

임오군란으로 일본에 피신해 온 윤웅렬, 군란에 대한 유감의 뜻을 표하기 위해 온 수신사 일행(박영효 등), 김옥균 등과 회동할 수 있었다. 특히 박영효는 고종에게 올리는 국서國書를 이은돌에게 맡길 정도로 자주 만났을 뿐 아니라, 호산학교를 졸업한 신복모와 함께 이은돌을 아끼고 있었다. 박영효는 일본에서 일본 군부 주요 관계자와도 만났고, 각종 진대陣臺에 가서 군대의 교련 관람은 물론 교도단 군악대 행진 연주를 자주 듣는다.

이들의 관계는 다음 해 광주에서 신식양병新式養兵 계획을 구체적으로 실행함으로써 다시 이어진다.

귀국 후 경기도 광주에서 병사를 기르다

이은돌은 도쿄에서 더 이상 머무르지 않고, 조선의 개화운동을 생각하며 1882년 10월에 귀국한다. 귀국한 지 7개월 쯤 지난 1883년 5월 14일(음력 4월 7일) 정부는 그에게 무관이 될 자격을 주었다. 이 날 『승정원일기承政院日記』에는 "한량 신복모·이은석·이창규 배사무과閑良 申福模·李銀石·李昌奎 拜賜武科"라 하여 신복모, 이창규도 같은 자격이 주어지고 있음을 밝히고 있다.

그 즈음 이은돌과 신복모는 자신들을 가장 아껴주는 광주유수廣州留守 박영효에게 간다. 박영효는 일본에서 1883년 1월 초에 귀국하여 한성판윤이 되었으나, 그가 펼친 여러 개화정책 중 김옥균의 '치도규칙治道規則'에 바탕을 둔 도로 정비작업이 문제가 되어 4월 23일에 광주유수로 좌천돼 있었다.

박영효는 병종兵種을 갖게 된 것을 기회로 신식병新式兵 양병에 착수하고 있었다. 신식군대 양성은 박문국博文局 설치를 통한 『한성순보漢城旬報』 간행, 인재 발굴을 통한 유학 정책 등과 함께 개화파의 중요한 계획 중 하나였다. 또 광주유수는 남한산성을 중심으로 한 총융청撫戎廳 총융사撫戎使를 겸직한 자리이기 때문에 남한산성에서 군대를 양성할 수 있었다.

이은돌과 신복모는 여기에서 근대식 군제 편제로 약 800명의 신식군대를 양성하는데 온 힘을 쏟는다. 박영효는 그 사실을 다음과 같이 증언하고 있다.

　　당시 일본 사관학교 출신인 신복모와 나팔수 이은돌은 나의 고굉股肱으로 일본식 교련에 진력하든 난망지인難忘之人이었다.[2]

....
2)　朴泳孝, 「甲申政變」, 『新民』 6월호(제2권 제6호), 1926, 42쪽.

이와 같이 그들은 한 마음이 되어 무비강병武備强兵 정책에 새바람을 일으키는 것 뿐 아니라 앞으로의 정치적 목적을 실현하기 위하여 준비하고 있었다. 이들 병대는 신식 복색과 배낭, 그리고 후당식後膛式 총 등의 무기들, 즉 신식 군장軍裝을 갖추고 훈련을 숙련시켜 나간다.

한편 군악대 출신 이은돌은 단지 제식훈련 교관으로만 활동하지는 않았을 것이다. 이것은 누구보다도 그가 800명에 걸맞은 훈련과 병영생활에 신호 체제로서 나팔이 필요하다고 믿는 유일한 전공인이었다는 점에서 추측이 가능하다. 비록 짧은 훈련기간이라 할지라도 스스로 나팔을 불어 그 모습을 드러냈거나 극소수일망정 나팔수를 양성하는 등 어떠한 형태로든 나팔 음악을 소통시켰을 것이다.

그러나 이러한 광주의 병대 양성은 정부의 관직을 맡고 있는 민씨閔氏 일파로부터 위험시 당하여 박영효가 면직되면서 좌절된다. 이것은 박영효가 국가 예산에 의한 병대 양성이 아니고 광주유수 직권으로 병정을 뽑아 남한산성에서 훈련시키고 있는 것을 민비파閔妃派가 불온하다고 보았기 때문이다. 10월 31일에는 광주부 남한 병대를 어영청御營廳으로 옮겨 계속 훈련시키라는 명이 내려진다. 박영효는 면직되기 바로 직전인 11월 5일부터 일백 명의 병정과 훈련 교련 교사인 신복모·이은돌과 대장隊長 등을 군장을 갖추게 하여 함께 어영청에 이속시켰다.

어영청에 옮겨진 광주부 남한 병대는 인원이 500명에 이르렀고, 이들을 주축으로 11월 22일에는 친군전영親軍前營이 창설되어 한규직韓圭稷이 감독을 겸하게 되었다.

이로써 박영효-이은돌-신복모가 양성한 광주병대廣州兵隊는 500명이 전영前營에, 나머지 일부가 우영右營에 옮겨져 재편성되었다. 이 사실로 중앙군이 비록 청국식 군제 편성을 하고 있었지만(임오군란 후 돌아가지 않고 치안을 맡고 있는 청군이 친군좌영과 친군우영을 훈련 지도하고 있었다.) 좌·우영과는 달리 전영前營만은 내용상 개화파 요인들이 일본에서 익힌 프랑스 병제를 적용시키고 있었음을 알 수 있다.

전영에 온 이은돌과 신복모는 병대兵隊를 훈련시키면서 조선 정부에 소속된 중앙군제 중에서도 가장 잘 훈련된 전영에 더욱 힘을 쏟는다. 광주부 남한산성에서 훈련 받은 지 8개월, 어영청에서 훈련 받은 지는 약 두어 달이 지난 12월 28일에 이은돌과 신복모 등이 지도한 병대는 이번에는 전영 소속으로, 청국병이나 일본병이 기예技藝 시범을 조선 정부에게 보일 때마다 이용한 춘당대春塘臺(창경궁 안)에서 고종이 참가한 가운데 사열을 받고 찬사를 받는다.

당시 조선정부의 박문국에서 발행한 근대적 신문『한성순보漢城旬報』(조선 개국 492년 계미 12月 1日) 제7호에는 그 사실을 다음과 같이 기록하고 있다.

> 29일(음력 11월 29일, 양력 12월 28일-필자 주) 상上께서 춘당대春塘臺에 거동하여 친군親軍을 사열하였으므로 삼가 기록한다. 이 날 친군 전영감독前營監督 한규직이 광주에서 일본식 군사훈련을 받은 전영 부대 500명을 거느리고 왔는데, 상께서 친히 참석하여 사열하였다. 군사가 모두 등에다 황색 배낭을 메고 손에는 뒷부분이 몽톡하게 통통한後膛式 총을 들고 한 결 같이 대장의 지휘에 따랐다. 그 제식 훈련과 찌르고 공격하는 법이 아주 숙련되고 조금도 차질이 없어 일본 군사의 기예技藝에 비교해도 조금도 뒤떨어지지 않았으니, 이로 보건대 강한 군사는 다른 방법이 없고 오직 훈련에 있는 것이다. 또 훈련을 시작한지 몇 달 되지 않아 기예가 이처럼 완성되었으니, 대장이 열심히 가르친 것이 가상하다 하겠다.

이와 같이 이은돌, 신복모 등이 훈련시킨 전영의 교련 상태가 청국식 기예로 훈련된 좌·우 영보다 모든 면이 뛰어나 있었음은 고종뿐 아니라 미국 공사와 미국 사관들이 칭찬하면서 당시 서울에 주둔하고 있는 기예가 가장 뛰어나다는 일본병과 비슷한 실력이라고 비교한 점과 미국

무교사武教師를 초빙하여 좌·우·전영의 군제를 통일시키려는 계획에 고종이 전영에 무교사를 배치시키려고 두둔한 점, 윤치호尹致昊 등 개화파와 고종이 오장경吳長慶과 원세개袁世凱가 청국식으로 통제하고 있는 좌·우영 병대를 아무 쓸모가 없다면서 청국을 비방하며 견제하고 있는 점 등으로 미루어 보아 알 수 있다.

그리고 민씨 일파인 한규직이 전영감독前營監督이라 할지라도 정신적으로 개화파들이 주도하고 있었고 개화사상에 공명하고 있는 전영 소속 원들은 청나라의 정치적 입김에 놓여 있는 좌·우영과도 의식적인 갈등이 깊어가고 있는 상황이었다.

나팔수가 처음으로 조선 군제에 편성되다

1882년 5월 22일(음력 4월 6일) 제물포 화도진花島鎭에서 대취타大吹打가 동원된 가운데 한미수호통상조약韓美修好通商條約이 조인된 데 이어, 6월 6일에는 영국과, 6월 30일에는 독일과 각각 수호조약이 조인되었다. 1883년 11월 26일(음력 10월 27일)에는 한·영, 한·독이 동시에 수호조약과 통상장정通商章程이 수정되어 체결된다. 이 시기 음악문화 면에서도 새로운 사건이 일어난다.

첫째는 11월 26일에 조약을 축하하기 위해 입항한 독일의 라이프치히 Leipzig 함대의 해군군악대가 서울에서 연주를 하였다. 외국의 연주 단체가 조선에서 공식적으로 서양 음악을 연주한 것은 이때가 처음이었다. 윤치호는 그의 일기에서 이날 해군의 해악海樂이 있었고, 이것은 우리나라에서 처음으로 시행된 것임을 밝혔다("又有海軍海樂此是我國創行也").

이 사실은 18세기 초 연행사燕行使, 특히 실학자들에 의해 서학西學의 일환으로 오르간Organ, 자명금自鳴琴(Musical Box) 등 양악문화를 소개한 이래, 또 1860년대부터 '외방전교회外邦傳教會 신부들이 대중 앞에서 부른

'떼데움Tedeum'이나 '아베 마리아' 등의 찬미가 이래, 1880년대 개화파들이 일본과 중국에서 서양 음악을 접촉한 이래, 특히 1882년 조선 양악의 최초의 선구자인 이은돌의 활동 이래, 서양의 음악이 집단적으로 들어올 수 있도록 그것도 조선 정부가 음악의 대문을 열어 놓은 사건이었다.

이후 일본과 러시아의 군악대나 다른 이양국異樣國의 음악을 정부가 앞장서서 들어야 했고 새로운 음악 양식을 소통시켜야 했다. 이날 독일 군악대 연주는 외아문外衙門에서 조선의 정계인사와 미·영·일본의 공사, 그리고 영·독의 해군 관계자들이 참석한 가운데 밤 7시 만찬 전에 군악 연주를 했다. 만찬 시간이 늦어질 정도로 많은 사람들에게 호기심 어린 접촉이 이루어졌는데, 다음 날에는 정부의 차관 벼슬로 서울에 와 있던 독일인 묄렌도르프paul Georg von Mollendorff(목인덕 1847~1901)의 집磚洞 마당에서도 연주되었다.

둘째는 영국과의 통상 조약으로 수입화물에 대한 세칙稅則을 정했는데, '제4등, 100분의 10을 세금으로 내는 화물' 조항에 '팔음합八音盒'과 '각종 악기'를 수입할 수 있는 항목이 명시된 사실이다. 이것은 팔음八音, 즉 모든 음音이 구비되고 합한 악기라는 뜻의 우리말인 '팔음합' 악기로 1850년대 헌종憲宗 기간에 소개된 자명금自鳴琴이란 음악상자류일 것이다.

말하자면 1883년에 여러 나라와 수호·통상 조약으로 빗장을 열어 놓은 조선 사회에 서구 음악 문화가 이양선의 갑판에 실려 정해진 뱃길을 따라 들어오고 있음을 뜻한다.

셋째로는 친군우영親軍右營에 공식적으로, 그것도 조선 군제에 처음으로 나팔수가 편성된다는 사실이다. 이러한 나팔수 양성은 청군에 의해 이루어졌다.

친군우영은 친군좌영과 함께 1882년 12월19일 (음력 11월10일)에 정식 군영이 되었다. 이미 청국은 오장경吳長慶과 정여창丁汝昌 휘하의 청병 약 3천여 명을 1882년 8월 25일에 입경시켜 대원군大院君을 천진天津으로 납치하고, 임오군란을 진압하는 등 점차 조선에 대한 주도권을 확보했다.

청나라 군대의 서울진주 모습을 그린 삽화 맨 앞에 동호수의 모습이 보인다.

조선 정부에서도 임오군란으로 혼란 중인 조선군의 새로운 편성과 훈련을 철군 하지 않고 서울의 치안을 맡고 있는 청군에 의뢰하였다.

　조선은 상하리上下里의 장정 1천명을 선발해 오장경 제독에게 교관을 파견하여 훈련시켜 줄 것을 요청했다. 의뢰를 받은 오 제독은 청군의 대외 사무 일체를 맡고 있는 원세개袁世凱를 보내 총병總兵 왕득공王得功과 함께 광화문 앞 청군의 영무청營務廳이 있는 훈련원에서 상리上里 병정 500명을, 제독 주선민朱先民과 총병 하증주何增珠는 동영에서 하리下里 장정 500명을 각각 훈련시켰다. 이 군영을 신건친군영新建親軍營이라 일컬었다. 1882년 12월 19일에는 전자의 군영을 신건친군좌영新建親軍左營, 후자의 군영을 신건친군우영新建親軍右營이라 했다. 이로써 일본식 훈련을 받은 별기군에 이어 신건친군이 청군에 의해 신식 교련이 이루어진 셈이다.

　바로 이 친군우영에서 신호 나팔수인 동호수銅號手 4명을 1882년 음력 10월에 선발해 훈련시켜 편성한 것이다. 동호銅號란 구리로 만든 나팔이고, 호수號手는 나팔병을 가리킨다.

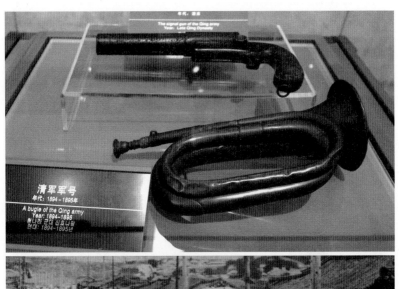

청나라 군대가 사용한 신호나팔(위)
곡호대의 행진(아래)
곡호대는 신호나팔 10명, 작은북 10명, 부교 1명 등 21명으로 편성한 악대이다. 소속 장이 퇴청할 때 동원된 이 곡호
대는 반절로 줄인 9인의 곡호대이다. 도열하며 행진하는 모습이나 작은북을 치는 자세에서 곡호대원들이 고도의 훈
련을 받았음을 알 수 있다.

이 나팔수 편성은 조선 최초의 양악인이자 나팔 교사인 이은돌에 의
해 이루어진 것은 아니다. 이은돌이 1882년 10월 22일에 귀국하였을 때
는 이미 청국에 의해 친군영이 훈련을 받기 시작하였을 뿐 아니라 친군

1897년 고종황제 즉위식 시위대 군악대 행진
1897년 10월 12일, 왕실 호위와 궁전 시위를 맡은 시위대(侍衛隊) 군악대가 대안문을 나와 행진하고 있는 모습이다. 이날 고종은 환구단(圜丘壇)에 나아가 황제에 즉위하며 대한제국을 선포한다.

우영의 명단이 적힌 당시의 '친군우영도안親軍右營都案'에 그의 이름이 없기 때문이다. 이미 청군도 이전부터 나팔과 북에 의한 근대식 신호 체제가 확립되어 있었다. 그리고 조선에 와 있는 3천여 명의 청군 편제상으로 보면 수십 명의 나팔수와 고수鼓手가 있었을 것이다.

동호수는 1882년 음력 10월에 이어 1883년에도 계속 확충된다. 즉 음력 7월에 1명, 9월에 2명, 10월에 2명이 각각 초정抄定되어 친군우영에는 전년의 4명과 함께 모두 9명의 나팔수가 편성된다. 이들은 1883년을 기준으로 하면 20~25세의 젊은 나팔수로 거의 서울에 거주한 사람들이다.

이로 미루어 친군우영에 동호수라는 신호 나팔수가 편성되었다고 하더라도 신호나팔에 의한 군영의 신호 체제가 즉시 이루어진 것이 아니라 적어도 내취內吹인 세악수細樂手나 취고수吹鼓手 등과 병행하면서 점차 신호나팔 체제로 확립하여 갔음을 알 수 있다.

한편 친군우영의 동호수 편성 말고도 친군전영에는 이은돌에 의한 나

클라리넷　코오넷　오보에　　알토호른　작은 북　튜바　　트럼본

클라리넷　카이저 바리톤　　　　　　　　　　　　　　　카이저 바리톤

카이저 튜바　　　카이저　클라리넷　클라리넷　　　　　　　　코오넷
바리톤　　　　　바리톤　알토호른　　　　트럼본　코오넷

E♭ 클라리넷　　　　　　코오넷　　　　　　　　　카이저　플로우트
　　　　　　　　트럼본　　　　　　　　　　　바리톤

　　　　　　　　　　　　　　　　　　　백우용
　　　　　　　　　　　　　　　　　　　(군악대장)

대한제국　큰북　　　　　　F.에케르트　　　　　　마르텔
국기　　　　　　　　　　　부인

　　　　　　　　　　　　　군악교사
　　　　　　　　　　　　　(프란츠 에케르트)

'대한제국 시위연대 군악대'의 악기 편제

팔수 편성이 이루어졌을 것으로 여겨진다. '동호수'라는 명칭도 1884년
에 친군우영에서 '나팔수'란 명칭으로 바뀐다.

서양 음악문화의 유입 통로가 다양화 되다.

갑신정변이 일어나는 1884년에 음악문화 면에서도 '음변音變'이 일어난
다. 서양 음악문화가 한국으로의 '음로音路(communication channel)'에 새로
운 계기와 다양성을 가져다 준 음변이다.

　먼저 주목할 점은 신문 등 미디어 통로로 양악 문화가 소개되었다. 우
리나라 근대 신문의 효시인『한성순보』가 대표적인 매체로,『한성순보』
는 외보外報를 폭넓게 번역하고 아울러 내사內事까지 기재하여 국중國中
에 알리는 동시에, 견문을 넓히고 여러 가지 의문점을 풀어주기 위하여
양악 문화를 소개하고 있었다.

　즉 1884년 3월 8일 제14호에 실린 '미국의 병선兵船이 상해에 정박하
면서 해군 군악대와 의장대 등의 퍼레이드가 있었다'는 기사가 대표적으
로 간접적인 음로音路를 만드는 기사이다.

　또 다른 음악 소통은 황해도 장연의 소래松川(송천리)교회에서 서상륜

徐相崙이 윌리암 브래드버리W. B. Bradbury가 1862년 작곡한 '예수 사랑하심은Jesus Loves Me'을 중국어 발음인 '주야소애아主耶蘇愛我'로 찬송가를 부른 내용이다. 이들 개신교 신자들은 1876년 만주에서 존 로스John Ross 목사로부터 세례를 받은 뒤에 1884년 본국에 귀국한 것으로 보면 서양 찬송가 양식에 관습화가 이루어졌을 것이다. 아울러 다른 사람에게 전파되었을 가능성이 높아진다. 이것은 일반적으로 알려진 바와 같이 미국의 선교사가 1885년 입국한 이래로 찬송가가 소통되었다는 사실보다 앞서 이루어졌다는 데서 주목할 만하나 더 밝혀야 할 내용이다.

또 하나의 주목할 만한 사실은 서양 악기가 수입되었다는 사실이다. 이미 외국과의 통상조약으로 이양선 자본과 그 물건들이 서서히 국내 시장을 잠식하고 있을 때, 1883년 음력 9월에는 개항지를 통과하는 수입품에 과세율을 매기는 '해관세칙海關稅則'과 본국 및 각국 선박의 해상 조난 사고를 보호하기 위한 '보험장정保險章程'이 제정된다. 이 해관세칙 중에는 서양의 악기도 포함되어 있어, 그 값의 100분의 10을 관세로 받기로 정하였다. 이전의 상황과는 다르게 변화하고 있었던 것이다.

1884년 1월 29일 국내 수입 상품 중에 일본으로부터 '악기樂器' 45원圓 어치를 드디어 수입한다. 이 악기는 신호나팔류였을 것이다. 같은 해 4월 13일에 윤치호가 함경도 북청부 남병사南兵使로 있던 부친 윤웅렬에게 나팔을 보낸 사실을 보면, 부친의 부탁을 받고 윤치호가 구입한 것으로 추정된다.

윤웅렬은 일찌기 별기군 책임자로 근대식 병대兵隊를 훈련시켰고, 전후 두 차례 일본에 가서 근대 군제를 익힌 사람이었으며, 남병영에서도 신식군제로 병대를 양성하였다. 또 신식군제에 필요한 신호나팔 체제나 이은돌을 통하여 누구보다도 신식 신호체제에 의한 신호나팔의 기능을 잘 알고 있어서 윤웅렬이나 윤치호는 나팔을 구입하였을 것이다.

윤웅렬은 자신의 병대를 '별기군'이나 '신식 병정', '병대兵隊'로 호칭하였고, 그가 총융중군撫戎中軍에 제수되어 전영 정령관正領官직을 맡아 그해 10월 23일 그가 훈련시킨 470명과 함께 전영에 와서 신식 기예로 시범을 보여줬다. 이를 통해 볼 때 남병영은 신식군제로 편제되었고, 나팔수가 있었다고 볼 수 있다. 하지만 그가 나팔을 가졌다고 하더라도 나팔수 양성은 만족스럽지 않았을 것이다.

이로써 전영前營은 비록 한규직이 감독으로 있었지만 일찍이 박영효, 신복모, 이은돌이 훈련시킨 병대가 주축으로 형성되었고, 윤웅렬과 그가 양성한 극소수의 무관들도 포함되었다. 이것은 전영의 정신적 환경이 개화파에 의해 주도되고 있음을 뜻한다. 실제 이들은 갑신정변이 일어나자 많은 인원이 행동대로 몸을 던졌고, 청군에도 가장 격렬하게 저항하였다.

한편 이은돌이 교련 교사 임무 외에 어떠한 형태로든지 나팔수를 양성하였다면 군제 편성에 어떻게 나타났을까?

1884년 8월 12일 연융대鍊戎臺에 이주한 병영을 친군후영親軍後營이라 호칭하고 그 감독을 도승지 민응식閔應植에게 맡기게 함으로써 중앙군제는 친군좌·우·전·후 등 4개의 영이 성립되었으며, 그동안의 다른 경군 4영(京軍四營-龍虎營, 禁衛營, 御營廳, 撫戎廳)을 10월 17일 친군4영親軍四營에 이주시켜 훈련을 받게 하고, 12월 23일에는 경군4영 중 금위영과 어영청을 별도로 '친군별영親軍別營'으로 만듦으로써 12월경까지는 청군식 친군영의 편제가 형식상 완전히 확립되었다.

주목할 대목은 친군우영에만 나팔수 9명이 편성되었다는 것이다. 이 나팔수 9명은 앞서 지적한 것처럼 갑신정변 전에 호칭된 동호수銅號手 9명을 가리킨다. 이들은 1882년 음력 10월에 4명, 1883년 음력 7월에 1명, 9월에 2명, 10월에 2명 등 각각 친군우영에 초정抄定된 9명을 가리킨다.

그런데 중앙군의 친군영제는 고종 25년(무자년, 1888)에 우右·후後·해방영海防營이 합하여 통위영統衛營으로, 전·좌영은 장위영壯衛營으로, 별영을 총어영撫禦營으로 개편해 3영으로 군제가 변경된다.

인물로 본 한국근현대음악사

여기에서 통위영에는 나팔수인 곡호병曲號兵이, 장위영에는 곡호대曲號隊가 각각 편성된다. 이것은 통위영을 이룬 우영·후영·해방영 중 후영에는 신호 나팔수가 편성되어 있지 않고 우영에만 편성 되어 있는 점, 또 장위영을 이룬 전영·좌영 중 좌영에 신호 나팔수가 없었으나 장위영에는 곡호대가 있었던 것으로 미루어 전영에는 상당수의 신호 나팔수가 있었던 사실을 확인할 수 있다. 전영의 나팔수 편성은 바로 이은돌에 의해 이루어진 것이다.

1888년 통위영 중 좌우대左右隊로 곡호병이 4명, 1894년에 1개 중대로 창설한 교도대 내의 곡호수 4명, 동학농민 토벌을 위하여 출정한 통위영 (출정 장졸 357명) 내의 곡호병 4명, 1900년 12월 시위연대의 포병과 공병, 치중병에서 중대 당 4명의 나팔수 등 점차 중대나 매 1대당 4명의 나팔수를 본격적으로 편성한 것을 감안한다면 1884년까지의 나팔수 편성은 임시 변통적인 편성이었다.

1882년 말에서 1884년 말까지의 나팔수 편성이 임시변통적인 편성이라 할지라도 이은돌은 중대당 기병騎兵·공병工兵·치중병輜重兵은 매 대마다 4명, 보병과 포병은 매 대마다 8명의 나팔수가 편성되어야 한다는 사실을 알고 있었다. 이은돌이 일본 육군교도단 군악대 유학 때 일본의 육군 편제는 이미 1870년대부터 보병 1개 중대와 포병 1개 대대는 매 대마다 8명의 나팔병졸, 기병·공병·치중병은 매 대마다 4명의 나팔병졸로 운영되고 있었다.

한편 이은돌은 갑신정변 전에는 해방영海防營에 신분을 감추고 있었기 때문에 나팔수 양성도 그리 용이하지 못했을 것이다.

이로써 1882년-1884년간의 조선 군제에서 나팔수를 편성한 새로운 신호 체제가 도입돼 기존의 취고수吹鼓手나 세악수細樂手 등의 신호체제와 병행하여 운영한 것이다. 새로운 신호체제 확립은 청군에 의한 친군 우영의 동호수, 나팔수 편성과 이은돌에 의한 친군전영의 나팔수가 각각 양성되어 이루어졌다.

또한 청군이 주로 영국과 독일 군제를 받아들인 것에 비하여 이은돌은 프랑스 군제를 따른 일본에서 교육을 받았으므로 조선에 소통된 나팔 음악이 영국·독일·프랑스식이라 할지라도 모두 배음열harmonic series에 의한 음악양식이다. 이것으로 서양 음악양식이 이 땅에서 소통되고 있었음을 주목할 필요가 있다.

이러한 새로운 음악 소통이 조선을 둘러싸고 청·일 양국의 각축과 동시에 민씨 일파와 개화파 사이에 대립과 반목이 있는 가운데 전개된 것이고, 또 양측, 즉 청측과 이은돌에 의하여 가능하였다는 사실이다. 이러한 정치적 변수가 이은돌이 갑신정변이라는 역사의 분수령에 뛰어들게 했음을 간과해서는 안 될 것이다.

갑신정변의 격랑 속으로

이은돌은 김옥균, 박영효 등 개화파 인사들과 교제하면서 새로운 교육으로 일찍부터 개화사상을 습득했고, 당시 정계를 좌우하는 민씨 세력들이 임오군란 뒤 청군을 끌어들여 군제에서도 영향을 미치게 되자 그 역사를 지켜본 양악 최초의 선구자이자 악대 지도자인 그로서도 위기의식을 느끼고 있었다.

민씨 일파, 특히 원세개와 손을 잡은 민영익閔泳翊은 청국 교관 5명을 초빙함으로써 1884년 7월 일본 육군유년학교幼年學校 출신 서재필徐載弼과 호산학교 출신 등 14명의 사관생도가 대부분 군에서 쫓겨나 긴장이 감돌고 있는 데다, 개화파의 중요 간부였던 내시 유재현柳在賢이 집권파에 가담함으로써 큰 타격을 입었다. 비록 개화파 요원들이 전영前營에 있다 치더라도 감독 한규직이나 각 군영의 책임자들은 민씨파로서 서울 주둔 청국군과 손을 잡고 개화파 요인들을 적대시하는 태도를 점차 노골화하였다. 이렇게 되자 개화파의 불안과 위기의식은 더욱 가중되었다.

이러한 갈등과 대립의 소용돌이는 갑신년 말이 되면서 더욱 깊어졌다. 개화파는 어둠의 끝에서 서서히 기치旗幟를 올리고 있었다. 1884년 11월에 들어서서 개화파 요인들은 그들의 진로를 구체적으로 논의하기 위해 여러 동지들 집을 번갈아 가면서 모임을 갖는다. 달이 차면서 이 모임은 더욱 빈번해진다.

김옥균, 박영효, 서광범徐光範, 홍영식洪英植, 유대치劉大致, 그리고 서재필 등의 사관생도 출신, 또 여러 행동대원들이 각각 계획을 공유해 간다.

이들은 푸트Lucius H. Foote 미국 공사나 일본 측에 계획을 말하고 협조를 당부했지만 이들의 급진적 행동에 미국 공사 뿐 아니라 개화파였던 윤웅렬도 신중히 때를 기다리고 자중하라고 조언한다. 그러나 이들은 계속 밀고 나간다.

11월 26일에 탑골 승방僧房에서 개화파 요인과 행동대 대표자간의 회의와 11월 30일에는 거사의 시기와 방법에 대하여, 12월 1일에는 실행 계획안을 확정하기에 이른다. 이러한 상황에서 이은돌은 김옥균을 만난다.

11월 26일 그들은 정변의 계획을 이야기한 것 같다. 왜냐하면 이날 개

갑신정변 당일의 상황을 묘사한 삽화와 김옥균

화당요인들은 탑골 승방에 모여 중대 회의를 했고, 또 김옥균은 신복모가 서둘러 오도록 이은돌을 부평에 보냈기 때문이다. 이은돌은 해방영海防營에서 신분을 감추고 있었던 것으로 전해진다. 신복모도 해방영 총관總管 민영목閔泳穆 밑에서 교련 교사로 있었던 것으로 보아 이들은 갑신정변 얼마 전에 전영前營에서 이곳으로 자리를 옮긴 것 같다.

원래 해방영은 "이양선의 연해 접근을 방지하고 최대한 국가 경비를 절약하는 범위에서 방위 체제를 이룩" 하려는 목적으로 1884년 1월 31일에 부평부富平府에서 정식으로 발족하였다.

신복모는 거사 행동 계획이 끝난 직후인 12월 2일, 즉 갑신정변 2일 전에 상경하여 개화파 요인들과 합세한다. 김옥균 등 개화파들은 거사를 기다리고 있었다. 12월 4일, 그 날 밤은 '조용한 밤의 나라'가 아니었

갑신정변 상황도

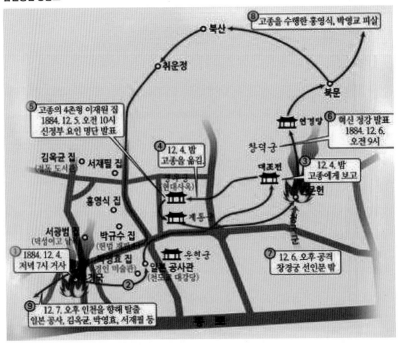

인물로 본 한국근현대음악사

개화파의 주요 인물
1883년 말 미국 방문 길에 나선 민영익과 개화파 일행이 일본에서 사진을 찍었다. 그러나 이렇게 함께했던 이들은 일 년 뒤 개화의 속도와 방법론을 놓고 동지에서 적으로 갈라서게 된다. 앞줄 오른쪽에서 둘째부터 서광범·민영익. 맨 왼쪽이 홍영식. 뒷줄 왼쪽에서 네 번째에 유길준이 보인다. 앞줄에 보이는 어린이는 당시 게이오의숙에 유학 중이던 박용화다.

다. 바로 개화파들이 횃불을 하늘로 뿌린 밤이었다. 갑신년의 '정변'이 일어난 것이다. 그러나 개화파의 기치는 '삼일천하三日天下'를 이루고, 많은 희생자 끝에 횃불은 꺼졌다.

민태호閔台鎬, 민영목閔泳穆, 한규직前營使, 유재현柳在賢 등 민비파들은 개화파 계획에 희생되었다. 이들을 포함해 조선인 140명, 중국인 10명, 일본인 38명 등 발표된 사망자 수만 총 188명이다. 이들은 거의 청군과 개화파, 전영前營측 군인 사이의 치열한 싸움으로 죽었다.

개화파 중에서는 홍영식洪英植, 박영교朴泳敎가 희생되었고, 사관생도 7명은 피살되었다. 윤경순尹景純 등 대다수 전영 군인들도 체포되어 1886년에 처형된다. 이들은 행동대로 청군에 가장 격렬하게 대항하였으며, 이들에 대한 체포령도 계속 내려졌다. 1885년 1월 27일에는 변수邊樹, 유홍기劉鴻基 등이, 1886년 1월 26일에는 신복모 등에게 체포령이 내려졌다. 그 밖의 사람들은 정변 직후에 죽었거나, 자결하거나 피신하였다. 갑신정변 주동인물 중 김옥균, 박영효, 서광범徐光範, 서재필, 변수 등 9명은 일본으로 피신했다.

이은돌은 어떻게 되었을까? 위에 열거한 개화파 요인의 사망자 명단이나 체포 명단에 나와 있지 않은 것으로 보면 그는 정변 직후에 피신한 것으로 보인다. 그는 1885년 6월에 귀국해 정부의 문초를 받았다. 그러나 그 후의 행적에 대한 기록은 남아 있지 않다.

다만 이은돌은 1908년에 가서 갑신정변으로 순국한 '애국사사愛國死士'의 한 사람으로 추대된다. 『대한매일신보』 융희 2년(1908) 6월 기사 곳곳에 '애국사사 추도 명단'이 나오는데, 이은돌도 그중에 포함돼 있다.

1908년 6월 9일자 광고란에 '애국사사 추도회'는 갑신정변 이래 나라 일로 순국한 사람을 위하여 추도제를 열 것이니, 유족들은 이 사실을 입증할 수 있는 이력서를 6월 10일까지 보내줄 것을 보도한다. 6월 10일 재광고에 이어 6월 20일자에는 보내 온 이력서를 심사, 숙의 끝에 확정하고 '애국지사 추도회' 회장으로 김윤식金允植을 뽑아 준비 작업에 들어간다고 보도했다. 6월 24일자에는 갑신정변 이래 갑진년甲辰年(1904)까지 '애국사사' 명단(100명)을 공개하고 추도회를 6월 27일 정오 12시에 훈련원에서 유가족과 내빈을 모시고 개최한다는 특별 광고를 냈다. 6월 25일, 26일자에도 연이어 재광고를 내고, 27일에는 정부 관료뿐 아니라 모든 관계자가 참석한 가운데 추도회를 가졌다.

앞서 보도한 '애국사사' 명단에 이은돌은 '리殷돌'이란 이름으로, 갑신정변으로 죽은 동료들 사이에 게재된다. 이 명단의 특징은 갑신정변부터 순국한 '수구당'이나 '개화당' 인사 모두를 순국인사로 차례로 게재한 것으로, 조영하趙寧夏부터 유재현까지 7명은 수구당이고, 홍영식부터 게재한 명단들은 갑신정변으로 인하여 희생된 개화당 요인이다.

이는 이은돌이 일본으로 몸을 피했다 돌아온 후 정부에 체포돼 사형

당했을 가능성을 시사한다.

그가 삶을 마감한 뒤, 그가 양성한 군악대는 1900년 국립군악대(군악대장 프란츠 에케르트. 후에 백우용) 발족에 결정적인 역할을 했고, 그 줄기는 오늘날의 학교악대와 민간악대로 이어졌다.

이은돌이 음악사에 뿌린 씨앗

1882년부터 1884년까지 2년간 이은돌의 희망과 정열과 노력은 역사의 절망만큼이나 어렵게 씨앗을 뿌려 놓았다. 그가 비록 일본을 경험하긴 했으나 프랑스식 나팔과 군악 교육을 전문적으로 몸에 익혀 이 땅에서 큰 그늘을 이루고 있는 역사 속에서 펼친 사람이다.

그러기에 이은돌을 순전히 일본제日本制라고 치졸한 질문을 쉽게 던질 수가 없다. 그는 서세동점의 격변 앞에서 깨어져 가는 나팔로 이 땅의 존재를 노래하다 떨며 죽어간 한국인이다. 만약 갑신정변을 '근대 민족주의의 선구적인 운동'이라고 평가한다면, 그는 음악인으로서도 민족주의 선구자의 한 사람으로 산화한 한국인이다.

개화운동의 큰 줄기는 근대적 군대 양성이었다. 이러한 무비자강은 1881년 별기군 조직과 1882년부터의 친군영 창설로 이루어진다. 자연히 새로운 신호 체제가 확립되어야 하는데, 이 필요성을 느낀 이은돌은 1882년 일본 육군교도단 군악대에 유학해 프랑스식 군악교육을 받아 한국인으로서는 처음으로 서양음악을 전공한 악대 지도자가 된다.

이 점은 비록 그가 다룬 악기가 신호나팔이었지만 배음열harmonic series에 기초한 서양 음악 양식을 이 땅에 소통시키는 계기가 되었다.

한국음악 문화권에서의 서양음악에 대한 재해석 가능성은 반드시 우리 시대만으로 가능한 것은 아니다. 분명 오늘로 이어지는 어제는 우리에게 동시적으로, 어떠한 모습으로 역사의 손을 잡으려고 했나를 물어 보아야 한다.

이은돌은 직접 밖에 나가 서양음악 문화의 보따리를 싸들고 와서 이 땅에 푼 개화기 최초의 음악인이다. 그러기에 그 뒤의 선교사나 외국의 군악대나 프란츠 에케르트Franz Eckert 등 밖에서 안으로 들어와 소통을 한 것과는 다르다.

아울러 밖의 선교사가 찬송가를 들고 안으로 들어와 서양 음악이 비로소 소통되었다는 찬사나 미화를, 또 그로 인한 1885년 직후를 한국 근대 양악사의 기점으로 잡는 접근을 거부하고 있는 것이다.

이은돌이 뿌린 씨앗은 그를 한국 군제사의 나팔수 편성을 앞당겨 놓은 군인이자 최초의 '악대 지도자'라고 평가하기에 부족하지 않다. 그는 분명 군악대를 앞당겨 창설하고, 수많은 악대 지도자를 양성하여 결과적으로 또 다른 음악 문화의 성숙을 가져다 줄 모든 가능성들을 열어 주었다. 그가 죽음으로써 자생적으로 우리나라의 음악인이 살아가는 1900년대까지의 기간을 잠복기로 소유하지 않으면 안 되었다.

무엇보다도 그는 정체停滯 신화로 가면을 쓴 이양선의 대포 앞에 빗장을 열 수 밖에 없었던 시기에 어둠의 끝을 헤치다 갑신정변이라는 역사를 움켜잡고 죽은 음악인이자 민족주의자였다.

2장

한국 근대 양악계의 대부

홍난파

洪蘭坡

그는 여명기의 음악교육자로, 작곡가로, 지휘가로, 평론가로, 소설가로, 그리고
방송인으로 활동한 한국 근대양악계의 대부였다. 난파만큼 전 방위적으로 활동한
음악가가 흔치 않았고, 또 이 시기가 격변하는 근대시기이자 암울했던 일제강점
기였다는 점에서 그는 분명 역사적 평가를 받는 음악가이다.

홍난파(1935.3)

한국 근대양악계의 대부 ___ 홍난파

논란의 중심에 선 홍난파

난파 홍영후洪永厚는 1898년 4월에 태어나 1941년 8월에 삶을 마감할 때까지 향년 44년간을 한국 양악계에 큰 족적을 남긴 음악가이다. 난파가 활동한 시기의 음악계는 손꼽을 정도로 음악인들이 적었고 음악회장을 비롯해 소위 음악의 사회적 기반이 열악한 양악 여명기이었으므로 난파의 활동이야말로 모든 분야에서 두각을 나타내었다.

전문적인 음악연구기관인 연악회 창설(1922), '홍난파 바이올린 독주회' 개최(1925), 국내 최초의 음악잡지 『음악계』 창간(1925), 『조선동요백곡집』 간행(상권, 1929), 경성중앙방송국JODK의 경성방송관현악단 조직과 지휘자(1936), 성서城西3중주단 창단(1937), 『음악만필』 출간(1939) 등의 경력만 들어도 이러한 평가들이 가능하다.

더욱이 홍난파는 국민동요라 할 수 있는 〈고향의 봄〉의 작곡가가 아닌가. 또 누구나 노래를 부르면서 한없이 울던 〈봉선화〉의 작곡자이기도 하다.

특히 독립운동단체인 '수양'동우회의 단우로서 〈홍사단 단가〉를 작곡하여 그 일로 일제에게 고문을 받은 독립운동가이자 민족음악가로 부동의 평가를 받아왔고, 〈봉선화〉가 일제하에서 민족의 울분을 노래하고 있었으므로 금창곡禁唱曲이 되었다고 평가돼 왔다. 정부도 문화훈장을 추서(1965.10.26)하고 1992년(4월2일)에 '8월의 문화인물'로 선정할 정도로 그는 높은 평가를 받았다.

1939년 홍난파의 가족들
앞에 앉은 노 부부가 부친 홍친과 모친. 오른쪽 끝이 큰형 홍석후. 난파 부부는 뒷줄 가운데에 서 있다.

그렇다면 정말 〈봉선화〉가 금창곡이 되고, 홍난파가 〈홍사단 단가〉의 작곡자인가? 누군가 허구의 역사를 '참'이라 하며, 거짓 평가로 조작하는 것이 아닌가? 혹시 독립의 민족음악가로 평가되어야 정부의 훈장을 받을 수 있다고 믿어 역사를 조작한 결과가 바로 홍난파에 대한 기존의 평가가 아니었을까?

이 평가의 최초의 글은 이유선李宥善의 1968년 저서인 『한국양악 팔십년사』(중앙대학교출판국)에서 비롯되었다. 이 저서는 1976년에 『한국양악

백년사』와 1985년의 『증보판 한국양악백년사』(음악춘추사)로 발전하였다. 이후 사실 확인 없이 홍난파 부풀리기가 음악평론가들에 의하여 반복되면서 확대 재생산되었다.

경성방송국JODK에서 일보고 있던 1936년 어느 날, 난파는 종로경찰서에 수감되었다. 이유는 시카고에 있을 때 흥사단 단가를 작곡해 주었다는 일이 탄로 나게 되어 수감된 것인데 같은 유치장에 이광수, 도산 안창호와 함께 수감되어 심한 고문을 당했다. 꼭 100일 만에 출감은 되었지만 매를 몹시 맞은 까닭에 늑막염을 얻고 불치의 환이 되어 해방의 서광도 보지 못한 채 드디어 1941년 8월 30일 부인 이대형을 두고 44세를 일기로 운명했다. 연미복을 입혀 화장해 달라는 유언을 했다 한다(강조는 필자).[3]

1934년 미국체류 시 안창호 선생이 주도하던 흥사단의 단가를 지어주었다는 것이 발각되어 그 후 귀국해서 종로경찰서에서 옥고를 치르고, 이것이 원인이 되어 병고로 일찍 세상을 떠났던 난파는 3·1운동에서부터 시작해서 조국해방과 구국의 일념을 생애와 작품을 통해 반영한 애국자이기도 하며, 그의 노래 '봉숭아'는 일본인들에 의해서 금지까지 되었던 노래로서 영원한 애국과 민족의 노래로 우리에게 불리고 있는 것이다(강조는 필자).[4]

위의 글들은 크게 두 항목으로 요약된다. 홍난파가 민족음악가로 평가받는 것은 〈홍사단 단가〉의 작곡가로 일제에 검거되어 고문을 받아 사망했다는 사실과 민족의 울분을 노래한 〈봉선화〉가 일제에 의하여 금창곡이 되었다는 사실이다.

········
3) 이유선, 『한국양악팔십년사』, 중앙대학교 출판부, 1985, 146쪽.
4) 이상만, 「여명기의 한국음악가」, 『월간음악』10월호, 월간음악사, 1982, 48쪽.

모두 사실일까? 먼저 홍난파가 어떤 활동을 했는지를 규명해 다시 평가해야 할 것이다.

'동우회사건'으로 검거되다

흥사단은 신민회(1906) 후신으로 도산 안창호安昌浩 선생이 1913년 5월 로스앤젤레스에서 조직한 독립과 민족운동 단체이다. 그리고 흥사단의 정신과 방침에 따라 1922년 국내단체로 조직한 단체가 바로 '수양동맹회修養同盟會'이다. 이 수양동맹회는 무실務實·역행力行·신의信義·용기에 뜻을 두고 지·덕·체로 수련하여 건전한 인격을 도야시키려는 목적으로 조직된 합법적인 단체였다.

1923년 같은 목적으로 평양에서 조직한 '동우구락부同友俱樂部'와 수양동맹회가 모인 1926년의 회의에서 '수양동우회修養同友會'로 이름을 바꾸었다. 회원을 단우團友라고 부르는 이들 조직체는 첫 사업으로 『동광東光』

교사시절의 홍난파 맨 앞에서 지휘하고 있는 사람이 홍난파

잡지를 1933년 1월까지 발행하였다. 그리고 1929년에 투표와 의사회 결정으로 회명會名을 '동우회同友會'로 고쳤다. 동우회 조직은 경성, 평양, 선천 등 3개소의 지회로 발전하였다. 동우회 경성지회 단우로 홍난파와 현제명玄濟明, 그리고 평양지회에 김세형金世炯이 있었다. 이들은 앞서 미국에서 홍사단의 단우로 활동하다가 귀국한 직후 동우회에서 활동하였다.

동우회는 실력양성에 전념하는 수양단체임을 표방하고 있었지만, 일제는 1937년 중일전쟁 전후로 사상검열을 하면서 전시체제를 확립하려고 동우회를 주목하고 있었다. 1937년 7월 7일 일본은 중국북경 서남쪽 10여 킬로미터 떨어진 노구교盧溝橋(루거우차오)에서 일본군과 중국군 충돌사건을 계기로 7월 11일에 일본·조선·만주의 2개 여단을 현지에 출전시켜 중일전쟁을 일으키고, 전쟁 직전부터 일본과 조선, 그리고 만주에서 전시체제 확립을 위한 광범위한 사상통제를 한다. 일제가 내세운 '시국인식時局認識'이 여기에 바탕을 두고 있었다.

결혼식
1934년 12월 27일 난파는 새문안교회 차재명 목사의 주례로 이대형과 결혼한다.

결혼 후 첫 봄을 맞으며

　사상통제 대상은 동우회뿐만이 아니었다. 일제는 민족계열을 소탕시킬 뜻으로 동우회와 함께 물산장려회物産獎勵會는 물론 천도교 인사들에게도 해산을 종용하였다. 물산장려회는 자진 해산하여 구금의 화를 면했다. 1937년 5월 17일부터 일제는 동우회를 흥사단과 연결된 항일독립단체로 몰고 단우들을 치안유지법 위반자로 지목하여 전국적인 검거령을 내렸다. 일제는 5월 17일에 이원규, 5월 27일에 정인과, 6월 7일에 한승인·박현환·이광수·김윤경·신현모, 6월 10일에 차상달, 6월 11일에 김종덕·조병옥·이명혁·이윤경 등 1차로 경성 동우회 단우들을 체포하였다.

　검거된 수십 명 중에 음악가 홍난파와 현제명도 있었다. 그러나 홍난파의 검거사유는 〈흥사단 단가〉의 작곡가였기 때문이 아니었다. 또 검거된 해도 1936년이 아니라 1937년이다. 그리고 조사과정에서 흥사단과 관련된 노래들, 〈단우회노래〉(홍사단 단가), 〈입단가〉, 〈새벗맞이〉 등의 노래 모두가 도산 안창호 가사에 작곡가 김세형이 곡을 쓴 작품이었음이 후에 밝혀졌다.

1982년에 작곡자 김세형 자신도 〈홍사단 단가〉가 자신의 작품임을 밝혔다.[5] 김세형은 1928년 미국에 유학한 이래 1932년에 로스앤젤레스에 있는 챔먼대학을 졸업하고 1934년에 서부대학교College of the University of the West에서 작곡전공으로 당대 한국 음악인으로는 최초로 'Master of Music'(M. M.)을 받고 졸업한 바 있다. 홍사단 노래들은 김세형의 1928~1930년대 초 작품들이다.

많은 동우회 단우들 중 1937년 5월부터 시차를 두고 약 500여 명정도 검거되어 조사를 받았을 때 담당 부서는 '경기도 경찰부 종로서'였다. 이때 매일 출두해 조사받은 사람도 있었다. 그러나 동우회 핵심 단우들은 아예 유치장 감방에 갇혀서 조사를 받았다. 3일 이상 구금할 수 없었지만 담당검사가 심문하여 그 결과에 따라 검사국에 넘겨 질 때까지 바로 풀린 사람을 제외하고는 짧게는 2개월에서 8개월까지 구금되어 치안유지위반을 자인할 때까지 온갖 고문을 받았다.

'경기도 경찰부 종로서 유치장' 12개의 감방에서 분산 수용된 동우회원들은 물먹이기와 비행기 태우는 학춤, 꿇어앉히기, 발길질, 뺨치기, 엉거주춤 서있게 하기, 동아줄로 얽어매기, 총이나 죽도로 쥐어지르기, 뭇매질하기, 목 옭아매기 등 온갖 악랄한 고문을 받았다. 전국에서 7천여 명이 검거된 천도교도들은 천도교 측과 일제 사이에 전시체제의 시국에 협력하겠다는 담판이 있은 후에 모두 석방되었다. 동우회 단우들도 심문 과정에서 무혐의로 풀려난 사람도 있고, 기소가 확정된 사람도 있으며, 기소 유예되거나 기소 중지가 된 사람도 있었다.

기소가 확정된 단우들이 3회에 걸쳐 검사국에 넘겨졌는데 8월 10일,

....

5) 김세형, 「나는 증언한다 14-왜곡될 수 없는 일제 학정의 실상-우리 歌曲 禁唱」, 『중앙일보』 1982년 8월 18일자, 3쪽.

10월, 그리고 1938년 1월에 이루어졌다. 1937년 8월 10일 제1차 송치자 15명이 신병 구속기소가 결정되어 서대문형무소로 이감되었는데 대부분 서울에서 검거된 단우들이었다. 이광수·주요한·김종덕·박현환·김윤경·정인과·조병옥·이윤재·신현모(신윤국)·이원규(이대위)·김지담(김여식)·한승인·허용성(허연)·이유묵·유기준 등이다.

제2차 송치자는 평양과 선천에서 검거된 단우들로, 이들은 같은 해 10월에 송치되었다. 제3차 송치자는 1938년 1월 안악과 기타 지역의 동우회 단우들이다. 이들 중에도 송치과정에서 예심 없이 검사가 풀어준 사람도 있었다. 서대문형무소에서 서로 어떤 사람이 들어왔고 나갔는지 전혀 알 수 없었던 상황에서 1938년 8월 예심이 끝난 직후 기소된 사람은 41명이었다.

1937년 겨울부터 형무소 제1감방에 수감된 도산 안창호는 이미 대전감옥에서 옥고(1932년부터 2년 반 동안)를 치른 데다 요시찰 인사로 일제 제재를 받던 중에 피검되었다. 1937년 11월에 서대문형무소에 이감된 뒤 같은 해 12월 24일 병보석으로 경성제국대학 부속병원에서 주거제한을 받으며 치료받다가 결국 1938년 3월에 세상을 떠났다. 향년 61세였다. 최윤호처럼 고문에 못 이겨 옥사한 단우도 있었다.

예심조사 후 1938년 8월 15일 예심종결과 함께 41명의 단우들이 공식 기소되었고, 1939년 10월 3일부터 경성지방법원과 경성복심법원에서 공판이 진행되어 1940년 8월 21일에 선고공판에 따라 17명에게 체형이 집행되고 24명이 집행유예로 확정되었다. 상고에 따라 3심 마지막 공판인 1941년 11월 17일에 전원이 무죄언도를 받음으로써 5년에 걸친 동우회 사건이 종결되었다.[6]

동우회 단우가 1937년 5월부터 검거되고 8월 6일에 동우회가 강제적으로 해산되었으며, 1938년 3월에 도산이 죽었다. 비록 1941년에 전원이

....
6) 흥사단운동 70년사 편찬위원회, 『흥사단운동 70년사』, 흥사단출판부, 1986

무죄언도를 받았지만 5년간의 감옥생활과 고문, 그리고 공판으로 개인적 삶도 파멸되었다. 이것은 일제가 1937년 7월 7일에 중국과 전쟁을 도발(소위 중일전쟁)할 때여서, 동우회사건을 계기로 국내 사상탄압을 본격화하고 전시체제를 구축하면서 친일파를 양성해 전시체제에 앞장세우려는 일제의 치밀한 통치결과이었다.

홍난파를 비롯한 관련 음악인들은 어떻게 되었을까?

홍난파는 6월 11일에 조병옥·이윤재·유형기·차형숙·김여제·갈홍기·이유묵·허용성·오기봉 등과 함께 검거된다. 이 검거는 경성은 물론 계속 평양과 선천 등으로 파급되었다. 현제명도 경성에서 검거되었다. 검거 당시 홍난파는 40세로 경성보육학교 교사였고, 현제명은 36세로 연희전문학교 교유였으며, 김세형은 35세로 무직 상태였다.

홍난파는 경성에서 검거된 동우회 단우들 중 8월 10일 1차로 검사국에 신병구속기소로 송치되는 15명에 포함되지 않았다. 홍난파와 현제명은 검사의 심사에 따라 기소유예로 처분되어 8월 21일 석방된다. 동우회 단우이던 김세형은 체포되지 않은 채 기소 중지처분을 받았다. 물론 기소유예처분을 받은 단우는 홍난파·현제명뿐만 아니라 김여제·갈홍기·차상달 등 23명이었고, 기소중지처분은 17명으로 백낙준·정상인 등이었다.

검사가 공소를 제기하지 않는 불기소처분으로 기소유예는 모든 공적 직책을 사직하는 조건으로 이루어졌으며, 동시에 자택으로 주거를 제한받는 근신처분이기도 했다. 홍난파와 현제명은 1937년 8월 10일 검사에게 송치되어 사직서를 관계기관으로부터 확인받아 제출하는 조건으로 기소유예 처분을 받았다. 홍난파는 경성보육학교장 독고선獨孤璇으로부터 '사직원 인증에 관한 건'을 8월 19일에 받아 경기도경찰서장 앞으로 제출하고, 그로부터 3일 후에 석방되었다. 현제명 역시 8월 31일자로 연희전문학교 교장대리 유억겸으로부터 교원사직증명서를 받아 제출했다.

홍난파와 현제명은 거의 같은 시기에 체포되고 사표제출 증명서를 제출하여 기소유예 처분을 받아 석방되었지만, 현제명이 앞서서 공적 활동을 재개한다. 현제명은 조선문예회가 창립된 후 7월 11일 처음으로 경성부민관대강당에서 제1회 발표연주회를 개최할 때, 작품창작 발표와 테너로 출연하여 독창했기 때문이다.

친일단체 조선문예회에서 활동

홍난파가 비록 7월 11일 조선문예회朝鮮文藝會 발표연주회에 발표하거나 연주하지 않았지만, 조선총독부는 현제명과 함께 신분을 인정하고 있었다. 홍난파는 1937년 동우회사건 발생 한 달 전 친일단체인 '조선문예회' 음악위원으로 선임되어 활동하고 있었기 때문이다.

조선문예회는 말 그대로 조선의 문예와 관련된 순수한 단체가 아니다. 조선문예회는 조선총독부 학무국장과 사회교육과장 김대우金大羽가 산파역을 맡아 가요정화운동을 통한 황민화 정책을 수행하려고 문화예술인 중심으로 결성시킨 관제 문예단체이다. 학무국장 토미나가 분이치富永文一는 1937년 4월 7일 담화발표에서 조선문예회가 가요정화운동을 중심으로하여 장차 연극과 영화 등으로 넓혀 전 분야의 조직체를 꿈꾸며 황민화정책을 강력히 추진하겠다며 그 조직의 성격과 방향을 밝혔다.

주로 조선인과 일본인 중 저명한 문학인과 음악가 30명을 중심으로 1937년 5월 1일 경성호텔에서 성대한 결성식을 가졌다. 회장에 경성제국대학 법문학부 교수인 타카키 이치유키조오高木市之助가 선출되었다. 조선인은 작가·음악인 14인이 선임되었다. 김억·이광수·최남선 등의 문인들과 김영환·박경호·윤성덕·이종태·하규일·함화진·현제명·홍난파 등의 음악인들이 그들이었다.

현제명은 1937년 미국에서 돌아온 뒤 5월초에 홍난파와 함께 조선문예회에서 활동하였다. 조선문예회는 1937년 조직에 앞서 하규일과 함화

삼광(三光) 창간호
홍난파가 일본 유학시절에 조선유학생악우회 이름으로 발
간한 음악잡지다.

진 등 전통음악인도 선임하여 1929년에 조선총독부가 결성시킨 '조선가요협회'보다 훨씬 강화됐을 뿐 아니라, 악단과 문단을 대표하는 예술인들을 중심으로 조직 운영되었다. 조선문예회는 음악·영화·민요·회화·건축·신문 등 전체 문화예술계를 새로운 신체제(전시체제)의 문예 규준規準에 통일시켜 나갔다는 점에서 황민화정책의 핵심 단체였다.

한편 학무국장 토미나가 분이치富永文一는 1936년 5월부터 1937년 7월 직전까지 근무하였으며, 그 이후는 시오하라 토키사부로 오鹽原時三郎(1937.7)·마사키 나가코시眞岐長年(1941.3)·오노 켄이치大野謙一(1942.10)·타케나가 켄쥬武永憲樹(1944.8) 순으로 재직하였다.

> 조선서 내선인內鮮人 문예가 중 권위자를 망라하고 레코드 기타 각종 비속
> 한 가곡이 가두에 가득해 사회풍교상의 악영향을 미치는 바 많으므로 이것을
> 선도해 사회풍교의 정화를 도모하려는 것인데, 장차는 연극·영화 기타 문예
> 와 연예의 각 방면에 진출을 해 실제적으로 교화선도운동을 일으킬 터이다.

이 내용은 조선문예회 조직과 관련하여 1937년 4월 7일 조선총독부 토미나가富永 학무국장이 발표한 담화문 중 한 부분이다. 이처럼 "음악뿐만 아니라 연극·영화와 그 밖의 모든 분야의 문예와 연예 등 사회풍교

상의 악영향을 미치는 문예물을 정화하고 교화선도운동을 목표"로 활동
시키기 위한 조직체가 조선문예회였다. 여기에서 사회풍교상의 악영향
은 중일전쟁을 앞두고 전시체제 구축과 함께 황민화와 병참기지화 정책
을 펼치는 일제에 반하는 일체의 문예물을 통제하고 대신 일본적 오리
엔탈리즘을 찬양하는 문예물을 창작 보급하겠다는 취지의 교화선도운
동이자 '일본 황민의 정신 작흥과 국체관념의 명증'이었다.[7]

조선문예회는 창립 후 첫 '신작가요발표회'를 1937년 7월 11일 부민
관 대강당에서 야마가타 이사오山縣功·야마나카山中幸子·스즈키鈴木美佐
保·이덕환李德煥·정훈모鄭勳謨·현제명玄濟明 등의 독창과 오오바大場勇之
助·안도오安藤芳亮·요시자와吉澤實·이종태李鍾泰·이면상李冕相이 지휘하
는 경성방송합창단과 스즈오합창단鈴美合唱團·경성방송관현악단 및 피
아노 반주로 진행하였다. 작품은 일본인과 조선인 작가와 작곡가들이
창작한 작품으로 일어 〈조선청년가朝鮮青年歌〉·〈근로가勤勞歌〉·〈우리들
은 소년僕等は少年〉 등의 15개 작품이 발표되었다.

조선문예회의 신작가요발표회가 있던 시각에 조선총독부는 긴급회
의를 개최하고 중국대륙침략의 전시체제 확립이라는 '비상시국'의 '시
국인식'을 대내외로 강요하는 결정을 내렸다. 일제의 중국침략('중일전
쟁')이 본격화 된 것이다. 이러한 상황에서 시국인식으로 사상통제를 감
행한 일제는 동우회를 체포하고 해체시킨 바 있다.

홍난파는 1937년 8월 집행유예로 풀려난 직후부터 조선총독부와 조선
문예회가 제창하는 "시국인식 철저는 노래로부터"라는 표방에 동조하여 작
품 활동에 나선다. 첫 작품이 조선총독부가 기다리던 시국가 〈정의의 개가
正義의 凱歌〉(최남선 작시)이다. 이제 예전에 경계선에 있던 홍난파가 아니다.
일본이 고도국방국가를 수립하여 대동아공영권을 구축하려는 시국인식과

....

7) 『每日申報』1937년 7월 12일자, 2쪽 참고.

함께 하는 '시국가'를 창작하며 친일에 앞장서는 음악가로 변모한 것이다.

조선문예회는 신작가요발표회를 한지 한 달 후인 8월 24일 총독부 제2회의실에서 문예보국을 토의하고, 〈총후풍경가銃後風景歌〉·〈황군격려가皇軍激勵歌〉 등을 작시·작곡해 보급하기로 결의하였다. 그리고 9월 4일에 선정된 수편의 가사에 곡을 붙이기 시작하여 9월 15일 오후 조선총독부 관계자와 조선문예회 회원들이 참석한 이왕직아악부 자리에서 31편의 '시국가요발표' 시연회를 개최하였다. 이 시연회는 "황군皇軍용사를 격려하고 후방의 진심을 모으려는 가요와 창가 동요의 시국가時局歌이자 애국가愛國歌"를 사전에 검증하고 조율하는 행사로, 안도 요시아카安藤芳亮의 〈신국일본神國日本〉(테라모토 키이치寺本喜一작시)와 오오바大場勇之助의 〈진격하는 황군進め皇軍〉(스기모토 나가오杉本長夫 작시) 등의 작품들이 발표되었다.

이 작품들은 시연회가 있던 날로부터 보름후인 9월 30일에 조선문예회 주최의 '신작발표 애국가요대회'에서 공개적으로 발표되기까지 여러 연주가들이 매일신보사의 내청각來靑閣에 모여 본격적인 연습에 들어갔다. 오오바大場勇之助와 이종태 지휘아래 이화전문학교 계정식 교수가 수석으로 참가한 오케스트라와 피아니스트, 그리고 성악가와 합창단을 비롯하여 작곡가와 조선문예회 회원들이 모여 발표회를 준비하였다.

때마침 일본은 전 중국을 점령하려는 중일전쟁에서 1937년 7월 톈진千津을 함락한데 이어 8월 화북의 축을 이루는 장지아커우張家口와 바오딩保定, 그리고 스찌아좡石家庄에 진격하여 전선을 형성한 끝에 9월 24일 바오딩保定을 함락한다. 이 침략은 같은 해 11월 상하이 침략, 12월 난징南京 학살과 제남 함락으로 이어진다.

조선문예회는 이러한 중국침략으로 대동아공영권 수립이 본격화되는 시국에 바오딩保定함락을 축하하고 황군에게 감사하는 음악회로, 또한 황군위문금 조성 목적으로 '애국가요대회'를 1937년 9월 30일 경성부민관 대강당에서 경성일보사와 매일신보사의 주최로 개최하였다. 아울러 중일전쟁 최신판 바오딩保定 함락의 공격상황을 현지 촬영한 영화도 공수해 상영하였다.

이 음악회에 남성가수로서 현제명·이인선·이덕환·야마가타 이사오, 여성가수로서 김연순·야마나카·히라노, 그리고 계정식 악장의 관현악단을 지휘하는 오오바·이면상·이종태·박경호·홍난파가 발표하였다. 특히 오오바 이사노스케大場勇之助가 일어로 작곡한 〈보정함락의 노래保定落城の歌〉(다나카 하츠오田中初夫 작시), 홍난파 작곡의 일어 시국가 〈공군의 노래空軍の歌〉(스기모토 나가오杉本長夫 작시), 조선어 시국가 〈정의의 개가正義의 凱歌〉(최남선 작시) 등 총 24편이 시국가였다. 홍난파는 또한 본 행사의 마지막을 장식하는 제2부 끝 작품인 본인의 〈공군의 노래〉와 오오바大場勇之助가 작곡한 일어 시국가 〈정도를 보내는 노래征途を送る歌〉(다나카 하쯔오田中初夫 작시)를 오케스트라 반주로 출연자 전원이 제창하는 순서를 지휘하였다.

홍난파는 이로써 공개적으로 천황의 신민으로 황군에게 감사하는 작곡가이자 지휘자로 나섰다. 일본은 홍난파·현제명·이면상·이종태를 비롯한 조선문예회의 시국가이자 애국가들을 통하여 황군 위문과 후방의 시국을 표현하여 내선일체와 황국에 대한 애국의 진심을 조선인들이 모두 보여주기를 바랐다.

홍난파는 이어서 1937년 10월 3일 부민관에서 개최한 경성고등음악학원의 '음악보국 대연주회'(경기도 군사후원연맹과 경성 군사후원연맹 후원)에서 생도들이 이가라시 테이자부로오五十嵐悌三郞 작곡의 〈중일전쟁에 즈음하여 출정하는 황군을 보내는 노래日支事變ニ際シ出征スル皇軍ヲ送ル歌〉(작곡과 지휘, 김신복 반주)를 남성합창으로 연주하는 가운데 김원복 반주로 비발디 작곡의 〈바이올린 소나타 가장조〉를 연주하였다.

사상전향 선언 - 일제에 충성 맹세

홍난파는 비상시국을 인식하고 일본제국 신민으로 본분을 다하며 일본에

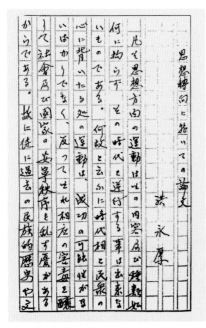
홍난파의 사상전향 논문

충성을 다하는 지도자임을 공개적으로 천명하며 지휘한 9월 30일의 '애국가요대회' 발표회에 이어 사상전향논문을 발표한다. 곧 이어 일본천황의 신민으로서 일본의 아시아 지배논리를 정당화 하는 맹세를 만인에게 공개한다. 그는 1937년 11월 4일자 '대동아음악 건설'에 매진하는 충성 음악가로 맹세하는 전향논문「사상전향에 관한 논문思想轉向に就いての論文」이라는 제목의 일본어 논문을 각계각층의 인사와 선후배, 그리고 친지들에게 알렸다.[8]

다음은 그 전향문 중 주요 내용만 간추린 부분이다.

민족운동 등을 꾀하고 있는 것과 같음은 그 결과 그 민족전체에 행복을 초래하는 대신에, 도리어 불행의 밑바닥으로 빠뜨릴 두려움이 있다.

(중략) 한편에 있어서 조선의 지리적 상태나 인민의 관계를 고찰할 때 근소僅少한 인민과 협소한 국토로 해서, 그렇지만 동아東亞의 맹주인 일본제국과 만주국·지나支那 등의 사이에 있어서 연락을 취하는 곳으로 교량에 지나가는 것에 있는 사실을 잊어서는 안 된다. 그러한 점을 생각함에 민족운동 내지 독립운동 등을 꿈꾸고 있는 것과 같은, 그 자체가 이해할 수 없는 경망한 계획일

....

8) 洪蘭坡,「思想轉向に就いての論文」,『同友會事件關係者ノ思想轉向誓約書提出並教職辭職ノ件』京鍾警高秘 14868號(京城: 京城鍾路警察署, 昭和十二年十一月二十四日), 0676~0683 참고.

인물로 본 한국근현대음악사

뿐만 아니라, 나아가서는 동아의 평화를 방해하는 동시에 일본의 국시國是에 배치되는 행위일 따름이다.

(중략) 그 백색인종의 동점東漸 세력을 물리치는 동아로서 영원한 낙토樂土를 만들기 위해서는, 우리들은 물론 모든 동양인이 일본제국을 도와줌으로서 일본으로서 동아의 맹주가 되도록 노력하지 않으면 안 된다. (중략) 다행히 우리는 일본제국이 동아 영원의 기초를 구축하기 위해 감연히 폭도 지나에 대해 응징의 철권을 내리친 것은, 국민전체가 감사의 마음이겠지만, 이즈음에 반도 인민 전체의 총후銃後 열성熱誠은 실로 감격스러울 뿐만 아니라, 이제 단적으로 말하면 조선인이 황국皇國에 대한 적성赤誠을 나타낸다. 이 현상을 무시하고 일각의 식자층識者層이 이번 조선 민족운동을 운운한 것이 있으면, 그것은 조선 민족전체를 위하여, 또 장차 일본제국을 위해서 실로 개탄스러운 일이라 말하지 않을 수 없다.

이곳에 있어서 민족운동을 표방하는 곳에 혹은 단체에 가맹한 적이 있는 필자筆者는 그 동기動機여하를 막론하고 그 활동유무를 불문하고 후회되고 있음과 동시에 민중의 지도자들이 응당 지위에 올라져 있는 나로서는 (그) 부끄러운 일을 그만 둘 차례이다. 이 까닭에 사상전향을 결의하는 차제, 나는 나의 이제까지 잘못된 생각과 마음가짐을 바꿔 과거를 청산하고, 이로써 금후는 일본제국의 신민으로서 본분을 다하고 온건한 사상과 정당한 시대 관찰 하에 국가에 대하여 충성을 꾀하며 민중에 대해서는 선한 지도자가 될 것을 맹세하는 바이다.

홍난파는 전향서에서 일본제국의 고도국방국가를 수립하려는 대동아공영권에서 조선의 위치와 황국신민으로서 맹세로 앞으로의 각오를 다지는 내용을 담았다. 즉 조선의 지리적·인문적 위치가 일본제국과 중국·만주의 교량역할에 지나지 않으므로 조선의 민족운동은 민족불행을 가져올 뿐 아니라 일본국시에 배치되는 행위임을 선언한다. 그리고 아시아를 침략하는 서양제국주의로부터 우리 조선을 보호하므로 아시아

맹주 일본제국이 대동아공영권을 건설하는 이때에 황국신민 일원으로 충성과 감사로 맹세하기 때문에 흥사단을 비롯하여 지금까지 모든 곳에 가입활동한 일을 부끄럽게 생각하고 사상전향은 물론 일본제국 신민으로 매진할 것을 만천하에 맹세로 알렸다.

이 사상전향서로 홍난파는 사상전향을 거부하고 숱한 고문과 옥사한 (수양)동우회 다른 단우들과 달리 음악활동을 더 보장받아 활동하였을 뿐 아니라, 아예 변모된 자신의 역할에 따라 더 분명한 일본제국 신민이고 자 두 번째 전향서로 만천하에 선언한다.

동우회 사건 1년 후인 1938년 6월 18일 1차 전향자들은 친일단체인 '대동민우회'에 가입한다. 그리고 동우회 단우 중 홍난파를 비롯한 개신 교 출신들이 제2차 '전향성명서'를 발표하며 일제 천황에 대한 충성의 종교보국논리를 분명하게 그리고 만천하에 공개 선언한다. 이 전향성명 서는 1938년 6월 18일에 작성하여 공개한 후 『기독신문』1938년 8월 16 일자에 발표되었다.

성명聲明

불초不肖 등이 일찍 흥사단=수양동우회 일원이던 바 현하現下 내외정세에 변전變轉에 감鑑하여 종래 포회抱懷 하여오던 주의주장主義主張에 근본적 결함 과 오류가 있음을 오悟하고, 단연 차此를 청산하고 금회 신국민적 자각하에 대 동민우회에 입회함에 당當하여 불초 등의 거취와 동향을 명백히 하는 동시에 오인吾人의 신新히 파악한 견해와 주장을 피력하여 구지제형舊知諸兄에게 소소訴 하고 광廣히 강호제현의 일고一考에 공供하는 바이다.

(중략) 이에 오인吾人은 황도皇道 일본의 명일의 모습을 생각하여 오인吾人 의 종래의 그릇된 민족관·국가관·세계관은 결潔히 청산함을 득得하였다. 조 선민중의 구원久遠의 행복은 내선 양족內鮮 兩族을 타打하여 일환一丸을 삼아 대국민 일본인을 구성하여 이를 핵심 주체로 한 신동아의 건설에 있음을 드디

어 확신하기에 지至한 바이다. (중략) 회고컨대 내선양족內鮮 兩族은 동근동조
同根同祖 그 근원에 있어서 일체였다.

(중략) 금차今次의 지나사변은 이미 주지하는 바와 같이 **일본의 대 국가적
사명의 수행**, 즉 아세아 제 민족을 백인 제압의 질곡에서 해방하려는 목적의
성전聖戰이니 오등吾等은 금후 여하한 희생도 불압不厭하고 견인지구堅忍持久
거국일체가 되어 목적의 관철을 기期하여야 될 것이다. 세世는 이미 적화 공산
赤化共産의 참화와 개인주의·공리주의적인 백인문명의 추악에 염증이 났다.
팔굉일우八紘一宇 도의적 결합으로 하는 동양정신 일본주의야말로 진眞히 동
아東亞를 구하고 세계인류를 지도할 원리이다. 고로 우리는 광휘 있는 일본정
신 사도로서의 영예와 책임을 감感한다. 인因하여 오인吾人은 이제부터 이금여
상爾今如上 신념의 주장 하에 스스로 자분自奮 노력하기를 기期하는 바이다.(강
조는 필자)

물론 이 성명서는 홍난파 단독으로 낸 것이 아니다. 현제명을 비롯하
여 갈홍기·김려식·김호제·김로겸·김기승·전영택·정남수·노진설·유
형기·이기윤·이명혁·이묘묵·박태화·차상달·최봉칙·하경덕 등 총 18
명이 공동이름으로 발표한 성명서이다.

일본은 19세기 중반부터 서양 제국주의가 아시아를 침략하자 근대적
'국민국가'를 수립하는 한편, 서양에 대응하는 동양건설, 곧 대동아건설
大東亞建設을 목표로 아시아를 식민지로 지배해갔다. 일본은 그동안 봉건
체제를 극복하고 강력한 중앙집권적 통일국가를 수립하려는 '국민통합'
의 원리로 천황제天皇制를 부각하고, 그 통치적 객체로 '국민國民'을 내세
웠다. 그러나 일본의 '국민'은 일본 천황의 국민이자 신민臣民이었지만,
한국 사람들은 '국민'이라는 이름 아래 지배받는 '식민지 신민'이었다.
일본은 또 서구지향적 근대화를 모색하면서도 서양제국주의로부터 아
시아를 지킨다는 '일본적 오리엔탈리즘'의 논리로 '식민지 신민'을 끊임

없이 회유하고 억압하며 대동아건설을 획책하였다.

　말하자면, 홍난파는 세태에 끌려서 친일활동을 한 것이 아니다. 그는 친일의 분명한 논리를 가지고 활동하였다. 즉 홍난파가 서명한 성명서 내용처럼 "일본의 대 국가적 사명의 수행, 즉 아세아 제 민족을 백인제압의 질곡에서 해방하려는 목적"을 관철하고, 또 "적화공산의 참화와 개인주의·공리주의적인 백인문명의 추악에 염증"이 나므로 팔굉일우八紘一宇의 일본정신으로 세계인류를 지도할 원리로 삼아 "일본정신 사도로서의 영예와 책임을 가지고 이와 같은 새로운 신념으로 활동" 하겠다는 논리가 그것이다.

조선총독부 정책기관에서 활동

두 번에 걸친 전향성명서 발표 후 홍난파는 조선음악계에서 부동의 대부로 부상한다. 홍난파는 4년 연하인 현제명과 함께 조선총독부의 악단 양대 산맥으로 활동하게 된다.

　제1차와 제2차 전향서 발표 기간에 홍난파는 1937년 '경성중앙방송국' 방송관현악단 지휘자(11월)를 비롯하여 1938년부터 친일전위조직체인 '대동민우회'(6월)와 '국민정신총동원 조선연맹'(7월), '경성음악협회'(10월), 그리고 1940년의 '국민총력조선연맹' 등 조선총독부의 정책기관에 회원이나 위원으로 선임돼 친일활동을 본격화한다. 음악단체나 기관을 제외하면 홍난파는 조선총독부의 주요 핵심기관에서 활동한다.

　'대동민우회'는 1937년 내선일체內鮮一體와 황국신민화皇國臣民化를 목적으로 조직된 친일 문화단체이다. 이 단체에 홍난파는 조직된 다음 해에 가입하여 활동한다.

　1938년 7월 국민정신총동원 운동에 적극 활동할 목적으로 결성한 '시국대응전선사상보국연맹時局對應全鮮思想報國聯盟'에 홍난파는 경성지부 부원으로 선임되었다. 또 1940년 10월 중일전쟁 이후 전시체제를 확립하려는 일본의 대정익찬회 운동에 호응하려고 설립된 국민정신총동원 연맹이 1940년에 국민총력조선연맹國民總力朝鮮聯盟으로 개편되자 홍난파는 문화위원으로 선임되었다. 이 단체는 일제의 온갖 정책에 협력하고 내선일체를 앞세워 증산운동과 공출, 그리고 학도병 지원 등을 독려하는 활동을 한다. 일본의 '전쟁'과 '대동아공영권 건설'을 선전 선동하는 활동에 홍난파가 일조를 한 것이다.

홍난파는 1941년에 사상교양단체로 조직된 대화숙大和塾에서도 활동한다. 시국대응전선사상보국연맹을 개편한 대화숙은 내선일체와 천황에 대한 충성, 그리고 일제의 군가 부르기 등 일제의 논리와 정서를 홍보하고 전파하는데 역할을 한다.

홍난파가 1937년 11월 제1차 전향성명서를 발표한 이래 친일단체에 가입 활동한 조직체는 '대동민우회'였다. 민족진영과 사회주의 진영의 사상전향자를 중심으로 1936년 9월에 친일문필활동을 해온 이각종李覺鍾의 백악회를 중심으로 확대 재조직한 이 단체는 일본의 대국가주의를 제창하며 사상 선도와 전향 권장, 그리고 생활개선 등 황민화 운동을 전개하고 있었다.

홍난파는 현제명과 함께 1938년 6월 18일 친일단체인 '대동민우회'에 가입하여 제2차 전향성명서를 발표한다. 그리고 홍난파는 1938년 6월 23일에 경성 중학정中學町 1번지에 있는 대동민우회의 모임에 현제명 등 동우회 관계자들과 함께 참석한다. 이 날 대동민우회는 환영식과 성명서 합의, 그리고 회원친선을 도모키로 한 좌담회를 연다. 국민정신총동원 조선연맹 결성 때 대동민우회가 발기단체로 참여하는 결정도 이뤄졌다. 대동민우회는 국민정신총동원 조선연맹에 가맹하여 각종 행사를 협력하고 후방 지원 운동을 하여 회원수가 205명에 달하는 등 조선총독부가 기대하는 친일단체였다.

홍난파는 1938년 6월 '국민정신총동원 조선연맹'에 여러 조직체 이름으로 가맹해 활동한다. '국민정신총동원 조선연맹'은 일본이 중일전쟁

직후 모든 관변기구와 민간단체를 총망라하여 전시동원체제로 전환하면서 조직한 전시통제기구이다. 이 연맹은 일본에 이어 거국일치擧國一致·진충보국盡忠報國·견인지구牽引持久 등 3대 목표를 내걸고 전국적으로 조직하였으며, 그 하부 실천기구가 '애국반'이었다.

대동민우회가 발기단체로 참여하면서 홍난파는 대동민우회 소속 발기인이 되었다. 동시에 조선문예회와 시국대응전선사상보국연맹이 가맹단체가 되면서 홍난파 역시 자연스럽게 이 연맹에 가맹하여 활동하게 된다. 이 단체는 3대 목표 아래 설정된 보은감사·대화협력·근로봉공·시간엄수·절약저축·심신단련 등 실천항목에 따라 전시체제 생활쇄신운동을 전개하였다. 매일 아침마다 '궁성요배' 실행, 각종행사의 봉축식, 일본정신 또는 국민정신 작흥(또는 발양)주간 시행, 조선인의 정신교화와 전시협력촉구, 일본 육군지원병 동원, 적성국가 격양 국민대회 개최 등이 주요 활동이었다.

홍난파는 '국민정신총동원 조선연맹'이 1940년 10월 16일에 '국민총력조선연맹國民總力朝鮮聯盟'(이하 총력연맹으로 줄임)으로 확대 개편되면서 이 연맹의 문화부 위원으로 선임된다. 일본이 정당을 해산하고 대정익찬회大正翼贊會 체제로 조직되자 정당을 허용치 않던 조선에서 조직된 익찬기구가 바로 국민총력조선연맹이었다. 조선의 모든 개인과 단체는 물론 직장별로 조직된 이 연맹의 총재는 조선총독이었으며, 부총재는 조선총독부 정무총감일 정도로 전시 최대 친일조직의 관변 통제기구였다.

황국신민화를 획책하고 신도神道실천, 직역봉공을 표방한 총력연맹은 국민정신총동원운동과 농산어촌진흥운동을 양 축으로 전개하고 경제와 산업은 물론 문화까지 통합하여 일원적 운동체제를 확립하였다. 이 연맹의 문화부는 사상부와 함께 총력연맹이 표방하는 운동의 중심 부서였다.

일본인 음악가 오오바 이사노스케大場勇之助를 비롯한 47명을 제외한 조선인 문화위원은 21명이다. 조선인 음악가로 유일한 위원이 바로 홍

국민총력조선연맹 창립식
난파는 이 단체의 문화부 위원으로 활동했다.

난파였다. 문화위원 중 학술부문·교화부문·예술부문·출판부문·생활
문화부문 등의 연락계로 예술부문의 여러 분야 중 음악 책임자는 일본
음악가인 히라마 분쥬平間文壽였다. 히라마 분쥬 연락계와 문화위원 인
오오바와 홍난파가 소속된 연락조직이 '조선음악협회'였다.

조선음악협회는 1941년 1월 전국의 양악과 국악(민악계와 아악계 포함), 그
리고 일본음악계邦樂의 연주가·작곡가·평론가, 음악교원이나 교수급의
음악교육자 등을 망라하여 "악단을 통하여 직역봉공을 하고, 조선음악계
의 신체제운동을 목표"로 한 최대의 친일음악단체였다. 이 협회의 회장
은 조선총독부 학무국장이었고, 고문은 경무국장·총력연맹 문화부장·경
성방송협회장이었다. 이사는 히라마 분쥬, 오오바 이사노스케를 비롯한
조선총독부 경무과장과 학무과장 등이었고, 홍난파는 평의원이었다.

홍난파는 1931년에 조직된 조선음악가협회(이사장 현제명) 창립당시 발

기인이자 이사였고, 이 협회가 1938년 10월 내선일체를 공고하게 하려는 목적으로 조직한 '경성음악협회' 회원으로 활동했다. 1941년 1월 국민총력조선연맹 산하 조선음악협회로 경성음악협회가 흡수 통합되자 문화부 연락계와 음악협회의 평의원으로 참여하게 된다. 홍난파는 1941년 8월 30일 늑막염으로 사망할 때까지 총력연맹 문화위원이자 조선음악협회 평의원, 그리고 경성중앙방송국 관현악단 지휘자로 활동하며 대동아건설을 목표로 일본의 음악보국운동을 전개하였다.

만능 음악인으로서 친일나팔수가 되다

홍난파는 동우회 사건으로 집행유예로 풀려난 직후인 1937년 8월과 9월에 조선총독부의 선전기관인 조선문예회를 중심으로 활동하고 있었지

바이올린을 연주하는 난파
난파의 바이올린 연주는 도쿄관현악단의 수석 주자가 될 정도로 상당한 수준이었다. 사진은 경성방송국에서 연주하는 모습

만 직장이 없었다. 이때에 조선어 작시(최남선)의 〈정의의 개가〉(최남선 작시)와 일본어(杉本長夫작시) 시국가인 〈공군의 노래〉를 발표하며 '일본 황민의 정신 작흥과 국체관념의 명증'을 표현하는 작곡과 지휘활동을 전개하였는데, 앞서 7월과 8월에 일본빅타축음기 ㈜경성지점 음악주임과 경성보육학교 음악주임을 각각 사임했기 때문이다.

경성중앙방송국 지휘자로 활동

1937년 8~9월에 조선문예회를 통하여 시국가이자 애국가 창작과 지휘활동을 통하여 홍난파의 "시국인식 철저성"을 확인한데 이어, 11월 4일 "황국신민으로 맹세를 다짐하고 대동아건설에 매진"한다는 제1차 사상전향성명서를 검증한 조선총독부는 보호관찰에 따라 경성중앙방송국 JODK의 방송관현악단DK Orchestra 지휘자로 추천하였다. 1935~6년간에도 경성방송국의 음악방송과 관현악단 조직운영에 관여하고 있었으나, 대부분 임의적인 관여였다면, 이제는 공식 직장으로 지휘자가 되었다.

홍난파는 자택에서 개인교습을 하기도 하였지만 무엇보다 대 지휘자를 꿈꾸고 있었다. 그는 조선의 지휘자로서 자신의 여러 음악 능력을 종합적으로 완성하려는 새로운 희망을 가지고 있었다.[9] 10여명의 단원으로 노래 반주하던 실내악단을 2관 편성을 목표로 먼저 25명의 관현악단으로 확보하고 일본에서 악기구입과 편곡작업, 그리고 김생려金生麗를 악장으로 영입(1939.봄)하는 등 확장시켜 나갔다.

그는 경성중앙방송국의 방송관현악단을 중심으로 새로운 음악활동을 전개하였다. 주요 활동은 관현악단 지휘자로의 공연 활동이다. 그리고 작품 연주와 편곡으로 방송하거나 새로운 작곡·평론·음악교육 활동을 동시에 전개하였다. 클래식 음악과 일제 군국작품의 음악활동이 동시에 펼쳐진다.

....
9) 박경호, 「추억 홍난파」, 『每日申報』 1941년 9월 26일자, 조간 4쪽.

지휘활동으로는 기악연주와 관현악器樂演奏と管絃樂 시간에 경성방송관현악단DKオ-ケストラ을 지휘(1938.7.22., 오후6시)하였다. 제1방송으로 림스키코르사코프의 〈인도의 노래印度の歌〉 지휘(1938.10.31), 소프라노 박경희朴景姬의 독창 반주로 자신의 작품 〈그리움〉을 비롯하여 마스네 작곡 〈비가〉 등을 지휘(1939.4.19, 오후9시)하였고, 소프라노 임상희 독창회에서 오케스트라를 지휘(1939.4)하기도 했다.

동시에 홍난파는 시국현장에서 군국가요를 편곡하고 관현악단을 지휘하는 등 일본 군국가요 작품들을 보급하는 활동에 나섰다. 1938년 7월 8일 용산육군병원 애국관에서 '만주사변 1주년을 기념하고 백의용사들을 위한 공연'으로 열린 상이장병 위문연주회에서 '경자기념 경성공립유치원' 원아들의 〈애국행진곡愛國行進曲〉 등 '창가와 유희, 그리고 시겐唱歌と遊戱と詩吟'에 이어 무용을 곁들인 '하우타端唄와 코우타小唄', 이옥란의 〈부인애국의 노래婦人愛國の歌〉 등에 이어 홍난파가 지휘하는 경성방송관현악단DKオ-ケストラ의 연주가 마지막을 장식하였다. 여기에서 홍난파는 네 곡을 연주하였고 공연은 현지에서 전국에 중계되었다. 〈홈 스위트 홈ホーム・スキートホーム〉과 〈호타루노 히카리螢の光〉와 함께 일제군국작품인 행진곡 〈쿤슈君主〉와 〈애국행진곡〉이 그 작품들이었다.

1939년 7월 8일 '만주사변 2주년을 기념하고 백의용사들을 위한 공연'을 용산의 일본육군병원 애국관에서 개최되었을 때에도 경성방송관현악단DKオ-ケストラ을 지휘하며 일본의 전시가요이자 일본 애국가요인 군국가요를 관현악으로 편곡하여 공연하였다. 즉, 〈태평양행진곡太平洋行進曲〉·〈승리의 기勝利の旗〉·〈아침朝〉·〈애마진군가愛馬進軍歌〉·〈챠르다쥬무곡チャルダジユ舞曲〉·〈아버지여 당신은 강했다父よるあなたには强かった〉 등 여섯 작품으로, 이 공연 역시 현지에서 전국에 중계되었다.

또한 1940년 7월 7일 '만주사변 3주년을 기념'하는 '상이장사위문의 오후'가 용산육군병원 애국관에서 개최되고 경성중앙방송국이 전국에

중계할 때에도 그는 〈파도를 넘어서〉·〈센닌바리千人針〉·〈지나의 밤支那の夜〉을 비롯하여 참석자 전원이 제창하는 〈애국행진곡〉을 경성방송관현악단 지휘로 공연했다.

그는 "일본정신 사도로서 영예와 책임을 가지고 새로운 신념 시국인식을 철저화"에 따라 군국가요들을 편곡하거나 연주하며 보급하는 활동을 하였다. 1938년 7월 9일에는 경성방송국 제2방송의 오후 6시부터 홍난파 지휘로 〈희망의 노래希望の唱〉를 비롯하여 직접 편곡한 〈애국행진곡〉을 경성보육학교京報합창대와 학도생도합창대를 출연시켜 부르도록 해 노래 보급에 기여했다. 또 1939년 10월 5일 밤 9시에 제1방송으로 '애국가요곡'을 경성방송관현악단 지휘로 내보냈다. 〈대륙행진곡大陸行進曲〉, 〈황국정신으로皇國精神にかへれ〉와 〈부인애국의 노래〉·〈애마 진군가〉·〈태평양행진곡〉 등 일본의 애국가요이자 일본군국의 작품들이었다.

그리고 1940년 8월 4일 경성방송국 제1방송으로 밤 8시35분부터 '가요곡과 신민요'를 전국에 중계 방송할 때도 그는 〈홍아의 봄興亞の春〉 등을 방송관현악단 지휘로 연주하였다.

문필가로서 활동

홍난파는 음악평론과 소설작가, 그리고 잡지발행인 등 문필가와 경영인으로도 음악계에 단연 독보적이던 존재였다. 이러한 활동은 1937년 동우회사건 이후에도 계속된다. 1937년 12월호부터 사망하는 1941년까지 잡지 『조광』·『소년』·『여성』·『신세기』·『박문』을 비롯하여 『조선일보』·『동아일보』·『매일신보』 등의 신문을 중심으로 수필문·유희법·음악가 생애·곡목 해설·심사평·시평·공연평들을 발표하여 음악가로서 건재함을 나타냈다.

다른 한편으로 그는 친일적 문필활동을 전개하면서 때로는 창씨개명 이름으로 활동하였다. 각종 신문 등을 통하여 모리카와 준森川潤이라는 창씨개명 이름으로 일본정신에 근거한 친일 언론활동을 전개한 것이다.

1940년 7월 7일자 『매일신보』에 실린 「지나사변과 음악」, 9월 1일자에 실린 「조선영화와 음악」 등이 대표적인 글이다.

> 때는 바야흐로 기원 2천6백년-성전聖戰도 이제 제3단계에 들어가서 신동아 건설의 대업 일복일日復日 더욱 견실하게 실현되어가는 이때에 총후銃後에 잇는 여러 음악가와 종군햇던 악인樂人들의 답리踏裡에는 의당宜當히 넘처 흘으는 감격과 예술적 감흥이 성숙해 갈 것인즉 이번의 성업聖業이 성취되야 국위를 천하에 선양할 때에 그 서곡으로 그 전주적 교향악으로 음악 일본의 존재를 뚜렷이 나타날 날이 일일이라도 속히 오기를 충심으로 비는 바이며 우리는 우리의 모든 힘과 기량을 기우려서 총후국민으로서 음악보국운동에 용왕매진할 것을 자기自期하지 안으면 아니될 것이다.

1940년이 바로 일본천황 신무神武가 일본건국하고 즉위한 날(2.11)로부터 2600년이 되는 해로 개천절과 같은 날이었다. 식민지 조선에서도 이 날 기원절을 축제일로 삼아왔으며, 1940년이 되던 해 일본은 황국신민화 정책의 상징성인 창씨개명을 단행하였다.

홍난파는 1940년 기원 2600년 태평양전쟁을 일으켜 신동아건설의 세계화를 획책하던 그 날에 위와 같은 글로 다짐하고 있었다. 홍난파는 지금까지 열악한 조선의 음악전개를 일시에 해결하고 극복하기 위한 신념으로 일본적 오리엔탈리즘에 입각한 국가정책에 부응하고 있었다. 1940년 곧 기원 2600년을 맞이하며 대동아공영권을 건설하는 시기를 맞아 천황중심의 성업聖業이 성취되어 음악일본의 존재가 속히 올 수 있도록 음악보국운동에 매진할 것을 다짐한 것이다.

창작가로서 활동
홍난파는 작곡가로서도 클래식과 친일작품 활동을 전개한다. 이미 『조선동요백곡집』(1929, 1930, 1933)과 기악곡 〈애수의 조선〉(1927)·〈동양풍의 무곡〉(1927)·〈로망스〉(1931), 신민요와 대중가요 등 다양한 장르에 걸쳐 창작활동을 해왔다. 1937년 중일전쟁 이후에도 홍난파는 1940년 〈애기별〉·〈병아리〉 등의 동요와 영화음악 〈애련송〉(1938), 신민요 〈방랑곡〉(1938)을 비롯하여 '라소운'이란 예명으로 〈마도로스의 노래〉(1937.9)와 〈여인호소〉(1939) 등도 음반에 취입하여 발매했다. 동시에 관현악조곡인 〈관현악〉(1939) 등 순수 클래식 작품활동도 하였다.

이러한 활동과 함께 친일가요 〈희망의 아츰〉(春園 작시)을 작곡하여 조선방송협회를 통하여 경성방송국 중심으로 보급했다. 이 작품은 1938년 사단법인 조선방송협회朝鮮放送協會가 『가정가요』(제1집)를 간행하였을 때 창작된 작품으로 일본의 요나누키ヨナ抜き장음계, 4분의 2박자 등 전형적인 일본 음악요소에다 일본 천황의 분부 받아 팔굉일우의 세계를 이룩하고 대아세아 대공영권에 일장기 날려 자자손손 만대에 복 누릴 국토건설이 곧 희망의 아침이라며 노래한 작품이다.

난파의 주요 작품집
『조선가요작곡집』, 『난파동요100곡집』, 『음악만필』의 개정판

한편, 홍난파 작곡의 〈봉선화〉는 일제가 못 부르게 한 금창곡禁唱曲이 아니었다. 1942년 6월 11일 경성부민관에서 일본국민음악 정신대挺身隊로 창단한 친일음악단체 '경성후생실내악단'의 공연 때 제2부에서 소프라노 김천애金天愛가 〈봉선화〉를 경성후생실내악단 반주에 맞춰 불렀기 때문이다. 김천애는 이때 종군간호부를 칭송하는 내용의 작곡자 고세키 유지古關裕而 작품 〈애국의 꽃愛國の花〉도 함께 불렀다. 이에 앞서 김천애는 1942년 5월 경성후생실내악단의 창립단원이 되어 이미 〈봉선화〉를 계속 부르고 다녔다. 홍난파의 〈봉선화〉는 금창곡이 아니었을 뿐만 아니라, 조선총독부가 친일단체로 인정한 경성후생실내악단의 주요 연주곡이었다. 〈봉선화〉가 일제 통치 속에서 조선 민중에게 널리 불렸지만 금지곡은 아니었던 것이다.

이처럼 홍난파는 대동아건설을 목표로 일본국민으로서 우리 모두가 음악보국운동을 전개하자는 논리로 친일방송과 친일창작활동, 그리고 문필활동을 하고, 조선총독부의 주요 정책 기관에서 임원으로 활동하며 악단 대부의 위치에 오른다. 그는 근대 한국 양악계에 족적을 남긴 공헌자이지만, 동시에 악단 대부로서 친일음악가였다.

흥상이 서 있는 서울 교남동 '홍난파의집' (근대문화유산 등록문화재 제90호)
1930년대 독일 선교사가 지은 벽돌조 서양식 건물을 홍난파가 인수하여 6년 동안 살던 곳이다.

누가 난파를 치켜세우는가?

8월 15일은 일제강점의 어둠이 걷히고, 조국 산하에 찬연한 해방의 빛이 비친 날이다. 그러나 우리가 '8·15'를 떠올릴 때마다 모든 세대에게 똑같은 느낌을 주지 않는다. 나이든 분들에게는 치욕과 해방이 극적으로 대비되어 가슴 벅찬 날로 생각한다. 해방둥이들에게는 해방이전의 체험이 없었음으로 극적 대비의 감정이 없다. 최근에 태어난 세대들은 '8·15'로부터 훨씬 자유스러워졌다. 10대 뿐만 아니라 어떤 사람들에겐 '조국'이랄지 '민족'이랄지, 또 '통일' 등의 말 자체를 골치 아프게 생각한다. 모두가 '보릿고개' 같은 용어로 찌든 세대들의 '고생 많았던 옛이야기'로 들어버린다. 현재의 '톡톡 튀는 세대'들에겐 그 이야기가 맞지 않는다면서 '8·15의 역사적 족쇄'에서 벗어날 때가 되었다고 말한다. 그것이 해방이라면서.

우리들 누구나가 "두둥실 두리둥실~"이라고 노래 불렀던 '사공의 노래' 작곡가 홍난파를 민족적 수절을 지킨 '민족음악가'로 지금까지 배우고 있다. 더욱이 도산 안창호 선생이 독립과 민족부흥운동으로 조직한 흥사단의 〈흥사단가〉를 그가 작곡하였으므로 일제에게 1937년에 체포되어 모진 고문을 받았고, 또 그가 작곡한 〈봉선화〉가 금지곡이 되었으며, 마침내 앞서의 고문 끝에 1941년 향년 44세로 죽은 민족음악가로 평가받기에 이르렀다.

실제로 그는 1965년에 대통령 문화훈장이 추서되었고, 1966년에 수원 팔달산공원에 〈고향의 봄〉 노래비가 세워졌다. 1968년부터는 난파음악제 개최와 난파기념사업회 결성으로 난파음악상 수상과 난파장학금이 주어졌고, 1992년에는 정부가 '이달의 문화인물'로 선정하였다. 한 음악가가 이처럼 국민들에게 추앙될 수 있다면 우리의 자랑이 아닐 수 없다.

그러나 불행히도 홍난파는 1급 친일음악가였다. 그런데도 왜 이처럼 민족음악가로 둔갑하였을까? 말할 나위 없이 홍난파와 함께 시대를 보낸 교과서 저자들과 역사학자, 그리고 친일에서 배태된 군사정권과의 거대 커넥션에 의해 의도적으로 조작된 결과이다. 그리고 바로 우리들의 '알고 속는 것'이 아니라 '모르고 속는 역사의식의 빈곤'이 계속 악순환하는데서 민족음악가로 둔갑할 수 있었다.

일제강점 하에서 누구라도 그럴 수 있지 않느냐라는 동정어린 질문을 던지기에 앞서 우리가 지금 어느 위치에 서있는지를 확인해야 할 것이다. 홍난파는 1937년 검거되었으나 송치되지 않고 바로 풀려나 '영광'을 누렸으며, 송치되었던 도산 안창호 선생은 1938년에 세상을 떠났고 다른 사람들은 옥사하기도 하였다. 바로 그 주검 앞에서 홍난파나 친일했던 사람들이 바로 설 수 있을까?

3장

침묵으로 친일을 거부한 민족음악가

채동선

蔡 東 鮮

대다수 음악인들이 친일로 돌아서던 시절 채동선은 첫 작품으로 〈조선의 노래〉(1932년)를 발표했다. 민족독립과 보존을 드러내는 것 자체가 어려운 시대에 채동선은 조선의 정신과 정기를 표현한 작품을 내놓았다. 홍난파·현제명·계정식·김재훈 등처럼 채동선도 고도국방국가를 수립하며 대동아공영권을 구축하는 일본 통치에 앞장서서 악단실력가로 행세하며 음악활동을 보장받을 수 있었지만, 그는 깊은 침묵으로 살아갔다. 1940년대 벽두부터 거의 모든 음악활동을 공적으로 포기하였다. 그는 조선이 머지않아 독립할 것을 굳게 믿고 있었다.

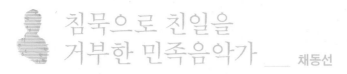

침묵으로 친일을 거부한 민족음악가 ___ 채동선

채동선과 홍난파의 같고 다른 점

전 생애에 걸쳐 가장 극적인 삶을 살아간 대표적인 음악가를 꼽는다면 주저없이 채동선蔡東鮮을 손꼽을 수 있다. 식민지하에서 일본 와세다 대학 문학부 영문과를 졸업하고 이어서 독일 베를린의 슈테른음악학교를 졸업한 인물이어서 우리 사회와 악단의 큰 기대를 모았지만, 식민지 조국의 악단에서 그가 택한 길은 거의 침묵이었다. 그러나 마침내 해방이 되자 채동선은 민족음악 수립에 큰 울림으로 온 열정을 바친 음악가로서 극적 전환의 삶을 살아갔다.

바로 이 점이 홍난파와 달랐다. 홍난파보다 3년 후배이면서 그에게서 영향을 받고, 같은 바이올린 전공과 같은 작곡 전공이며, 둘 다 해외 유학파이고, 둘 다 문학적 재질을 가지고 있었으며, 또 우리 사회가 모두 기대했다는 점에서 같았으나 이들의 삶은 극명하게 달랐다. 홍난파는 채동선과 달리 우리 사회와 악단의 중진으로 자리잡고 조선총독부의 주

채동선 생가 전남 보성군 벌교읍에 있다.

요 기관에서 활동하다가 삶을 마감하였기 때문이다.

　채동선은 1901년 6월 11일 전남 보성군 벌교읍 벌교리에서 아버지 채중현蔡重鉉과 어머니 배홍심裵弘深 사이의 2남 5녀 중 장남으로 태어났다(제적등본에 따름). 그의 여동생인 채선엽蔡善燁(1911년생)은 후에 이화여자전문학교 음악과 교수로 활동한 소프라노가 되었으니 음악가 집안이 되었다.

　벌교는 오랫동안 벌교포筏橋浦였다. 예부터 배가 드나들며 5일장이 크게 들어선 포구이자 농산물 집산지로서 순천·여수·고흥·목포로 통하는 철도와 자동차 등의 교통요지로, 채동선이 태어났을 당시는 점차 신흥도시로 부각된 곳이다. 1876년생인 아버지 채중현은 벌교포에 이름난 지주였다. 약 496평방미터(㎡) 이상(50정보에 해당) 소유 지주 10인중 한 사람이었던 그는 논·밭 등 1,597평방미터를 소유하여 김병욱·최재학·서화일·박사윤에 이어 다섯 번째 가는 지주였다.[10] 이 넓이는 서울 여의도 땅의 5.3배 규모로 큰 재산가가 아닐 수 없다. 그러나 그는 문화적 민족주의자로 지역을 발전시킨 당사자로 지역민들에게 존경받는 어른이었다.

부친 채중현의 행적을 보여주는 「동아일보」와 「시대일보」의 기사

그는 벌교포를 중심으로 청년회와 신문사 지국 활동, 그리고 학교설립을 했고 행정가로서 지역에 재산과 삶을 헌신해 발전시켰다. 그 결과 지역인 모두가 성금을 내어 그가 설립한 벌교공립보통학교쪽 다리 옆에 1934년 4월에 공적비著續碑를 세우고 공적을 기렸다. 벌교사립학교 설립 및 교장(1909, 후에 공립학교), 보성공립보통학교 학무위원(1914), 벌교청년회 창립(1918), 남선무역주식회사 공동설립 및 회장(1919), 송광사가 운영한 송명학교 교장(1923), 벌교유치원 설립기성회 간사(1930), 전남교육회장(1930)과 1천명을 수용하는 문화예술 공간인 벌교구락부 낙성(1930), 조선 총독의 선장選將 표창 수상(1931), 동아일보사 벌교지국 고문(1935) 등이 부친 채중현의 활동 이력이다.

....

10) 한국농촌경제연구원편, 「농지개혁시 피분배 지주및 일제하 대지주명부」(한국농촌경제연구원, 1985), 202~203쪽.

인물로 본 한국근현대음악사

일제강점기 순천의 모습

벌교사람들은 벌교보다 더 큰 도시인 순천으로 진출하였다. 벌교에서 순천은 비록 20km나 떨어졌지만 순천이 문화·교육·행정·경제 등 모든 분야의 중심지이었기 때문이다. 더욱이 순천은 1906년에 사립승평학교(1911년에 순천공립보통학교)를 비롯하여 미남장로교의 주요 선교지역으로 1910년에 개교한 매산학교와 매산여학교가 있는 교육기관으로도 부각된 지역이다.

아버지 채중현도 아들을 순천으로 진학시킨다. 벌교에서 서당공부를 마친 것이 인정되어 그는 순천공립보통학교 2학년으로 입학하였다. 수십리나 떨어진 순천공립보통학교까지 어른들에게 업혀서 통학을 했다고 한다.

그리고 그가 15살 되던 1915년에 제3회로 졸업했다. 보통학교 재학기간동안 채동선은 대부분 교과에서 10점 만점이었고, 특히 '창가'교과목에 만점을 받을 정도로 점차 음악에 두각을 나타냈다.

채동선은 보통학교 졸업 후 경성, 곧 서울로 진출했다. 1915년 4월 현재의 경기중·고등학교인 4년제 '경성고등보통학교'에 입학하였다. 그는 이때부터 일반 공부 이외에 성악과 바이올린에 뜻을 두었고, 홍난파

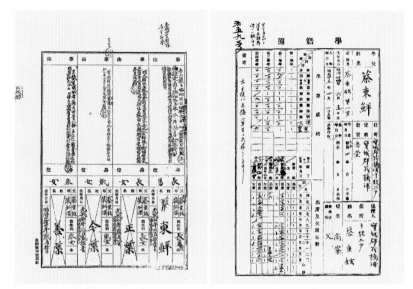

채동선 제적부와 순천공립보통학교 학적부
부친 채중현의 제적부에 채동선은 장남으로 맨 오른쪽에, 그리고 삼녀이자 소프라노 채선엽이 맨 왼쪽에 표기되었다.
채동선의 순천공립보통학교 2학년부터 4학년까지 1912~1915년간 학적부이다. 벌교포 서당에서 교육받은 사실이 기
재되었으며, 수신·국어·산술·이과·도화·체육·창가·한문·농업 등 모든 교과에서 거의 최고점을 받았다.

를 만나 1년 동안이나 서로 묻고 대답하는 사이가 되었다. 그 후 본인은
'침식을 잊고' 오직 바이올린 연습에 열정을 쏟아낸다.

1919년, 그는 일생에서 가장 큰 충격적인 사건을 치른다. 경성고등보
통학교 최고학년인 4학년에 재학 중이던 그가 3·1운동에 참여한 일이
다. 이어서 6월 16일 동맹휴학에 앞장섰다. 그는 조선총독부가 실업교
육장려책의 일환으로 수공교과와 농업실습을 개설하려하자 재학생들과
함께 그 교과목이 '노예적 교과목'이므로, 이를 즉각 폐지할 것을 요구하
며 동맹휴학에 나선 것이다.

이 사건으로 학생들이 종로경찰서로 강제연행된 후 퇴학처분 되자,
그는 졸업예정자(제16회)이었지만 자퇴하였다. 함께 자퇴했던 친구가 바
로 박열朴烈(민족운동가)과 후배 조진만趙鎭滿(법조인)이다. 채동선은 일제
강점하 모든 활동의 불이익과 끝내 요시찰 인물로 찍힐 수 있는 상황을

스스로 택해갔다. 일제는 그 직후 유화책으로 명예졸업장을 발급하였지만 채동선은 끝내 찾아가지 않았다.

도쿄와 베를린에 유학

대신 그는 일본으로 진출하였다. 그의 학적이 확인되어 와세다대학 문학부 예과에 입학하고, 또다시 1924년 문학부 영문과 본과를 졸업할 때까지 문학보다 오히려 바이올린 공부에 혼신의 열정을 불태운다. 와세다 재학 기간 중 4년 동안 그는 오오노 타다토모多忠朝(1883~1956)에게 바이올린과 음악이론 지도를 받았다.

오오노는 전문분야가 바이올린과 비올라이기도 했지만, 교토京都에서 대대로 호오가쿠邦樂를 가업으로 이어가는 일본의 대표적 아악가雅樂家였다. 그는 우리나라 국립국악원에 해당하는 일본의 아악과 악생이다가 1945년 퇴관할 때까지 악부 악장을 지내면서 우부右舞·후에笛·코토箏 등을 비롯하여 바이올린과 비올라까지 전문분야로 활동하였을 뿐만 아니라 무악舞樂인 〈소화악〉·〈회고〉 등을 작곡하거나 안무가로 활동한 포괄적 음악인이었다.

그러나 채동선은 오직 바이올린을 밤낮 가리지 않고 연습하였다. 그 소리에 도쿄 하숙집 주변에서 비난이 일자 자기 방 짐칸 속에 들어가 문을 닫아놓고 또 바이올린에 매달려 연습에만 매달렸다. 그가 여러 사람 앞에 바이올린연주로 첫 선을 보인 것은 재학 중 도쿄의 조선기독청년회관에서 열린 크리스마스축하회였다. 많은 사람에게 박수갈채를 받은 이 연주는 입소문으로 도쿄의 조선남녀 유학생간에 알려졌고, 그는 조선학우회 모임이 있을 때마다 연주하였다.

때로는 목포에 윤심덕尹心惠, 윤성덕尹聖德과 함께 초빙되어 연주하기도 하였지만, 모두 간헐적인 연주였다. 1924년 24살 되던 해에 와세다대

학을 졸업하고 일본 근대음악의 대부인 작곡가 야마다 코오사쿠山田耕筰
가 지휘하는 일본교향악단에 입단하여 연주활동을 펼쳤지만, 오직 서양
으로 유학하는 것이 꿈이었다. 그의 음악에 대한 열정은 식을 줄 몰랐다.

마침내 음악 본토에 가서 바이올린은 물론 음악세계를 본격화 시키려
그는 와세다 대학을 졸업한 해에 독일로 유학한다. 그는 1850년부터 설립
역사를 가진 베를린 '슈테른 음악원'Stern'sches Konservatorium der Musik에 입
학한다. 이 학교는 독일의 음악교육학자이자 작곡자인 율리우스 슈테른
Julius Stern: 1820~1883이 작곡가 쿨라크Theodor Kullak: 1818~1882와 역시 작곡가
인 마르크스Adolf B.Marx: 1795~1866와 함께 설립한 음악학교이다. 2001년에
이 학교는 베를린종합예술대학Universität der Künste Berlin으로 승격하였다.

채동선은 이 학교에서 정규 교과과정과 함께 리하르트 하르쳐Richard

**채동선이 유학한 베를린종합예술대학
교의 율리우스 슈테른 연구소**

　　　　　　　　　　　　　　　인물로 본 한국근현대음악사

Hartzer 바이올린 교수에게 전공으로 바이올린을, 빌헬름 클라테Wilhelm Klatte 작곡교수에게 작곡지도를 받았다.

그가 이곳에서 음악에 전념하면서 다른 한편 베를린 교외에 있는 포츠담Potsdam에 자주 갔다. 포츠담은 천년고도의 도시로 2차 세계대전 직후에는 포츠담회담으로, 지금은 베를린 필하모니 홀이 있는 곳으로 알려진 곳이지만, 당시는 독일로 유학 온 조선인들이 모여 조직한 '조선인 구락부'가 있던 곳이다. 이곳에서 조선유학생들끼리 친목을 다지는가하면 식민지 조선이 독립해야하는 민족현실을 논하면서 그는 자연히 일본의 감시를 받는다. 일본은 이들을 친목단체로 위장한 독립 불량단체로 보았다. 일본의 감시대상은 채동선 뿐만 아니었다.

앞서 유학 온 음악인 중에 동갑내기이자 바이올린전공자로 베를린에서 유학 중이던 김재훈金載勳도 있었다. 김재훈은 후에 독일북부 하노버시로 떠나 하노버음악학교에서 작곡을 공부하고, 1937년에 귀국한다.

이 '불령단체'의 명단에 없었지만 채동선의 유학기간 동안 또 한 사람의 바이올린연주가가 있었으니 3년 후배인 계정식이다. 계정식은 독일 바이에른주 북부도시에 있는 뷔르츠부르크Würzburg시의 음악학교를 졸업하였다. 그리고 1930년부터 스위스 바젤대학교Universität zu Basel 철학부 본과에서 박사과정을 이수 중이었다. 그는 1934년 음악학으로 철학박사학위를 받고, 1935년에 귀국한다.

조선에서 온 바이올린 연주가 3인, 벌교출신의 채동선, 함흥군 홍상리 출신인 김재훈, 그리고 평남 평양의 계리 출신인 계정식이 독일에 유학 중이었으니 서로가 잘 아는 사이였다.

후에 서로 빗겨갔지만 부각된 또 한 사람의 바이올리니스트 안병소安柄珸까지 독일로 유학할 정도로 당시 젊은 음악가들은 바이올린을 선호하였다. 동시에 이들은 작곡과 음악학에 큰 관심을 가지고 있었으며, 모두 귀국 후에 열악하기 짝이 없던 악단에 본격적인 전문 음악가로 큰 영향력을 뿌리내리게 된다. 이들의 독일유학기간 일거수일투족을 국내 예술계는 물론 식민지하 지식인들과 언론계가 각별한 관심을 가지고 주목했던 것은 조선인이 해외에서 인정받고 활동하는 모습이 민족의 희망으로 비춰졌기 때문이었다.

귀국 후 촉망받는 바이올린 연주가로 활동

채동선은 베를린에 유학한지 6년만인 1929년 9월, 그의 나이 29세에 식민지 조국으로 귀국하였다. 귀국하여 해방까지 16년 동안 무거운 침묵 속에서 바이올린독주회와 현악4중주단 조직과 활동, 그리고 창작에만 전념한다. 이러한 예술적 전념은 경성고등공립학교와 와세다대학, 그리고 베를린 유학 출신이기 때문에 정치적 실세로 뻗어갈 수 있었던 데 비해 예외적일 정도로 과묵한 활동이었다.

조선이 낳은 독일 유학생으로 첫 번째 귀국한 음악인이기 때문에 귀국 3달 후인 11월 28일(경성공회당)에 열리는 첫 번째 귀국 바이올린독주회에는 세인들의 관심이 집중되었다. 이 음악회를 두고 홍난파는 "자기의 예술에 정려매진하야 거의 일가의 풍을 이룬 음악가"로 평가하였고, 미국인 피아니스트 스투데니J. Studeney는 "내가 조선에 온 뒤로 처음 만나보는 제금가"로서 "음악적 지식의 풍부한 것에 감복하였으며, 그의 인격이 예술에 나타나는 음악가로서, 그 정확한 소리를 내는 데는 그를 따를 사람이 없는 조선에 하나가 되니 참으로 기쁘다"라고 평가하였다.

그러나 정작 채동선은 침묵한다. 중구침중重口沈重의 음악가, 그가 채동선이었다.

무엇이 그를 무겁게 침묵케 하고 음악만 하라고 했을까. 해방 후 그가 자신의 의견을 적극적으로 개진하고 전 방위적으로 활동하는 모습을 보면 성격 탓으로만 돌릴 수 없는 무거운 입이었다. 식민지하에 말이 덧

1929년 9월 귀국 당시의 채동선

없었을까? 심지어 적극적으로 홍보하는 신문사를 비판하기조차 한다. 1931년 1월 15일에 열린 독주회(공회당, 김원복 반주)에서도 후원하는 신문 사를 두고 다음과 같이 말했다.

> 후원을 해주신다니 감사합니다. 그런데 지면을 통하야 날자와 곡목 같은 것을 보도하는데 그처 주시고 공연한 과장적 선전일랑 말아주십시오. 나는 이 음악회의 결과로 나의 실력이상의 인정을 받고 싶지도 아니합니다.[11]

이러한 대담은 음악회를 더 적극적으로 홍보해주기를 바라는 시류에 반 하는 것이었다. "공연히 과장하여 선전하는 것"을 삼가 주고 오직 음악만

....
11) 『동아일보』 1931년 1월 8일, 5쪽.

전념하려고 하므로 자신의 실력 이상으로 평가받고 싶지 않다고 할 정도로 개진하고 있으니 과장적인 선전을 싫어하고 말을 극히 아끼고 있었다.

그러나 실제 첫 독주회 결과는 성공적이어서 모든 사람들에게 더 큰 기대를 안겨주었다. 모든 사람들과 신문마다 '악단에 센세이션을 준 음악회'로 조선사회에 그 이름을 떨쳤다. 그의 독주회는 일찍이 바이올린 여명기의 김인식金仁湜과 이 계보를 발전시켜나간 홍난파에 이어 바이올린 연주계가 전환기를 맞이하였음을 시사하는 독주회였다. 이어서 독일에서 귀국하는 계정식과 김재훈이 독일에서 귀국한 30년대 중반 이후부터 조선의 바이올린 연주계는 독일 유학세대들이 주도하는 양상으로 나타났다.

채동선은 해방 직전까지 모두 네 번의 독주회를 개최하였다. 장소는 네 번 모두 조선호텔 바로 길 건너에 있는 경성공회당이었다. 이 공회당은 조선총독부 하세가와 요시미찌長谷川好道 제2대 총독(1916.10~1919.8기간)의 이

채동선 제1회 제금독주회 포스터와 신문기사

름을 따서 거리이름이 된 하세가와마찌長谷川町에 있는 곳이다. 보통 '장곡천정 공회당' 또는 경성공회당이라 불렀다. 지하1층과 지상3층, 탑옥 형태로 1920년 일본인상공회의소로 준공된 이 건물의 핵심은 2층 공회당으로 1935년 부민관이 세워질 때까지 음악회와 강연회의 중심지였다.

채동선 바이올린독주회 제1회는 1929년 11월 28일, 제2회는 1930년 4월 28일, 제3회는 1931년 1월 15일, 제4회는 1938년 5월 14일이었고, 제3회의 김원복 피아니스트 반주를 제외하고는 스투데니J. Studeney가 반주했다. 스투데니는 1922년에 들어온 미국 피아니스트로 체코슬로바키아 출신의 바이올린 후스Ferdinand Huss와 함께 경성호텔 소속 연주악사로 활동하고 있었다.

특히 스투데니는 1918년 최초의 도쿄음악학교 본과를 졸업한 피아니스트 김영환金永煥, 1930년 도쿄고등음악학원을 피아노로 졸업한 김형준金亨俊의 딸 김원복金元福 등과 함께 피아니스트로 부각되어, 채동선 뿐만 아니라 소프라노 야나기 가네코柳兼子·바이올리니스트 안병소安柄珸와 김재훈金載勳 등 전문음악가들이 선호한 연주자였다.

채동선이 4회에 걸친 독주회에 소개한 작품은 바로크, 고전주의음악과 낭만주의음악에 걸친 광범위한 바이올린 작품이었다. 헨델의 〈바이올린 소나타 라장조〉와 〈바이올린 소나타 가장조〉, 바하의 〈바이올린 협주곡 마장조〉와 〈무반주 독주곡 '샤콘느'〉, 모차르트의 〈바이올린 소나타 내림마장조K.302〉와 〈바이올린 협주곡 제4번 라장조〉, 글룩·타르티니·코렐리·하이든·베토벤·마스네·비니아프스키·샤부리에·스메타나·차이코프스키·림스키 코르사코프 등 서양의 3백년 기간 동안 꽃피운 바이올린 작품들을 탄탄한 기교로 연주하였다.

또 채동선은 작품을 소개하면서 지금까지 일본을 거쳐 2중적으로 소개된 음악용어 사용관행에서 벗어나 직접 현지어로 사용하였다. 그것도 서양 현지와 같이 음악용어들을 정확하게 사용한다. 일본식 표기 '헨데루ヘンデル

주명곡奏鳴曲 니장조=長調'로 일반화된 용어사용 시대에 그는 '헨델의 〈소나타 D장조〉(아다지오, 알레그로, 라르게토, 알레그로)'와 같이 전 4악장 전체를 원어대로 표기하였다. 이 작품은 흔히 헨델〈소나타 제4번〉으로 알려져 있다.

채동선은 1931년 세 번째의 독주회를 마치고 7월 22일 서른하나의 나이로 이화여전 출신이자 여동생 채선엽의 친구인 이소란李小蘭과 결혼한다. 신랑 채동선은 신부 집이 있는 충북 진천군 진천면 읍내리에 가서 전통적 혼례를 치른다. 그리고 벌교 본가에 내려가 신식결혼식을 거행한다. 혼례를 마친 두 부부는 서울 훈정동에 신혼살림을 차렸고 이듬해부터 채동선 자신이 설계한 성북동에서 보금자리를 차렸다.

이때 아버지 채중현은 생애에 가장 바쁜 활동을 하고 있었다. 송명학교 교장, 보성군 학교평의원, 남선무역(주)의 공동대표, 벌교유치원 설립기성회 간사, 전남교육회장 등으로 활동하고 있었다. 그리고 벌교포 5천여 주민들의 문화적 시설로 1천명 수용의 극장인 벌교구락부를 완공하여 낙성한지 1년이 지난 1931년에 전남회의실에서 조선총독의 선장選獎 표창을 받았다. 사립송명학원도 7월초 정식인가를 받은 직후였다.

한편 채동선은 1931년 5월 28일 조선음악가협회 제1회 연주회(경성공회당)에서 홍난파와 헨델 작곡 〈2대의 바이올린을 위한 소나타op.2〉를 김원복金元福 반주로 공연하는 등 독주 이외에 중주에 관심을 가지고 있었지만, 실제 채동선의 실내악단 조직이나 공연활동은 부진했다. 오히려 이 분야는 작품창작이 더 돋보였다. 채동선은 바이올린 연주가로 주로 정기 독주회를 통하여 본격적인 활동을 하면서 다른 한편으로 실내악단 조직으로 활동을 전개한다. 그는 1932년 가을에 같은 바이올린연주가인 최호영崔虎永과 협력해서 최초의 현악4중주단을 조직한다.

이 분야는 연주활동이 활발한 편이 아니었다. 실내악단 조직도 만만치 않은 일이었다. 현악4중주단이 조직된 후 1933년에 홍난파 중심의 '난파트리오'(홍난파·홍성유·이영세)가 조직되어 발표회를 갖기 시작하였고, 계정식이 1936년에 조직한 '계정식 현악4중주단'(계정식·박태철·안성교·김인수, 후에 계정식·김생려·안성교·김태연으로 바뀜)이 활동하게 된다.

1930년대 중반 이후 독일유학출신의 바이올린 전공자 말고는 일본 유학생들이 악단 중심을 형성하던 시기였다. 바이올린에 홍성유·이영세·최호영·안성교·윤낙순, 첼로에 김태연·김인수·박태현 등이 대표적 음악가이다. 채동선 현악4중주단에 함께 참여한 최호영(1900~1939)은 1926년 도쿄의 동양음악학교를 졸업한 바이올린연주자였다.

그러나 공연활동은 활성화되지 못하였다. 단원구성에서 전문성과 시기에 따른 변동성과 함께 사회가 전시체제로 치닫고 있기 때문에서도 실내악 활동은 용이하지 않았다.

1943년에 도쿄의 제국고등음악학교 본과와 연구과를 작곡으로 전공한 나운영羅運榮(1922~1993)이 졸업과 함께 귀국하여 첼로주자로 합세하자 채동선·이영세李永世·윤낙순尹樂淳·나운영으로 '채동선 현악4중주단'이 구성되어 활동하였다. 해방 직전까지 여러 실내악단이 조직되었는데, 최호영이 죽기 전까지 현악4중주단이었던 최호영·김인수·윤낙순·안성교, 3중주단으로 전봉초·조윤옥·안성교, 김생려 현악4중주단(김생려·정희석·최규영·부라이스, 후에 김생려·김학성·이용철·이여성), 경성3중주단(윤기선·정희석·이강렬) 등이 활동하였다.

채동선은 바이올린 연주가로, 실내악단 단원으로만 뜻을 둔 것이 아니다. 1929년 첫 독주회부터 1931년까지 세 번의 독주회를 개최하였지만, 이후 1938년 5월까지 무려 7년간의 침묵 끝에 제4회 독주회를 개최하고, 그 이후로는 독주회를 하지 않았다. 비록 헨델의 〈소나타 라장조〉 전악장과 바하의 무반주 독주곡 〈샤콘느〉 등 비중있는 작품을 가지고 연주하였지만, 7년이라는 침묵 끝의 독주회인데에 비해 그 기대가 못 미친 독주회였다.

물론 이 기간에 악단에서 가장 주목받고 있었던 소프라노이자 여동생 채선엽의 독창회에서 채동선 가곡작품 〈고향〉·〈내 마음은〉·〈바다〉 등이 발표(1935.5.5, 이화여전 주최)되었고, 그의 독창곡 제8번까지를 실은 작품집이 발행되었다. 그는 창작에 전념하는 한편, '경성고등음악학원'(원장 심영섭) 바이올린과에서 안성교安聖教와 함께 전속교원으로 활동하였다.

이 기간은 1931년 이래 전시체제가 지속된 데다 1938년 중일전쟁부터 사상통제가 가속화되는 기간이었다. 악단의 90%는 연주계에 쏠렸고, 그 중에서도 성악-바이올린-피아노 순으로 주목받고 있었다. 바이올린계도 이미 국내에 독일 등에서 유학한 김재훈·계정식과 일본에서 유학한 안성교·문학준 등이 활동하고 있었으나 베를린국립음악원에서 4년간 유학하고 1938년 5월에 귀국한 안병소安炳珩가 한 시즌에 두 번의 발표회를 가질 정도로 연주기교와 해석력, 그리고 연주회수에서 압도하고 있었다.[12]

채동선이 네 번째의 발표직후 안병소가 귀국해 활동하면서 상대적으로 바이올린계의 세대교체가 이루어지는 상황이었다. 또 1936년부터는 평양 출신으로 6세인 백고산白高山과 그의 형인 백해제白海帝(11세)가 천재 제금가로 만주와 일본 등지에서 발표를 하고 있었다.

누를 수 없었던 창작의 열망

채동선은 일찍부터 바이올린연주가로만 머무를 수 없는 음악가였다. 뮤즈의 신에 끌려 작곡창작이 그를 휘어잡아갔다. 채동선은 창작가로 나아갈 방향을 한시도 잊은 적이 없었다. 독일유학기간동안 작곡 교과를 선택하여 클라테 교수로부터 공부한 것도 그랬다. 연주가가 작곡도 해야 한다는 생각은 채동선이 처음은 아니다. 이미 우리나라 전통음악가

....

12) 안병소는 베를린국립음악원에서 국제적인 바이올린주자이면서 바이올린교육가인 빌리 헤스(Willy Hess; 1859-1939)한테 지도받았다. 바이마르 악장을 지낸 요제프 요하힘(Joseph Joachim) 제자인 헤스는 오른손의 손목 움직임을 강조하는 대신 손가락은 움직이지 않게 하는 독일 전통적인 연주방식을 계승하여 이곳 학교에서 가르치고 있었으며, 1910년부터 이 학교의 바이올린 전공주임교수로 재직하고 있었다. 헤스가 지도할 당시 이 학교는 바이마르공화정시대로 국제적인 음악계를 주도하는 축이었고, 세계 각국에서 유학 온 바이올린연주가들이 몰렸다.

인물로 본 한국근현대음악사

들도 연주가이면서 창작가이었으며, 그 역사는 현재까지도 이어질 정도로 오래된 전통이었다. 그렇지만 모름지기 음악가는 창작가로 나서야 문화예술의 창조자일 수 있는 시대적 요구가 있었다. 채동선보다 앞선 세대인 정사인·백우용·이상준·김인식·김형준·김영환도 그러하거니와 홍난파를 비롯한 동시대인 김재훈과 계정식 또한 연주가이거나 악대지도자, 음악교육가이면서 동시에 작곡가였다.

그의 첫 작품 발표는 〈조선의 노래〉였다. 당시로서는 놀라운 일이었다. 1931년 '만주사변'으로 전시체제가 구축되어가는 상황에서 조선의 정신과 정기를 표현하는 일은 일본제국을 벗어나 제멋대로 행동하는 불령不逞분자나 가능했기 때문이다. 이 작품은 1932년 4월 3일자 『동아일보』에 발표되었다. 4성부 합창곡 작품으로서 이 작품의 가사와 곡조의 기상으로 보아 조선총독부가 단속하는 대상이었다.

1절만 보더라도 "백두산 뻗어나려 반도 삼천리 / 무궁화 이 동산에 역사 반만년 / 대대로 예사는 우리 2천만/ 복되도다 그 이름 조선이로세"로 지어져서 '백두산·삼천리·무궁화·반만년·조선'등의 용어사용과 뜻하는 문맥은 1910년이래 조선총독부가 국가차원으로 단속하던 내용들이다. 작시가 바로 이은상의 작품이었지만 발표 당시는 작자미상이란 이름으로 발표되기도 하였다. 다음 악보에서도 작시자를 밝히지 않은 상태에서 채동선 곡이라고만 밝히고 있다.

민족독립과 보존을 드러내는 것 자체가 어려운 시대에 채동선은 발표하였고, 그것도 악상 나타냄말을 '장엄하게'인 마에스토소Maestoso라며 노래하고 있다. 그래서 채동선은 그 내용을 신문지상에 24마디 3절의 민족의 노래로서 표상하며 만인에게 첫 작품으로 알렸다(악보 1 참고). 채동선은 민족정신으로 조국조선을 장엄하게 드높이며 노래하고 싶었던 것이다.

이 악보는 동시에 채동선의 친필악보이다. 악보가 사보 악보인데다,

〈악보 1〉 채동선의 첫 작품 〈조선의 노래〉

소프라노Soprano · 알토Alto · 테노레Tenore · 바소Basso라고 4성부의 성부 파트이름을 이탈리아 원어로 적었다는 점에서 그러하다. 이런 능력을 가진 음악가는 손꼽을 수 있는 시대적 상황이다.

　이 작품에서 또 하나 주목할 점은 코랄풍으로 작곡한 점이다. 일반 찬송가와 같이 선율 따라 다른 성부들을 단순히 화음 역할을 할 수 있도록 한 것이 아니다. 채동선은 파트별로 독립적인 선율로 역할을 할 수 있도록 독일의 코랄풍으로 작곡한 점이다. 창작분야는 더욱이 여명기나 다름없었던 시대환경에 비한다면 동요작곡가나 창가풍 또는 홍난파와 같은 가곡풍의 작곡가와도 구별되는 작품이라는 점에서, 또 일본을 통한 서양문화를 간접적으로 수용한 것과 달리 채동선이 우리나라에 독일 현지의 예술과 문화를 직접적으로 수용하고 발전시킨다는 점에서 주목할 만한 작품이다.

채동선의 해방 이전 창작 시기는 1932년부터 1939년까지 기간이다. 이 기간에 채동선은 첫 작품 〈조선의 노래〉를 1932년에 발표한 이래, 현악4중주 작품과 바이올린독주곡 〈환상곡〉(라단조, 작품 제3번)을 작곡하였다. 이 작품은 1939년 6월 9일 '전조선창작발표대음악제'에서 채동선 자신의 연주와 피아노의 이흥렬 반주로 발표되었다.

또 연대미상의 바이올린 작품 〈Caprice No.1(카프리스 1번)〉이 있지만 앞의 〈환상곡〉과 같은 작품인지는 현재 밝혀지지 않고 있다. 원제 caprice(카프리스)는 프랑스어이고, 이탈리아어인 카프리치오capriccio와 같은 용어로 일본에서 통상 기상곡(奇想曲, 또는 綺想曲)이나 광상곡狂想曲으로 번역되었기 때문이다. 그리고 Caprice 작품역시 같은 라단조일 수 있기 때문이다.

'환상곡'이란 용어는 일본에서 fantasy, fantasie(영), fantasia(이) 또는 Phantasie(독) 등의 '판타지'를 번역한 용어이므로 caprice와 다르게 구별되는 작품일 수 있다.

또 그의 작품번호 5번에서 8번까지의 작품들, 곧 〈향수〉·〈압천〉·〈고향〉·〈산엣 색씨 들녘 시내〉·〈다른 하늘〉·〈또 하나 다른 태양〉·〈바다〉·〈내 마음은〉 등이 1935년 직전까지 작곡되어 여동생이자 소프라노이었던 채선엽을 통하여 발표되었다.

채동선 독창곡 작품 제8번 〈바다〉와 〈내마음은〉 악보 표지

1935년 5월 5일 부민관에서 개최된 채선엽독창회에서 〈고향〉·〈내 마음은〉·〈바다〉 등의 가곡작품들이 발표되었으니, 이 작품들은 채선엽독창회 이전에 창작된 것이다. 이 작품들은 모두 1937년 9월부터 12월까지 작품집으로 발행되어 일반인들에게 공개되었다.

채동선의 작품번호 5번에서 10번까지의 12개 가곡작품 모두가 1930년 대 언어의 연마와 새로운 표현기법으로 시적 세계를 깊이 있게 표현한 시 인들의 작품들이다. 곧, 시의 서정성과 음악성을 추구한 김영랑金永郎(모 란)과 정지용鄭芝溶, 또 농촌과 자연을 소재로 택한 전원파 시인 김상용金 尙鎔(새벽 별을 잊고)과 김동명金東鳴(내 마음은), 그리고 열정과 이상을 드러내 며 사랑을 읊은 모윤숙毛允淑(그 창가에)들로서 정지용을 제외하고는 각각 한 작품씩 가곡화 하였다.

이들은 같은 시대 모더니즘 경향의 주지주의 시인들과 다른 작가들 이다. 채동선은 1920년대 민족적 운율로 승화시킨 김소월이나 이은상의

〈악보 2〉 1937년에 발행한 작품집(원본) 중 〈고향〉 의 악보

〈악보 3〉 독창곡 〈또 하나 다른 태양〉 정지용 시/ 채동선 작곡

작품들이 아니라 자신과 같은 시대의 작품들로 작곡하였다. 특히 그는 정지용을 '모세의 지팡이'로 삼았다. 〈향수〉·〈압천〉·〈고향〉·〈산앳 색씨 들녘 시내〉·〈다른 하늘〉·〈또 하나 다른 태양〉·〈바다〉가 모두 정지용의 작품이다.

채동선은 정지용보다 한살 먼저 태어났지만 휘문고보 재학 중 3·1운동으로 무기정학처분을 받고 일본으로 유학한 동시대 식민지하에 살아가는 자신과 유사한 정지용의 족적에 공감했기 때문에 그의 시를 작품화했는지 모른다. 채동선은 정지용이 〈고향〉을 통하여 그토록 그리워한 자신의 고향을 잃고 떠돌아다니는 모습을 자신의 모습으로 공감이나 하듯 작품을 형상화한다.

채동선은 이 작품에서 처음 '노래하듯이'라는 칸타빌레cantabile로 표기해놓았지만, 이미 못갖춘 박으로 시작하며 이내 마단조 화음으로 깊숙이 맞춰가면서 "고향에 돌아와도 그리던 고향은 아니려뇨"로 노래한다. 벌써 고향 상실감을 아프게 드러내고 있다. 식민지하 고향이 그리운 사람에게나 잃어버린 사람 모두에게 이 노래는 자신을 노래하는 작품이라고 믿게 해서 오랫동안 채동선을 그리워한 사람이 생겨나고, 또한 정지용을 모두가 그리워했다. 〈그리워〉가 정지용 월북이후 이은상의 "그리워 그리워 찾아와도"로 바뀌었을지라도 모두가 마음속으로 〈고향〉을 노래했다. 이 노래는 전체적으로는 시의 절수에 따라 선율을 반복시킨 노래(장절가곡)가 아니다. 선율적으로 변화시킨 일관작곡 노래이면서 처음 노래부분을 맨 마지막에서 다시 반복하듯 노래하며 매듭짓고 있다(A+B+A'). 벌써 고향도 변하고 무엇보다도 시인 자신이 변한 것처럼 작곡가 역시 그러한 변화에서 노래한다.

이 노래는 1935년 5월에 채선엽독창회때 부른 노래이므로, 같은 해 10월 시문학사에 발행한 『정지용시집』을 보고 작곡된 노래가 아니다. 정지용은 이미 1932년 7월 1일 통권 제3호로 폐간된 종합평론지 『동방평론東

方評論』(편집 겸 발행인 白寬洙) 제3호에 이 시를 발표하였던 것이고, 채동선은 그 직후부터 작곡을 했기 때문에 채선엽독창회에서 부를 수가 있었다.

또 하나의 수작으로 정지용의 시 작품인 〈바다〉를 꼽을 수 있다. 이 작품도 시의 진행에 따라 선율을 다르게 표현한 노래(일관작곡 가곡)로 크게 두 부분 형식(A+B)으로 이루어졌다. 그 대신 여러 번 템포변화를 일으켜 가사와 선율의 역동성을 절묘하게 노래한다. 더욱이 이 작품은 노래에서 3박자 triple 리듬에 꾸밈음을 넣어 진행함으로써 민족적 장단감까지 표출시킨다.

〈악보 4〉〈바다〉 정지용 시 / 채동선 작곡

채동선은 독창곡과 중창곡, 그리고 바이올린독주곡과 현악4중주 등의 작품 창작만 하지 않았다. 현악합주곡 형태도 작곡하였다. 〈현악오케스트라를 위한 협주곡Konzert für Streichorchester〉 작품이 그것이다.

〈악보 5〉 〈현악오케스트라를 위한 협주곡〉 채동선, 작품9번(제1악장 첫 부분)

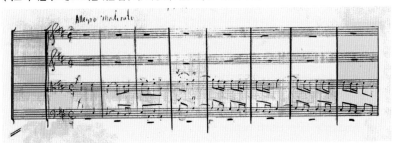

이 작품은 1938년 5월에 경성공회당에서 개최한 그의 제4회 바이올린독주회를 개최하는 시기 직전에 완성했던 것으로 보인다. 작품번호가 제9번인 것으로 보아, 네 개의 가곡작품으로 구성한 제10번 이전에 작곡한 것으로 추정된다. 이 작품은 현악합주를 위한 협주곡이므로 모두 3개 악장으로 구성된 바로크풍 작품이다. 제1악장 알레그로 모데라토Allegro Moderato 라장조 4분의 4박자로 모든 현악기들이 당차게 전진하는 모습으로 시작한다. 제2악장 안단테Andante 사장조 4분의 4박자로 제1바이올린의 서정적인 선율을 다른 악기들의 피치카토 반주 속에서 노래하듯 연주한다. 제3악장 알레그로 모데라토Allegro Moderato 라장조 4분의 2박자는 종악장으로서 피날레이다. 맨처음 비올라와 첼로가 유니즌으로 12마디의 힘찬 주제를 노래하면 이어서 바이올린 파트가 조바꿈된 가장조에서 앞선 주제들을 받아서 대위적으로 응답하며 전개된다.

채동선은 지금까지의 작곡구성력과 기법을 더욱 발전시켜 때로는 논리적으로 탄탄하게 표현하고 있다. 전체적으로 그 짜임새가 뛰어나 자신의 작품 중에서나 동시대 다른 작곡가들 작품 중에서 수작으로 손꼽힌다.

　이처럼 채동선이 바이올린연주가이자 작곡가로서 탄탄하게 활동하고 있었지만, 1939년 6월의 제1회 전조선창작작곡발표대음악제에서 〈환상곡〉을 발표한 직후부터는 공개적인 행사를 하지 않는다. 한때 1931년 2월에 한국악단 전체를 대표하는 '조선음악가협회'가 결성되어 이사로 선임되어 그 활동이 주목되었다. 그러나 제1회 협회 연주회에 출연한 것 말고는 1932년 1월 제2회 정기총회에서 그 이사직도 그만두었을 뿐 아니라, 협회 활동자체를 하지 않는다. 또한 1932년 가을에 현악4중주단을 최호영 씨와 협력하여 조직하기도 하였지만 그 활동 역시 부진의 연속이었다.

　그래서 채동선을 모두가 '침묵의 사람'으로 불렀다. 그가 침묵할 수밖에 없었던 것은 무엇일까? 정지용의 시 〈고향〉이 채동선을 대신해주고 있었다. 채동선은 와세다대학과 독일유학을 마친 엘리트 음악가였지만, 조국에 돌아온 그가 그리던 고향도 조국도 아니었다. 그가 음악가로서 창조의 여신이 되어줄 풀피리 소리는 이 땅 어디에도 없었다. 아무리 고향으로 조국으로 찾아갈지라도 그를 맞이한 것은 높푸른 하늘뿐이었다. 이 모두가 과묵했던 채동선을 더욱 침묵의 늪 속으로 빠지게 했다.

　이 시기는 1938년 중일전쟁직후 일제가 사상통제와 함께 음악인들을 친일악단으로 전환시켜 전시체제를 구축하고 그 어느 분야보다 제1선에 나서게 하였다. 바로 조선음악가협회가 그러했다. 조선총독부는 이 해에 동우회 회원이던 현제명, 홍난파가 동시에 이 협회 회장과 주요 직책을 맡고 있었기 때문에 강제 해산시켰다.

대신 내선일체로서 음악교사와 다른 연주가들을 전국적으로 망라한 새로운 음악조직체를 만들어 대동아공영권을 건설하려는 고도국방국가 완성으로 매진하였으니, 곧 조선음악협회 창설이었다. 회장은 조선총독부 학무국장인 시오하라 토키사부로오鹽原時三郎와 경무국장·국민총력 조선연맹 문화부장·경성방송협회장이 고문으로 조선총독부 학무국 사회교육과장이 전무이사로, 그리고 히라마 분쥬平間文壽를 비롯 계정식·김관·김원복·김재훈·함화진 등이 조선인 이사로 선임되어 활동했다. 또, 홍난파를 비롯하여 임동혁·김영환 등 대부분 일본유학 출신들이 평의원으로 활동한다.

같은 시대에 함께 독일유학생이던 계정식과 김재훈처럼 조선음악가협회 이사로 선임될 수도 있었고, 또 홍난파처럼 평의원으로도 참여할 수 있는 위치였지만 채동선은 참여하지 않았다. 그의 이름이 양악부 작곡과에 속해있기는 했지만 일본식 군가나 일본 애국가류의 창가나 시국가요 등을 작곡하지 않았을 뿐만 아니라 바이올린연주도 하지 않았다.

계정식은 "동양의 세계는 동양인이 지배"하되 "대동아음악을 건설하는 일본신민"의 몫이라며 일본 국민음악을 수립하기 위한 조선악단의 음악보국音樂報國이야말로 천황의 국민으로서 대동아공영권 건설임을 주장하고 나섰다. 김재훈도 "신체제에 즉응하는 음악보국운동을 전선적全鮮的으로 전개"하자고 강조하고 있었다.

물론 악단의 선배격인 홍난파도 일본의 "사회와 국가의 안녕과 질서를 보호하려는 (일본)제국의 정책을 거부하는 것은 민족전체의 불행을 초래하는 것이며, 이는 동아시아의 평화까지 위협하는 것이고, 조선이 일본제국에 병합되어 도탄에서 구제되었으므로 제국의 신민으로 충실하겠다"라는 신념을 밝혔다.

홍난파는 여기에 머무르지 않고 〈정의의 개가〉·〈공군의 노래〉·〈희망의 아침〉 등의 친일가요들을 작곡하였고, 일본애국가요들과 함께 경성방송관현악단 지휘자로 활동하며 조선과 만주까지 방송으로 보급시켜갔다. 그리고 신문지상을 통하여 일본의 아시아통치를 정당화시키는 논리를 펼쳐갔다. 계정식은 〈앗쓰도島의 영웅에게 바치는 선율〉을, 현제명은 〈후지산富士山을 바라보며〉를, 박태준은 〈지원병 장행가〉 등의 작품들을 발표하여 일본정신에 의한 대동아공영권 구축에 모두 앞장서고 있었다.

홍난파·현제명·계정식·김재훈 등처럼 채동선도 고도국방국가를 수립하며 대동아공영권을 구축하는 일본 통치에 앞장서서 악단실력가로 행세하며 음악활동을 보장받을 수 있었다. 그러나 그는 그 연결 손을 끊고 깊은 침묵으로 살아갔다. 대신 1940년대 벽두부터 거의 모든 음악활동을 공적으로 포기하였다.

그는 조선이 머지않아 독립할 것을 굳게 믿고 있었다. 대신 성북동 집에서 10리쯤 떨어진 우이동의 가오리 농토에 가서 화초를 재배했다. 도시락 두 개를 준비해갈 정도로 화초재배에 종일 매달렸다. 1만 5천평 농토의 화초재배라서 땀을 흘렸다. 가오리는 현재 수유2동의 우이초등학교 자리이다. 가오리는 무너미·빨래골·소군네·화계사입구의 보등골과 함께 현재 성북구 수유동이지만, 일제강점기 시기의 그곳은 경기도 고양군 숭인면이었으며, 이 일대는 1960년대까지 전기와 수도물이 없었던 곳으로 가오리를 거쳐 무너미까지 걸어가 버스를 타던, 말 그대로 산골마을이다.

그에게 유일한 음악연주활동은 바이올린 독주가 아니었다. 그는 '채동선 현악4중주단'을 조직하여 활동하였다. 그러나 이 경우에도 화초재배나 작곡창작만큼이나 매달리지 않았다. 4중주단 활동이 1943년부터 도쿄제국고등음악학교를 졸업한 나운영이 입단하여 보완된 상태이나 활동이 없는 명맥뿐인 4중단이었다. 그가 화초재배를 마치고 해가 넘어갈 때 성북동 집으로 돌아오면 그가 기다렸던 것은 한 밤 2층 서재에서 몰두한 작곡이었다. 그는 신들린 듯이 작곡에 몰두하고, 때로는 민요채보를 하면서 40년대 전반기를 보낸다.

일본이 모든 조선인의 삶들을 전시체제로 몰아갔던 일본 고도국방국가체제가 영원히 지속될 것 같았지만 1945년 8월 일본이 패망했다.

해방이후 마지막 불꽃

1945년 8월 15일!

해방이 되자 채동선 부부는 얼싸안고 감격의 눈물을 흘렸다. 가오리에서 화초재배를 하지 않아도 되었다. 더 이상 해방 이전과 같은 침묵과 은둔의 채동선일 수 없었다. 그의 큰 걸음이 시작되었다. 바로 악단 재건이다. 8월 18일 문학계와 미술계, 그리고 영화계가 '조선문화건설중앙협의회'를 조직할 때 음악계도 '조선음악건설본부'(음건)를 조직하였고, 그는 이 단체의 서기장으로 선임되면서 악단 전면에 나서기 시작했다. 중앙서기장에 피아니스트 박경호가 추대되고, 작곡부위원장으로 김성태와 위원인 김순남·이건우, 이 밖에도 기악부와 성악부 또 국악위원회를 구성하였으니 음악계 전체의 조직이었다. 그러나 그해 9월 15일에 '고려교향악협회'(산하에 고려교향악단, 이사장 현제명)와 '조선프롤레타리아음악동맹'이 결성되자 '음건'은 해체될 상황이 되었다.

채동선은 박태준·최희남의 지원에 힘입어 악단의 분열을 막고 대동단결을 위한 새로운 조직체 결성을 제안하였고, 그 결과 '조선음악가협회'(10.22, 이하 '음협')가 탄생하고, '음건'은 해체되었다. 이영세 위원장, 신막 부위원장, 박영근 상무, 이홍렬·안병소·박태현·김성태 위원, 그리고 채동선은 박경호·계정식·김재훈·박태준·안기영 등과 함께 고문으로 선임되었다. "회원간의 친선도모와 자주독립촉성, 음악예술의 향상과 발전, 음악가의 생활향상도모"가 '음협'의 강령이었다.

1945년 해방이후 악단은 그 해 연말로 치달으면서 크게 세 파가 형

채동선 가족의 해방 직후 사진

성되었다. 하나는 우파의 '고려교향악협회-고려교향악단'(위원장 현제명)
과 좌파의 '조선음악가동맹'(위원장 김재훈), 그리고 좌우 연합통일체로서
'조선음악가협회'가 그것이다. 그러나 악단은 강대국의 한국 신탁통치
구상과 군정軍政실시, 통일국가수립의 성격과 친일청산, 민족문화 건설
등 시대적 과제에 대한 이념과 방향성을 두고 이견을 좁히지 못하고 있
었다.

　좌우대립은 악단 뿐 아니라 문학·미술·연극 등을 비롯하여 전 사회
단체 모두의 대립이었다. 비록 좌우합작운동을 부단히 전개했어도 그
대립은 1946년부터 본격화되었다. 그리고 1947년 3월 미국 트루먼 대
통령이 공산주의세력 확대를 막기 위한 대외정책 원칙 '트루먼 독트린
Truman Doctrine'을 발표하고, 전후유럽부흥계획Marshall Plan실시와 북대서
양조약기구NATO가 창설되자 미·소간 냉전Cold War이 본격화된다.

조선음악가협회 창립 공연직후의 음협 일동(1946.2.15.)
앞열 오른쪽에서 네 번째 한복 입은 채동선, 왼쪽 네번째 정훈모, 뒷열 왼쪽에서 두 번째가 김순남, 채동선 뒷열 서 있는 이가 나운영이다. 전 계파를 초월한 음악인들 조직체이다.

소련은 1948년 베를린을 봉쇄했다. 한반도에서 미소공동위원회가 결렬되고 좌우합작 실패, 그리고 1948년 8월 이후 남쪽에서 대한민국이, 북쪽에서 조선민주주의인민공화국이 각각 성립되자 그 좌우대립은 1950년 6·25전쟁으로 폭발한다.

자연히 좌우대립 속에서 '조선음악가협회'는 음악계의 통일체로 악단을 주도할 수 없는 조직체이었다. 문학에서 좌파의 조선문학가동맹(위원장 홍명희)이 결성되고 전국문학자대회가 개최되자, 이에 자극을 받은 복고와 순수 지향의 '전조선문필가협회'와 '조선청년문학가협회'가 1946년 3, 4월에 각각 성립된다. 채동선은 다른 음악인들과 함께 회원으로 추천되었다. 또 같은 시기 계정식이 위원장인 '대한연주가협회'가 조직되자 채동선은 그 회원으로 활동하였다. 이 협회는 그 해 8월에 전국음악문화협회로 개명되어 새로운 발전을 모색한다.

해방 후 여러 조직체에 관여하던 채동선은 1947년 2월 12일 '고려음악협회' 결성 때 회장으로 나서면서 자신의 민족음악수립론을 비로소 전개시킨다. 그는 어느 사이 침묵의 긴 터널을 빠져나와 역동적인 해방공간을 살면서 민족음악 수립을 제창하는 음악가가 되어 있었다. 그를 침묵의 음악가로 아는 모든 사람들에게 놀라운 일이 아닐 수 없다. 그의 음악론은 1947년 「조선악단의 운명은 어디로 가는고」와 「조선음악문화건설에 대한 기본이념」이라는 글(미발표원고), 그리고 1948년 초의 「민족음악수립론」에서 구체화 된다.

그는 좌우파를 모두 비판하고 중도의 길로 나간다. 좌파 조선음악가동맹을 '비조선적 유물론'의 조직체로 비판함과 동시에 우파인 현제명의 고려교향악협회를 더 비판한 것이 그것이다. 고려교향악협회를 '악계의 대표적인 자본주의와 무절조 사대주의자'의 조직체라고 비판한다. 그는 정치 뿐 아니라 모든 문화에서 사대사상을 버리고 주체와 자아를 찾고 민족전통과 유산을 찾는 조선음악부흥과 보존책의 구체화를 역설한다.

그는 우리 음악가들 혈관 속에 조선혼과 우리만의 민족적 감흥이 있기 때문에 비독일적·비이태리적·비러시아적 선율과 절주節奏가 내포되어 조선적 음악예술로 표현되므로 국악과 양악인 모두가 '조선적 민족음악수립'으로 매진하자며 앞장 선다. 양악가들도 민족적 사명을 자각하여 국악인들의 양악 지식과 기술 습득 못지않게, 아악과 창악의 관심과 습득이 절실한 시대에 있음도 역설한다. 오선법의 채보사업, 조선 악기개량과 표준음 결성, 사대주의적으로 또 와전된 가사 정리 등 향토음악과 세계음악을 아울러 발전시키는 민족음악수립론을 열정적으로 주장한다. 이를 위해 국립교향악단·국립음악학교·국립합창단·국립육군취주악단·국립음악출판사 설립을 제창한다.

그는 또한 고려음악협회 창립 때 함께 결성된 '전조선문화단체총연합회'(회장 고희동)에서 박종화와 함께 부회장 2인 중 한 사람으로 선임되어 자유독립촉성과 세계 문화이념에서 민족문화 창조, 그리고 문화인의 독자적 지킴이를 내세우며 활동한다. 이와 함께 좌우대립과 그 정국 끝에 대한민국 체제의 민족생명을 구현하는 문화인대회, 곧 '민족정신 앙양 전국문화인총궐기대회'를 1948년 12월 21일에 개최할 때 준비위원장 고희동과 함께 채동선은 이병도·박종화와 같이 대회준비 부위원장으로 활동한다. 이 대회에서 채동선 등 관계자들은 정부의 문화정책 수립을 촉구하고 나선다.

채동선의 '음악론'을 체계적으로 보여주는 「민족음악 수립론」, 월간 『음악문화』 창간호, 음악문화사, 1948, 12-21쪽

이 대회는 또한 1년 후 '민족정신앙양종합예술제'(1949.12.3~4, 시민관)로 발전한다. 문화예술과 정치를 통합하여 국가우선의 민주주의를 확립하려는 예술제이자 대한민국 체제의 민족정신과 문화를 앙양시키는 예술제로, 북한과 월북 문화예술인들에 대한 비판도 함께 이루어진 예술제이다. 그는 또한 1948년 3월 고려음악협회 임원 개선 때 박경호를 회장으로 내세우고 자신은 박태준과 함께 부회장으로 나선다. 또 1948년 8월

좌파로 불법화시킨 국악원의 함화진이 미군정에 체포되자 박헌봉 위원장체제로 개편하면서 그는 연구부장에 이어 후에 이사로 선임되어 국악원에 몸을 담으면서 민족음악론을 주창한다.

채동선은 대한민국 정부수립 이후, 특히 1949년부터 생을 마감하기 직전인 1952년 연말까지 4년간 악단의 중심적인 활동을 전개한다. '고려합창협회' 조직과 문교부 예술위원회 음악위원 및 서울시 문화위원, 국립극장 운영위원으로 활동하며, 서울대 상과대학과 숙명대학에서 교수활동을 하였다. 서울특별시 문화상도 수상한다.

1949년 1월 그는 고려합창협회를 조직하였다. 이 협회 조직으로 채동선은 그의 민족음악작품 발표를 본격화한다. 회장으로 선임된 채동선은 고문으로 고희동과 안호상, 명예회장에 윤보선, 그리고 부회장에 박태준, 총무에 정대성, 기획부장에 서수준, 그리고 선전부장에 김홍준을 선임하고 자신이 지휘자로 활동한다.

이 때 그의 작품 칸타타인 〈한강〉, 〈조국〉, 〈독립축전곡〉(가사는 채동선, 반주는 취주악용과 관현악용)과 합창·독창 작품들이 발표된다. 그는 이미 해방직전부터 〈홍타령〉·〈적벽가〉·〈영산회상〉·〈승평만세지곡〉을 비롯하여 〈별유천지〉·〈추월강산〉·〈기생점고〉·〈농부가〉·〈오리정에서 들어와〉·〈일체통곡〉·〈신당 춘향을 부름〉 등을 채보해왔다. 특히 판소리 〈춘향가〉에 나오는 여러 작품들을 채보하고 악보에 때로는 화음을 표시하거나 때로는 바리톤 등 연주형태를 밝힌 것은 오페라로 창작하는 것은 물론 '민족오페라'를 창작하여 민족음악수립론을 구체화시킬 계획을 이미 가지고 있었다는 것이다. 그 채보 일부들을 1948년에 〈둥가타령〉(4부)과 〈홍타령〉(4부), 1949년에 〈진국명산〉, 〈도라지타령〉, 〈새야새야 파랑새야〉(독창용과 합창용) 등의 합창작품으로 창작하여 새롭게 발표한다.

이밖에 그는 〈서울아리랑〉·〈진도아리랑〉·〈육자백이〉·〈천봉만악〉·〈상영산〉·〈중영산〉·〈군악영산〉·〈군악〉 등의 민요들을 합창과 독창용으로 편

곡하거나 창작하였다. 이에 앞서 해방 직후부터 〈한글노래〉(이극로시)와 1947
년의 〈선렬추모가〉(조지훈 시)·〈개천절〉(채동선 시)을 비롯하여 〈무궁화의 노래
〉(채동선시)·〈진주〉(한용운 시)·〈춘향과 이도령〉·〈한건님〉·〈입성가〉·〈삼일절
의 노래〉(채동선 시)·〈우리 태극기〉(채동선 시, 합창용)와 관현악으로 편곡한 〈태
극기노래〉 등의 기념가를 합창이나 관현악으로 작곡하거나 편곡하여 발표
했다.

한편, 문교부가 민족예술수립과 향상을 위한 예술위원회를 설치하
고 1949년 2월 17일 중앙청에서 창립준비회를 개최할 때 채동선은 18인
의 음악위원이 되어 문학 박종화 등 10인, 미술 고희동 등 15인, 연극 유
치진 등 7인, 무용 김천규 등 4인, 영화 안석주 등 8인과 함께 음악위원을
대표하는 활동한다.

그리고 같은 해 4월 1일 서울시 예술위원회 해산과 함께 새로 발족한
'서울시 문화위원회'를 구성하는 문학부·미술부·음악부·연극부·영화
부·무용부·학술부·건축공예부·체육부 등에서 음악부 양악인의 대표
자로 선정돼 활동한다. 양악측은 채동선 외에 박경호·박태준·안병소·
김성태·정훈모·박태현·김생려이었고, 국악측은 김용승·성경린·이혜
구·이주환 등이었다. 또 1949년 10월 29일 문교부 중앙국립극장 운영위
원장 안호상 문교부장관을 비롯해 국악인 박헌봉과 함께 그는 운영위원
으로 활동한다.

1950년 6·25전쟁이 일어나자 그는 재경 문화예술인들을 중심으로 종
군조직체인 '문총구국대文總救國隊'를 조직하고, 10월 임원개편 때 이홍
렬과 함께 위원이 되어 활동한다. 12월 1일 유엔군전몰자추모회를 전국
문화단체총연합회가 주최할 때는 주안朱安 유엔군묘지에서 조사를 하였
다. 또한 1951년 1월 17일 서울의 동아극장에서 전국문화단체총연합회
가 주최한 '결전구국문화인대회'에서 메시지를 낭독하였다.

그러나 그는 이 기간 정부의 문화정책을 치열하게 비판한다. 정부의

문화예산 책정 없는 문화정책은 문화말살로 치닫는 정책이고, 그러한 정치 또한 우민화라는 것이었다. 또 정부가 각 분야별 전문가들로 70여 명의 예술위원회를 조직했지만 추진하는 사업 부재가 지속되자 그 정책들을 비판하고 나섰다.[13]

그의 비판은 여기에 머무르지 않고 이남의 실종된 문화정책이 도리어 이북의 "확고한 계획하에 거대한 예산을 제공하면서 모든 문화면을 동원시켜 강력한 정책을 조치"하는 현실에 대비됨을 지적한다. 그는 "소위 문화인들이 좌향만 하면 다 잡아 넣는" 통탄의 현실이 이남에서 전개되고, 또 "생생한 민족주의자와 애국적 문화인을 착취하여 그들의 마음을 약하게 만들고 민족적 지조를 고수하지 못하게 하여 일부 문화인들이 이북정책을 동경하게 되는 역효과를 야기"하고 있다며 그 책임이 정부에 있음을 통렬하게 비판한다.

이러한 그의 비판은 당시 정부나 국회의원들의 문화정책 인식부재에 대한 비판이자, "정치가 실천이라면 정부가 이를 시정"하고 민족문화수립의 국가적인 정책수행이 있어야함을 통촉하는 비판이었다.

그가 정부 소속의 예술위원이면서 정부를 향한 비판을 스스럼없이 행하고 있어서 놀라운 비판이 아닐 수 없다. 더욱이 그의 비판수행이 갑작스런 주장이 아니라 1948년 정부수립 이래 일관된 주장이었다.[14]

또 미군정하 과도정부(재무부)가 1948년 6월 1일부터 적용시킨 법령 제193호가 요정출입의 유흥세 4할, 경마장의 마권세 2할로 부과하는데 비하여 영화관·음악회 등의 입장세를 10할로 부과 책정한 데에 대하여 전체 문화예술인들이 총파업과 극장폐쇄로 맞선바 있다. 이것은 국가예산 균형론에 맞춰진 법령으로 정부가 유흥세와 마권세 부과정책을 문화예

....

13) 채동선, 「문화정책 우감」, 『문예』 창간호(문예사, 1949. 9), 173~174쪽.
14) 채동선, 「문화정책의 확립」, 『평화일보』, 1948년 9월 3일자.

채동선 음악당
민족음악가 채동선 선생을 기리기 위해 벌교읍에 지어졌다.

술에도 적용시키자 문화예술계를 바라보는 인식 수준과 고율부과에 대
해 벌인 저항 운동이었다.

이 같은 문화예술인들의 한 목소리는 마침내 1년만인 1949년 10월에
입장세를 인하공시하게 하고 개정시켰다. 그러나 연극이 3할, 영화가 6
할로 대폭 인하한 것처럼 보이지만 국내 영화제작과 그 관계자들에게
그 개정은 고육책이었다. 여전히 정부나 국회가 문화예술계의 현실을
외면한 고육책을 지속시키는 과정에서 채동선의 비판은 계속되었고, 그
비판은 삶을 마감할 때까지 변함이 없었다.

그러나 1953년 채동선은 복막염으로 모든 것을 잃었다. 양식 있는 음
악인이 흔치 않았던 그 시기에 악단의 수장으로 민족음악을 수립하며
민족윤리를 올곧게 세우며 지조 있게 행동한 음악인, 채동선이 2월 2일
향년 53세로 서울대학교 부속병원에서 삶을 마감하였다.

4장

나치제국과 만주국에서 활동한 음악가

안익태

安益泰

안익태는 세계 무대에서 활동한 한국인 음악가이고, 애국가를 작곡한 음악가로 높은 평가를 받았다. 1955년 3월 해방 이후 처음으로 한국을 방문해 <한국환상곡>의 한국 초연을 지휘했고, 1962~64년까지 매년 서울에서 국제음악제를 주관하기도 했다. 그러나 <애국가> 표절논란이 일고, 친일 행적 등이 밝혀지면서 상반된 평가가 나오고 있다. 특히 1942년 베를린에서 일장기가 내걸린 '만주국 건국 10주년 기념 음악회'에서 <만주국환상곡>을 지휘하는 안익태의 동영상이 공개되면서 그와 관련된 행적이 새롭게 조명되기 시작한다.

나치제국과 만주국에서
활동한 음악가 __ 안익태

미국 유학시절 〈애국가〉 작곡

안익태는 첼로연주가이자 지휘와 작곡가로서 활동하였으며, 독일에서 독일협회獨日協會(Deutsch-Japanische Gesellschaft; DJG)와 나치제국의 '제국음악원Reichsmusikkammer' 회원으로 활동한 음악가이다.

1906년 12월 5일 평양에서 태어나서 1965년 스페인 바로셀로나에서 죽었다. 안익태는 부친 안덕환安德煥과 모친 김정옥金貞玉 사이 7남1녀 중 3남으로 태어났으며, 장남 익삼은 조선총독부 외사과에서, 차남 익조는 도쿄제대 의과대학을 졸업한 의사로 각각 활동했다.

평양 보통학교와 숭실중학교 재학기간까지 그는 '안익태'로 불렸지만, 일본 도쿄 소재의 사립 세이소쿠正則중학교와 구니다치國立음악학교 재학기간부터는 일본식 발음인 '안 에키타이安益泰(あんえきたい)'로 불렸다.

그리고 이후 미국과 유럽에서 영문명 '익태 안Eak Tai Ahn'으로 활동하였으며, 1938년부터 일본작곡가Der japanische Komponist로 활동하는 독일

인물로 본 한국근현대음악사

안익태를 '미국악단의 총아'로 소개한 기사와 뉴욕서 열린 안익태의 첼로 연주회 포스터와 연주 모습
『조선일보』 1934년 2월 15일자

과 그 동맹국에서는 'Ekitai Ahn'(에키타이 안)으로 불렸다.

안익태는 16살이 되던 1921년에 평양 숭실중학교에서 일본 도쿄의 사립 세이소쿠 중학교에 편입한데 이어, 1926년 4월 1일에 도쿄의 국립 國立음악학교에 입학하여 첼로를 전공하였다. 1930년 3월에 이 음악학 교를 졸업한 안익태는 미국으로 건너가 1930년대 중반까지 여러 음악 학교와 관현악단에서 첼로전공과 지휘공부를 하였다. 그는 신시내티음 악원Cincinnati Conservatory of Music에 입학해 신시내티심포니오케스트라 Cincinnati Symphony Orchestra 첼로주자로 활동했고, 템플대학교 대학원에 서 첼로를 전공하면서 지휘법을 공부한 후 첼로연주와 객원지휘를 하다 가 유럽으로 진출한다.[15]

....

15) 안익태가 필라델피아의 커티스음악원(The Curtis Institute of Music)을 다닌 것은 사실이 아닌 것으로 확인됐 다. 「'애국가' 안익태의 마음속 고향은 '평양, 코리아'」, 「연합뉴스」 2016년 2월 11일자.

<악보 1> 애국가 악보

미국 샌프란시스코의 한인교회에 도착한 안익태가 〈올드 랭 사인〉 곡조에 붙여 동포들이 애국가를 부르는 것이 안타까워 5년 반에 걸쳐 〈애국가〉를 작곡했다는 사실은 널리 알려져 있다. 이 〈애국가〉는 1936년 초 샌프란시스코 대한인국민회 명의로 신한민보사에서 발간되었다.

안익태는 『신한민보』 1936년 3월 26일자에 실린 기고문에서 "4천여 년 이상 장구한 역사 아래 동서로 헤매는 불쌍한 2천만 동포 앞에서 연주하자니 눈물이 앞을 가려 형언할 수 없었습니다"라고 소회를 밝히기도 했다.

1938년 『한국학생회보』에 실린 인터뷰에서 안익태는 독립의 희망을 이야기했다.

한국인들은 아일랜드의 자유를 얻기 위한 (대영) 투쟁에 감동했다. 한국도 국권을 상실하고 일본 지배하에 있지만 많은 민족주의자가 국권을 회복하자는 여론을 조성하며 정치범으로 투옥됐다. 그러나 투쟁은 계속 돼 나의 조국도 머

인물로 본 한국근현대음악사

지않은 장래에 아일랜드처럼 독립국가가 되길 희망한다.[16]

그는 1935년에 미국에서의 모든 음악대학 과정을 마친 것으로 보이며, 정확하지는 않지만 이 시점에 애국가가 작곡되었을 것으로 추정된다. 1936년에는 처음 유럽을 방문했고, 1938년에는 아일랜드의 더블린 방송교향악단을 객원 지휘했고, 이 자리에서 애국가를 발전시켜 만든 곡인〈한국환상곡〉이 처음 공연되었다. 그의 독립의 희망을 이야기한 시점이다.

이때까지 안익태의 행적에 문제점을 발견하기는 어렵다. 실제 애국가 악보는 미국서 출판되자마자 일제의 금지 단행본 목록에 추가된다.

시트라우스와 독일협회의 후원

10년 가까운 미국 생활을 마치고 유럽으로 진출한 안익태가 마주한 상황은 2차세계대전의 소용돌이였고, 그의 음악 활동도 새로운 전환을 하게 된다.

그는 유럽으로 이주한 후 런던방송관현악단 등 여러 지역의 관현악단을 지휘하다가, 1938년 1월부터 헝가리를 중심으로 활동하였다. 안익태는 부다페스트의 '리스트 페렌츠 음악학교Liszt Fenenc Academy of Music' 연구원에 교환학생으로 있으면서 첼로 연주와 지휘활동을 하였다.

그리고 마침내 1941년부터 독일 베를린으로 진출한다. 그는 첼로보다 작곡가와 지휘자로 전환하여 두 분야에서 본격적으로 활동한다. 이러한 활동은 작곡가인 리하르트 시트라우스Richard Strauss(이후 'R.스트라우스'로 줄임)와 독일협회獨日協會(Deutsch-Japanische Gesellschaft; DJG)의 지원 속에서 이루어진다. 그는 '일본작곡가 에키타이 안'이란 이름으로 관현악단

....
16) 『연합뉴스』 2016년 2월 11일자.

지휘와 작품 발표를 활발하게 하여 국제적인 음악인으로 부각된다.

에키타이 안(안익태)은 작곡가 R. 시트라우스의 후원 속에 활동한다. 그는 나치제국 '제국음악원'Reichsmusikkamer의 총재였으며, 총재에서 물러난 뒤에도 나치의 협력자였다. 1933년 정권을 쟁취한 히틀러가 내각의 '국민계몽·선전성' 대신으로 괴벨스Paul Joseph Goebbels를 선임하자, 괴벨스는 제국음악원을 비롯하여 미술·필름·음악·신문·라디오·문학·연극 등을 총괄하는 '제국문화원Reichskulturkammer'의 원장을 겸직하며 '제3제국'의 건설에 앞장섰다.

R. 시트라우스가 총재이던 제국음악원은 작곡가·연주가·지휘자·음악기업가·악보출판과 판매인·모든 합창단과 관현악단·그 밖의 합주단, 그리고 이러한 시설과 교육공간의 소속원까지 포함한 8개 부문의 9만 3천여 명이 회원으로 등록되어 히틀러를 정점으로 프로파간다로 조직되고 단결된 전국음악원이었다. 에키타이 안은 1943년 나치당 내각의 인정을 받아 이 제국음악원의 회원으로 활동한다.[17]

한편, 독일은 1873년에 독일인 무역상과 학자 그리고 외교관들이 동아시아와 특히 일본에 관한 이해를 목적으로 설립한 민간기관인 독일동양문화연구협회獨逸東洋文化硏究協會(OAG)와 달리 1890년 베를린에 설립된 독일협회獨日協會(일본현지에선 日獨協會JDG)를 통하여 양국의 교류협력을 국가적 체제로 발전시킨다. 1914~1921년간 국교가 중단되기도 하였지만, 1929년부터 양국 정부 기금을 출원하여 외교관·과학자·예술가·음악가·저널리스트·의사 등의 협력으로 문화 제휴와 상호이해를 촉진시키려는 독일협회DJG를 본격적으로 발전시켰다. 또 나치당에 의하여 히틀러내각이 들어서는 1933년부터 독일협회 수뇌부가 정부협력자로 교체되어 독일의 해군대장 벤케Paul Behncke가 회장으로 취임한다.

....

[17] 이경분, 『잃어버린 시간: 1938~1944』(서울: 휴머니스트, 2007), 110~111쪽.

인물로 본 한국근현대음악사

그리고 1938년에 독일 나치당인 국가사회주의독일노동자당NSDAP과 일본 외무성간 협정에 따라 쾰른·빈·프랑크푸르트·뮌헨·함부르크·짤즈부르크 등 15개 지역에 독일협회 지소를 창립하였다. 즉, 독일협회가 제안한 연주회에 에키타이 안(안익태)은 일본음악가 이름으로 지휘활동을 본격화시킨다. 그의 모든 활동 역시 현지 지역국의 일본 공사들이 외무성(歐亞국장에게) 앞으로 보고한다.

1939년 일본 '은사재단 기원 2600년 봉축회'와 '내각 2600년 기념축전사무국'은 독일정부에게 '황기와 2600년을 기념하는 봉축음악' 작곡을 요청한다. 그러자 '국민계몽·선전성' 대신 괴벨스는 이 일을 R. 스트라우스에게 배당한다. 일본은 신무천황神武天皇이 즉위한지 2600년이 되는 해인 1940년에 세계 신체제 확립에 따른 대동아공영권을 구축하며 국가위용을 국제적으로 표방하기 위하여 독일을 비롯하여 프랑스와 이탈리아 등 6개국에 봉축 축전곡 작곡을 의뢰하였다.

R. 스트라우스는 일본해-사쿠라-후지산-사무라이-천황찬가 등 5개 부분의 주제로 14분 정도의 관현악곡을 1940년 4월에 완성하였다. 공식 곡명은 〈대관현악을 위한 일본 황기 2600년에 붙인 축전곡 Festmusik zur Feier des 2600jährigen Bestehens des Kaiserreichs Japan für groβ es Orchester, 작품84〉이었으며, 대개 〈일본축전곡Japanese Festival Music〉이라고 제목을 줄여 불렀다.

이 작품은 다른 작품과 함께 같은 해 12월에 도쿄 가부키좌에서 지휘자 헬무트 펠머Helmut Fellmer의 '기원2600년 봉축교향악단' (164명)연주로 초연되었다.[18] 그리고 독일권에서는 1941년 10월 27일 스투트가르트에서 알베르트Hermann Albert지휘로 초연된데 이어, 1942년 1월에 오스트리아 빈에서 R. 스트라우스의 조카이자 지휘자인 루돌프 모랄트Rudolf

· · · · · · ·
18) 紀元二千六百年奉祝會가 주최하고 발행한 「紀元二千六百年奉祝樂曲 發表演奏會」(昭和十五年十二月午後 一時, 東京 歌舞伎座) 팜플렛에 의한다.

Moralt의 빈교향악단 지휘로 이어진다.

에키타이 안은 이 〈일본축전곡〉 작품을 지휘하였다. 독일협회獨日協會 빈 지부가 제안하고 R. 스트라우스가 추천하여 에키타이 안의 빈 심포니 오케스트라 지휘로 1942년 3월 12일 빈에서 공연된 것이다. 작곡자 뿐만 아니라 독일협회 회장이자 해군대장인 푀르스터Richard Foerster와 독일 제국 간부와 나치당, 장성급, 만주국 공사인 에하라를 비롯한 각국 외교관들이 참석한 이 공연에서 R. 스트라우스는 에키타이 안의 실력을 '지휘자로서 깨끗이 인정'하는 자필 서명을 하여 그에게 주었다.

이 연주회 관계로 독일주재 만주국 공사관 참사관 에하라 고이치江原耕一와 지휘자 에키타이 안, 그리고 R. 스트라우스와 독일협회 간에 돈독한 관계가 형성되어 같은 해 1942년 9월 에키타이 안의 〈만주곡 축전곡〉이 베를린에서 공연된다.

'안익태-에하라 커넥션'

에키타이 안은 베를린에서 구스타프 프라이탁 가 15번지, 베를린 반Wann 호숫가에 있는 고급 주택단지에서 살았다. 그는 나치가 패망할 때까지 여기서 살았다. 그런데 놀랍게도 안익태의 베를린 시절 집주소는 에하라의 사저였다. 그는 1941년 말~1942년 초 무렵부터 에하라의 집에서 기숙했던 것으로 추정된다. 즉, 〈일본축전곡〉을 지휘할 때 그는 만주국의 참사관 집에서 살았다. 1940년 12월 20일 중국 충칭 임시정부 의정원은 이승만이 주도한 대한인국민회의 요구로 안익태 작곡 〈애국가〉의 신곡보 사용을 허가하기로 의결한다. 그로부터 1년도 채 안 돼 안익태는 에하라의 집에 들어간 것이다.

그런데 안익태는 어떻게 만주국의 에하라를 만났고, 그의 집에 살게 된 것일까? 그는 이에 대한 기록을 남기지 않았다. 다만 1950년대 초 에

하라의 회고에 따르면, 1941년 일본 4대 명절 중 하나인 명치절 11월 3일 아침 루마니아 일본 공사관에서 식순에 따라 기미가요를 제창할 때 피아노 반주를 하던 안익태, 아니 에키타이 안을 처음 보았다고 한다.

5 "안익태, 日 기미가요 연주" 기록 공개

1941년 명치절에 일본 국가 〈기미가요〉 피아노 연주를 했다는 내용을 보도한 연합뉴스TV의 보도화면

> 에키타이가 나(에하라)를 찾아와 '상담'을 요청해, 그의 성공을 바라는 마음에서 그를 내 집에 살게 해주었다.[19]

또 에하라의 동생도 도쿄 음악학교를 비슷한 시기에 다녀 에키타이를 동생처럼 여겼다고 한다. 안익태보다 열 살 정도 위였던 에하라는 하얼빈시 부시장을 거쳐 주독 만주국 공사관의 참사관을 지냈다. 그는 공사

....

19) 에하라, 「안익태군의 편모」. 이해영, 「안익태의 일제시기 행적 밝혀지다」, 『시사인』 제423호(2015년 10월 28일)에서 재인용.

의 아래인 참사관이었지만 사실상 실세였다. 에하라는 패전 후 소련군의 보호 아래 모스크바를 거쳐 일본으로 귀국한 뒤, 도쿄에서 변호사로 활동한다.

그리고 에하라의 회고에 따르면 R. 시트라우스와 자신의 만남을 주선한 것도 에키타이 안이었다고 한다. 에키타이가 일본 황기 2600년을 경축하는 R. 시트라우스의 작품 〈일본축전곡〉을 지휘한 직후인 1942년 3월 14일 빈의 유명한 레스토랑 '드라이 후사렌' 별실에서 R. 시트라우스 부부, 에하라 그리고 에키타이가 저녁을 같이했다는 것이다. 이 자리에서 에하라는 R. 시트라우스가 그의 첫 오페라 〈군트람〉 재공연을 위해 그해 6월 베를린에 방문할 때 자신의 집에 유숙할 것을 제안했고 R. 시트라우스는 이를 받아들여 열흘 가까이 에하라의 집에 머물렀다고 한다.[20]

이보다 앞서 에키타이 안은 33살이 되던 1938년에 관현악곡 〈에텐라쿠Etenlaku 越天樂〉를 발표하였다. 공식 작품명은 〈관현악을 위한 환상곡 '에텐라쿠'Etnelaku, Phantasie für Orchester〉이다.[21] 에키타이 안 작곡의 〈에텐라쿠〉는 일본 아악곡 〈에텐라쿠〉의 주제선율을 그대로 이용한 관현악 작품으로, 1931년 코노에 히데마로近衛秀麿가 작곡하여 국제적으로 알려진 관현악 작품 〈에텐라쿠Etenlaku 越天樂〉, 그리고 미야기 미찌오宮城道雄의 〈에텐라쿠 변주곡越天樂變奏曲〉(1928)에 대비되는 작품이다. 오히려 에키타이 안이 스스로 역작으로 자부하고 있었으므로 유럽 전역에서 지휘할 때마다 자주 연주된 작품이다.

원래 일본 아악곡 〈에텐라쿠Etenlaku 越天樂〉는 일본국왕이 즉위식을 거행할 때 축하작품으로 연주된 데다, 1878년 이후부터 근대 '일본창가'로 〈남조오충신南朝五忠臣〉이나 〈충효忠と孝〉 등 일본천황에 대한 충성을 교

....

20) 이해영, 앞의 글 참조.
21) 이 작품은 1959년 〈강천성악降天聲樂〉이란 이름으로 개작되었다.

재화한 일본정신이 배인 작품이다. 더욱이 이 작품은 1910년 5월 일본인들이 대한제국 학부를 동원하여 펴낸 『보통교육창가집』에 〈선우善友〉로 편성시켜 한국인들을 교육시킨 작품이다. 즉, 에키타이 안은 그 자신도 일본 천황국가의 본령이자 일본인들 혼의 음악으로 창작하여 일본정신을 세계화로 표상시키려 작품활동을 전개한 셈이다.

다음 악보는 에키타이 안安益泰의 〈에텐라쿠Etenlaku 越天樂〉이자 후에 〈강천성악〉으로 고친 작품 중 플루트 주제와 현악 반주부 악보이다. 이 선율이 일본 아악곡 〈에텐라쿠〉의 선율이자 '일본창가'로서 〈남조 오충신〉이나 〈충효〉 등의 노래가락이고, 또 1910년 5월 『보통교육창가집』 중 〈선우〉의 선율이기도 하다.

〈악보 2〉 에키타이 안의 〈에텐라쿠Etenlaku 越天樂〉 주제부(1938)

에키타이 안의 위 작품은 1938년 작곡한 이래 로마방송오케스트라 연주회(1939.4.30), 불가리아 소피아 연주회(1940.10.19), 헝가리 부다페스트 연주회(1941.10.10, Pesti Vigado 홀), 독일협회 빈 지부 주최의 빈심포니Stadtorchester Wiener Symphoniker 연주회(1942.3.12), 함부르크 연주회(1943.4.22) 등에서 자신의 지휘로 발표하였다. 특히, 함부르크연주회에서 또 다른 관현악 자작품 〈야상곡Nocturno〉과 〈교향적 판타지 2번 '극

동'Kyokuto 極東), 그리고 〈파스토랄레Pastorale〉를 연주하였음은 한스 아들러Hans Adler가 제작한 1942~1943년간 「안익태 홍보용 팸플릿 BA Kobl R64 IV/180권」에서 확인된다.[22] 〈교향적 판타지 2번 '극동'Kyokuto 極東〉은 이 기간 전후로 부다페스트와 소피아, 그리고 루마니아 등지에서 호평을 받은 작품으로 알려졌다.

1941년 11월 3일 저녁 에키타이 안은 루마니아 부쿠레슈티에서 열린 자신의 음악회에 에하라를 초대한다. 그는 〈교향적 판타지 2번 '극동'Kyokuto 極東〉, 〈에텐라쿠〉 등을 연주해 호평을 받았다. 당시 루마니아 주재 일본공사는 본국 외무성과 조선총독부에 이 연주회에 대해 보고했다.

그리고 1943년 8월 18일 베를린 필하모닉 오케스트라 협연으로 에키타이 안 작곡자 자신의 지휘로 〈에텐라쿠〉를 연주하여, 그가 독일제국과 독일 점령국에서 공식적으로 인정받는 '제국의 음악가'임을 보여주었다. 이 공연은 공연 25일전인 7월 24일 그가 제국음악원의 회원증(회원번호: RKK A 115)을 교부받은 직후에 이루어졌다.

친일곡 〈만주환상곡〉 창작과 연주

만주국 참사관 에하라 코이치, 독일 제국음악원의 R. 시트라우스, 에키타이 안의 돈독한 관계는 마침내 '만주국 경축작품' 의뢰로 발전한다.

1942년은 만주국이 '5족협화五族協和의 왕도낙토王道樂土'를 건국이념으로 삼고 일본의 괴뢰국가로 건국된지 10년이 되는 해였다. 만주국은 이 해에 국가적으로 전 세계에 표방하려는 의도에서, 일본이 '2600년 기념축전사무국'을 조직하여 '황기 2600년 기념봉축음악'을 6개국에 의뢰하여 국제적인 행사를 진행했던 것처럼 '만주국 건국 10주년 축전사무

....
22) 이경분, 앞의 책, 141~142쪽.

국'을 통하여 국내외로 사업을 전개하였다.

세 번째의 〈만주국 국가〉제정발표, 〈 건국10주년 경축가〉제정, 〈만주대행진곡〉발표, 일본의 '만주국건국10주년경축교향악단'의 만주공연과 경축사절단 만주파견, 신경에서 건국충령탑 춘제에 전만全滿합창단의 합창봉납, 전만예능제全滿藝能祭, 만주국10주년 경축작품 연주회, 건국10주년 경축 흥아 동원전국대회와 악단·악대동원, 민족예문제 개최, 만주국 악단 정비와 신체제운동, 일·독·이 경축악곡발표회日獨伊慶祝樂曲發表會 등이 그것이다.

만주국은 만주국건국10주년축전사무국을 통하여, 독일제국의 만주국 참사관 에하라가 일본정부와 독일협회獨日協會간에 협의하여 에키타이 안에게 '만주국 축전곡' 작품의뢰를 하였다.

베토벤의 교향곡 제9번 〈합창〉처럼 에키타이 안은 에하라의 집에서 4개의 악장으로 구성된 작품완성에 심혈을 기울인다. 작품의 공식명칭은 〈Symphonische Phantasie 'Mandschoukuo' Für Groβs Orchester und

만주 5족협화 그림
만족(滿族)·한족(漢族)·몽고족·조선족·일본 등 "5족 협화(五族協和)의 왕도낙토(王道樂土)"를 구현하는 건국이념의 상징 그림. 왼쪽 뒤로 만주국 정부청사가 보인다.

Gemischten Chor〉으로 〈큰 관현악과 혼성합창을 위한 교향적 환상곡 '만주'〉로, 줄여서 〈만주환상곡〉이다.

제1악장은 서주로서 축복받은 대지 모습과 폭군으로 짓밟힌 옛 만주가 그 국민들의 구원자인 일본과 함께 평화를 되찾는 모습을 표현했다. 제2악장은 목가로서 만주국 대평원의 평화를, 제3악장은 만주국이 열강들과 협력하여 세계 신질서를 확립하는 모습을, 그리고 마지막 악장은 피날레로서 만주국이 건국10주년을 맞은 환희를 각각 그렸다. 특히 마지막 악장 피날레에서 합창부분의 가사는 에하라 고이치의 작품이었다.

즉, 만주국(1932건국) 국민이 지난 10년동안 건국의 땀을 흘림으로써 5족이 하나의 생각으로 협화하고 통일되어 왕도낙토를 건설하는 기쁨과 그 위용이 세계만방에 널리 빛나고 있으므로 만주와 일본은 대동아건설과 세계 신체제 확립의 목표 속에 한 심장이 되는 것 모두가 영원히 평화를 이룩함이니, 3국동맹의 축인 독일과 이탈리아 모두가 영원한 봄날이 올 수 있도록 힘을 내, 모두가 저 만주평원에 향기로운 꽃이 피는 모습을 지켜보자는 것이 그 내용이다.

이 가사를 가지고 에키타이 안은 피날레 악장을 두 개의 주요 합창작품을 구성하여 극적으로 장식시킨다. 다음 〈악보 3〉와 〈악보 4〉가 그 작품들이다.

이 작품들은 나중에 〈한국환상곡〉으로 알려진 〈교향적 환상곡 '한국'〉에 마지막을 장식하는 세 개의 합창곡 중 〈애국가〉를 제외한 두 개의 합창곡과 똑같이 옮겨지고, 그 가사가 '화려한 강산'과 '무궁화삼천리'로 바뀐다[23]

....

23) 〈악보3〉는 안익태 기념사업회편의 〈교향적 환상곡 '한국'Sinfonie Fantastique 'Korea'〉 중 482마디째의 '화려한 강산' 중 "화려한 강산 한반도 / 나의 사랑 한반도 너희 뿐일세 / 무궁화 삼천리 나의 한반도 / 영광의 태극기 길이 빛나라"로, 〈악보3〉 역시 같은 작품의 529마디째의 '무궁화삼천리' 합창곡에서 "무궁화삼천리 나의 사랑아 / 영광의 태극기 길이 빛나라 / 금수강산 화려한 나의 사랑금수강산"로 그 가사가 바뀐다.
필자가 채보한 〈만주환상곡〉악보는 독일연방문서보관서 산하 영상기록보관소의 동영상물(Festliches Konzert Zur Zehnjährigen Reichsgründungsfeier von Mandschoutikuo, *Symphonische Phantasie 'Mandschoukuo' Für Groβs Orchester Und Gemischten Chor*)에서 채보한 것이다.

인물로 본 한국근현대음악사

Sinfonie Fantastique 'Korea'

교향적 환상곡 '한국'

안익태
(안익태기념사업회편)

(482마디째 '화려한강산 한반도')

Symphonische Phantasie 'Mandschoukuo' Für Großs Orchester Und Gemischten Chor

FESTMUSIK 3

Großes Berliner Rundfunkorchester
Singgemeinschaft R. Lamy
KOICHI EHARA(Chorlied)
EKITAI AHN(1942)
노동은 채보(2006)

〈악보 3〉 〈한국환상곡〉 중 '화려한 강산'과 〈만주환상곡〉 중 '피날레: 축전음악' 중 전체 합창곡

Sinfonie Fantastique 'Korea'
교향적 환상곡 '한국'

안익태
(안익태기념사업회 편)

(529마디 째 '무궁화 삼천리')

무 궁 화 삼 천 리 — 나 의 사 랑 아

영 광 의 태 극 기 길 이 빛 나 라

금 수 강 산 화 려 한 나 의 사 랑

Symphonische Phantasie 'Mandschoukuo' Für Großs Orchester Und Gemischten Chor

FESTMUSIK 2

Großes Berliner Rundfunkorchester
Singgemeinschaft R. Lamy
KOICHI EHARA(Chorlied)
EKITAI AHN(1942)
노동은채보(2006)

Allegro molto Furioso
Full Orch.

Piano

〈악보 4〉 〈한국환상곡〉 중 여성합창부분 '무궁화 삼천리' 와 〈만주환상곡〉 중 '피날레: 축전음악' 중 여성합창부분

드디어 작품〈만주환상곡〉 또는 〈만주축전곡〉이 1942년 9월 18일 베를린 필하모니 연주홀에서, 일본지휘자 에키타이 안Ekitai Ahn의 지휘로 '만주국 창설10주년 기념음악회Festliches Konzert Zur Zehnjährigen Reichsgründungsfeier von Mandschoutikuo'에서 연주되었다. 베토벤의 〈에그몬트 서곡〉과 〈교향곡 제7번〉에 이어 제2부에서 먼저 안익태의 〈에텐라쿠〉 연주에 이어 〈큰 관현악과 혼성합창을 위한 교향적 환상곡 '만주'〉가 초연되었다. 연주단은 독일의 국책 관현악단인 '베를린 대 방송관현악단Groβes Berliner Rundfunkorchester'과 '라미 합창단Singgemeinschaft R. Lamy'이었다.

이미 만주국은 수도 신경에서 1942년 9월 15일 국가봉창단이 부르는

〈만주국가〉(야마다 코오사쿠山田耕筰 작곡)가 반포되는 건국10주년기념 경축 행사를 진행하였고, 3일 뒤 9월 18일 베를린에서 '뤼이원呂宜文' 주독 만주국 공사駐獨滿洲國公使가 주관하는 에키타이 안의 〈에텐라쿠〉와 〈만주환상곡〉이 공연된 것이다. 그는 외교사절 '뤼이원' 공사와 일본, 만주 그리고 독일 등의 외교사절과 나치 간부가 참석한 이 연주회에서 일본천황이 세운 만주 낙토국을 찬양하며 지휘한다.

〈만주환상곡〉을 지휘하는 에키타이 안
1942년 9월 18일 베를린방송관현악단 연주를 지휘하고 있다.

인물로 본 한국근현대음악사

이 연주회가 있었던 7일 뒤인 1942년 9월 21과 22일 양일간 만주국 수도 신경기념공회당에서는 웨이환쌍韋煥章 외교부 대신과 정부요인을 비롯하여 각국 공사와 관동군대표가 참석한 가운데 '만주국건국10주년축전사무국'이 개최한 '일·독·이 경축악곡발표회日獨伊慶祝樂曲發表會'가 개최되어 10주년 봉축교향악단이 본 작품공연에 앞서 해당국가의 작곡자와 공사들이 왕王축전사무국장에게 각각 헌정식을 했다.

그로부터 3달 후인 1943년 1월 28일에는 만주악단협회와 신경음악단이 주최한 '건국10주년경축악곡발표회'(신경기념공회당)에서 〈가고파〉의 작곡가 카나모리 토오찐金森東振(김동진)이 관현악곡 〈만주국건국10주년경축곡〉과 합창곡 〈건국10주년 찬가〉를 발표하여 만주국의 문교부 대신상을 받았다.[24]

에키타이 안은 이 작품 〈만주환상곡〉을 1943년 2월 11일 빈에서 빈 심포니오케스트라 지휘로 다시 연주하였다. 독일협회獨日協會가 주관한 이 연주회에서 에키타이 안은 베토벤의 서곡 〈레오노레〉와 〈교향곡 제7번〉 연주에 이어 이 작품을 지휘하였다.

여전히 논쟁은 계속되고

그러나 에키타이 안의 '영광'은 오래가지 않았다. 1943년 스탈린그라드 전투와 쿠르스크전투, 그리고 1944년 노르망디 전투에서 패배한 이후 나치정권이 붕괴된 것이다. 정세가 바뀌자 그는 독일보다 루마니아 수도 부쿠레슈티와 파리, 그리고 스페인의 바르셀로나 등지에서 산발적인 지휘를 하면서 남쪽으로 피신하였다.

나치내각의 제국음악원 총재를 역임하고 나치스의 요구에 따라 〈황기

....
24) 김동진, 『가고파-김동진 자전에세이』, (성광사, 1982), 292쪽; 김동진, 『한국정신음악 신창악곡집』, (도서출판 주류, 1986), 410쪽.

2600년 봉축곡〉을 작곡한 R. 시트라우스, 그리고 역시 제국음악원 부총재를 역임한 지휘자 빌헬름 푸르트벵글러Wilhelm Furtwängler 등 프로파간다로 역할한 음악가들이 종전 후 나치스 체제의 폐해를 제거할 목표로 한 '비 나치화 재판'에 회부되었다. 그 재판 직전 아돌프 히틀러는 1945년 4월 30일 지하벙커에서 음독 자살했으며, 뒤이어 히틀러의 오른팔 괴벨스가 가족들과 함께 자살했다. 독일은 1945년 5월 8일 무조건 항복을 선언한다. 그 과정에서 에키타이 안은 바르셀로나 쪽으로 피신한다.

1946년 안익태는 스페인에서 결혼했다. 그는 더 이상 일본작곡가 에키타이 안Ekitai Ahn이 아니었다. 그는 한국인 '익태 안Eak Tai Ahn', 또는 Eaktai Ahn, 또는 Ahn, Eaktay이란 이름으로 마요르카 교향악단 상임 지휘를 하면서 활동하였다.

문화포상 받는 안익태
1955년 4월 한국을 떠난 지 25년 만에 이승만 대통령의 특별초청으로 귀국한 안익태가 이 대통령으로부터 한국 최초의 문화포장을 수여받고 있다.

인물로 본 한국근현대음악사

안익태 추모식
1965년 11월 4일 정일권 국무총리가 참석한 가운데 고(故) 안익태 선생 추모식 및 추모음악회가 열렸다.

그는 1955년과 1960년에 이승만대통령이 제80회와 제85회 생일을 맞자 한국을 방문하여 기념음악회를 지휘하였다. 특히 1955년에는 국가의 문화포상을 받았다. 1960년대에 그는 교향시〈논개〉·현악과 가곡〈흰 백합화〉·추도곡〈진혼곡〉등을 작곡하였으며 런던심포니, 도쿄심포니, 런던 뉴필하모니 오케스트라 등을 지휘하였다.

그리고 1962년에 한국을 방문하여 박정희 의장을 예방한 직후에 '대한민국 제1회 국제음악제'를 개최하고 지휘하였다. 이 국제음악제는 1964년 제3회까지 개최되었다. 1965년 9월 16일 그는 스페인 바르셀로나에서 향년 60세로 삶을 마감하였다. 정부는 '대한민국문화훈장'을 추서했으며, 1977년에는 국립묘지에 봉환하였다.

1930년대 중반 독립의 희망을 가지고〈애국가〉를 작곡했다고 하더라도 독일제국에 정착한 이후 그는 일본제국이 세운 만주국의 참사관 에하라 집에 기거하며 만주국과 일본제국의 정책을 찬양하는〈만주환상곡〉

안익태 동상
안익태 기념재단과 한국일보가 추진하여 제작돼 2001년 12월 11일 올림픽공원 평화의 광장 옆쪽에 세워져 있다.

등의 작품을 창작하고 지휘하는 오점을 남겼다. 우리가 계속 그가 작곡한 〈애국가〉를 불러야하는지 의문을 던져야 하는 이유다.

인물로 본 한국근현대음악사

5장

남과 북에 뿌리 내리지 못한
천재음악가

김순남

金順男

김순남은 윤이상에 앞선 세계적인 음악가였다. 그는 한국 최초로 현대창작기법으로 작곡계를 주도하였으며, 〈산유화〉처럼 한국전통음악을 체계화 하여 새로운 정체성을 가진 민족음악으로 발전시켰다.
얼마든지 누릴 수 있었던 음악권력을 모두 내려놓고, 민족문화와 대화하며 한국사회의 해방된 삶을 대변한 시민음악가이자 민족음악가이었다.

1953. 2 모스끄바에서

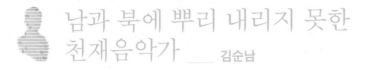

남과 북에 뿌리 내리지 못한 천재음악가 ___ 김순남

비극적이면서 드라마틱한 음악가

김순남金順男.

　'우리가 배워야 할 조선의 음악가'로 러시아 현대 최고의 3대 음악가들이 입을 모아 칭찬한 김순남! 그 3대 음악가가 현대무용 음악 〈스파르타쿠스〉를 작곡한 하차투리안(1903~1978)과 쇼스타코비치(1906~1953) 그리고 프로코피에프(1891~1953)였으니 그만큼이나 돋보이는 평가다.

　김순남은 가히 윤이상에 앞서 세계적인 음악가였다. 이건우, 윤이상, 나운영, 백남준을 비롯하여 강석희 세대, 그리고 북한의 창작가 한시형 같은, 나라 안팎에서 손꼽을 만한 음악가와 예술가 모두가 그의 영향권에서 오늘을 이룩할 수 있었다. 최근에는 독일의 음악 사전 엠게게MGG에 그를 소개하고 있을 정도로 나라 밖에서도 좋은 평가를 받고 있다.

　이러한 평가는 남쪽에서 좌파 음악가로 매도되고, 북쪽에서 부르주아 음악가이자 모더니즘 음악가로 비판받는 기반 위에서 이루어진 평가다.

러시아의 3대 현대음악가 - 왼쪽부터 프로코피에프·쇼스타코비치·하차투리안 (1940년대)

곧, 남북 현장에서 통한의 삶을 살아간 그 희생의 비극적 기반 위 평가여서 우리들을 더욱 아프게 한다. 그만큼이나 김순남은 비극적이면서 드라마틱한 한반도의 음악가이다.

그는 한국 최초로 현대창작기법으로 작곡계를 주도하였으며, 〈산유화〉처럼 한국전통음과 대화하고 새로운 정체성을 가진 민족음악을 발전시켰고, 얼마든지 누릴 수 있었던 음악권력을 모두 내려놓고, 민족문화와 대화하며 한국사회의 해방된 삶을 대변한 시민음악가이자 민족음악가였다.

"음악은 조선 사람을 위하여"

김순남은 일제가 무단武斷정치로 강점하고 있었던 1917년 5월 28일 서울 낙원동에서 태어났다. 삼화화장품 상회를 운영하던 아버지 김종식과 숙명고녀를 졸업하고 덕수보통학교 교사이던 이보경이 어머니다. 그는 경성 교동공립보통학교 재학기간 음악선생한테서 "음악은 조선 사람을 위

경성사범학교 시절 김순남

하여, 그리고 세상 사람들을 위하여 있는 것"임을 가슴 속에 새기고, 이후 삶의 길잡이로서 일평생의 지침으로 삼을 정도로 큰 영향을 받았다.

그가 교동을 졸업하는 해(1931)에 명문으로 통하던 경성제1고등보통학교(현 경기중학)와 경성사범학교(현 서울대학교 사범대학) 두 군데에 합격하자 교장선생이 그를 업고 운동장을 돌았다는 일화가 전해진다. 그는 전국의 수재들이 모이는 일본인 중심의 경성사범학교로 진학한다.

경성사범학교(이후 경사)에 진학한 그는 피아노 연주, 테너 독창, 작곡, 경사취주악대 악장, 음악부장 등으로, 벌써 예비 음악가로 활동하였다. 재학기간 동안 첫 창작품 〈자장가〉를 남겼다. 또 경사 교내 작곡공모에

인물로 본 한국근현대음악사

서 그가 작곡한 〈경사요가〉(경성사범학교 기숙사가)가 1등으로 뽑혔다. 무엇보다도 그는 경사시절 평생에 잊지 못할 박두봉 선생을 만나 민족과 사회현실에 눈뜨는 깊은 영향을 받았다.

그는 1938년 4월 '도쿄고등음악학원' 본과 작곡부에 입학한다. 이곳에서 김순남은 세 가지 사건을 겪는다. 은사인 작곡 지도교수와의 만남, 김순남의 작품을 일본 창작계가 선정한 일, 2년 후인 1937년에 도쿄제국음악학교로 학교를 옮긴 일이 그것이다. 김순남은 이 학교에서 작곡교수 하라 타로오原太郎와 음악평론가 야마네 긴지山根銀二를 만났다. 그의 스승 하라 타로오와의 관계는 사제지간의 관계에만 머무르지 않았다. "음악이 대중을 대변하고 그들에게 이바지"하는 음악의 존재성과 사회적 역할에 대한 깊은 영향을 받고 스승을 깊이 존경하였다.

김순남은 물론 하라나 야마네만 만난 것이 아니었다. 대부분의 일본 작곡가들을 만나게 된다. 처음 토오쿄오에 진출했을 때 베를린국립고등음악학교에서 힌데미트한테 작곡지도를 받고 이후 도쿄음악학교 작곡교수이던 시모후사 칸이치下總皖一(1898~1962)한테 작곡 공부를 하였다. 그리고 하라 선생이던 모로이 사부로오諸井三郎(1903~1977) 등과도 만나고 있었다. 일본은 1920년대 전반기에 베를린과 파리에서 지휘와 작곡으로 유학한 코노에 히데마로近衛秀麿가 일본 아악곡인 〈에텐라쿠越天楽〉를 관현악으로 편곡한 작품(1935 출판)이 일본 창작의 정체성과 새로운 방향으로 영향을 미치고 있었다.

일본현대작곡가연맹은 기존의 '대일본작곡가협회'와 달리 1930년에 키요세 야스지清瀬保二(1900~1981) 중심으로 서양의 근현대음악과 일본 전통음악인 호오가쿠邦楽가 융합된 일본적 음악언어를 이디엄으로 모색하고 있었다. 1940년 김순남은 또한 자작품 〈피아노 소나타 제1번〉이 일본현대작곡가연맹에 의하여 선정되어 일본음악인들과 함께 현대적 기법의 창작발표를 하였다.

그러나 김순남은 2년 후 그의 지도선생이 그만 둔데다 자신이 동맹파
업을 주도한 사건과 겹쳐 1940년 4월 도쿄제국음악학교 3학년으로 전학
하였다. 앞서 일본현대작곡가연맹이 선정한 그의 작품이 전학 직후 5월
24일 도쿄의 메이지明治생명홀에서 신진피아니스트 와다나베 마사미渡
邊正己의 연주로 초연되었다. 그는 이곳 일본현대작곡가연맹의 회원으로
활동하고 있었다.

결혼식. 김순남은 1944년 10월 17일 문세랑과 결혼했다.

김순남은 1942년 3월 도쿄제국음악학교를 졸업하자 5년째의 일본생활
을 마치고 바로 한국으로 돌아왔다. 이 때는 이미 일본이 대미선전포고와
함께 태평양전쟁을 일으켰고 미군의 B29가 도쿄 상공에 폭탄을 퍼부어
정국이 불안한 상황이었다. 1942년 이후로 이건우·정종길·한평숙·이인
형·박용구 등 많은 일본유학생들이 귀국 러시를 이루었다. 한국 역시 고
이소小磯 조선총독이 병참기지화와 황민화 정책을 막바지로 수행하고 있
던 전시 정국이었기 때문에 불안하기는 마찬가지이었다.

김순남은 1942년 봄 귀국 직후에 경성여자의학전문학교 음악강사로 지내면서 새로운 방향을 모색한다. 전 서울음악가들을 규합한 성연회聲研會를 지하단체로 조직하고, 신막·강장일·이범준 등과 함께 해방을 준비하고 있었던 것이다.

28살 되던 1944년은 그에게 각별한 해였다. 우선 10월 17일에 윤기선 (피아노)·정희석(바이올린)·이강렬(첼로)로 조직한 경성3중주단의 축하연주 속에서 숙명고녀 출신으로 초등학교 교사이었던 문세랑文世娘과 결혼한다. 그리고 12월 17일에 '제1회 김순남작곡발표회'를 가졌다. 특히 이 작곡발표회는 한국양악사에서 한 획을 긋는 창작발표회였다. 조성에서 벗어나 표현적인 현대기법으로 작품을 발표하였기 때문이다.

기능화성법에 의한 조성음악을 벗어나 세계 현대음악의 흐름을 함께

첫 작곡발표회
1944년 서울에 있는 부민회관(지금의 서울시 의회 자리)에서 김순남이 첫 작곡발표회를 가진 후 기념촬영을 했다. 국내 최초로 현대음악을 발표한 김순남이 피아노 의자에 앉아 있다. (앞열 왼쪽부터 피아노 신재덕·소프라노 박현숙·바이올린 박인종·바이올린 이영세·정희석·피아노 윤기선(뒤)·어머니 이보경·첼로 이강렬 그리고 피아노 의자에 걸터 앉은 김순남)

하는 기법에 의한 작품들로 구성되어서 한국양악사에 첫 현대작곡발표
회가 되었다. 때로는 복조성으로, 때로는 선법적으로, 때로는 조성과 무
조성으로, 장단조를 피하기 위하여 의도적으로 4도 화성이나 부가화음
을 사용하는 것, 그리고 민족적 어법들이 그 기법이다. 성악곡으로 〈상
열〉(오장환 시)·〈철공소〉(김북원 시)·〈탱자〉(박노춘 시)와 기악곡으로 〈피아노
트리오〉, 〈피아노소나타 제2번〉, 〈민요풍 기악곡〉 등이 그 작품들이다.

그에게 이러한 가곡과 기악곡의 발표는 일본의 전쟁말기에 '군가'나 '일
본국민가요운동'에서 이탈할 수 있었던 방법이었다. 또 식민지 시대의 울
분을 창작으로 표현할 수 있었기에 가능했던 발표회였다. 그러기에 김순남
은 이 시기 교직생활을 통하여 오히려 부단히 창작에 몰입할 수 있었다.

당대 정상급 음악가로 부각된 신재덕·박현숙·이영세·윤기선·이강
렬·박민종·정희석 등이 출연한 '김순남 작곡발표회'의 작품들은 평론

가 박용구가 평가하듯 "양악이 수입된 지 반세기는 되었으나 작곡다운 연주회란 처음 되는 것"으로, 김순남을 한국창작 역사에 분수령으로 주목받게 하였다.

1945년에 김순남은 경성합창단을 지휘하거나 창작에 전념하였다. 8월 10일 김순남은 해방을 준비하는 〈자유의 노래〉를 작곡하였다. 이 노래는 '자유의 깃발을 들고 앞으로 나가자'라는 주제의 선명성과 'a+b+a'로 대비성과 통일감을 주는 형식감, 그리고 '창부타령조 경토리'g, a, c´, d´, e´음계 선율과 '에헤야~'라며 노를 젓는 뱃노래풍의 장단감과 선율감 등이 음악구조 적인 특징을 이룬 노래이다. 이후 해방공간에서 모든 사람들에게 불타오르는 해방과 민족의 노래로 불린 '해방가요' 등과 같이 민족음악으로서 자기 언어화가 바로 이 노래에서 나왔다.

자주적 민족음악 건설의 선두에 서다

마침내 일본제국주의시대의 악몽이 걷히는 해방이 되었다. 한국 음악사에서 해방공간 3년은 남에 미군정과 북에 소군정이 통치하는 3년 시기이지만, 이전의 일제강점기나 이후의 시기(1948.8.15~1950.6.25)보다 희망과 좌절이 격동적으로 전개된 시기였다. 동시에 한국음악사에서 가장 열정적인 작품창작시대이기도 하다. 일제잔재를 청산하고 민족문화를 수립하는 과제, 그리고 분단을 막고 자주적인 통일문화를 수립하려는 민족음악 건설 과제는 창작으로써도 실현할 수 있던 희망이었다.

이 시기는 우리의 독립의지와 민족음악건설 실천이 미국과 소련에 의해 국토분단을 초래한 38도선 군사분계선이 그어지고 남북의 미군과 소련군에 의한 통치하에서 부딪히는 시기였다. 특히 소련의 팽창정책과 맞물려 1947년 3월 미국의 대외정책원칙인 트루만 독트린Truman Doctrine이 대소봉쇄정책으로 이어지면서 미소간의 국제적 냉전이 한반도에서 밀려오고 있었다.

〈악보 1〉〈자유의 노래〉

김순남은 이 시기에 일제잔재를 청산하고 단절된 민족전통을 되찾는, 그리고 분열을 막고 통일된 조국을 만들려는 민족과 해방의 음악, 그 민족음악 수립과제에 선두에 서서 자신을 불태웠다.

해방이 되자 준비된 그의 작품〈자유의 노래〉가 축하행진 속에서 많은 사람들에게 불린다. 그는 먼저 조선음악건설본부의 작곡부 위원→조선프롤레타리아음악동맹 작곡부장→조선음악가동맹 작곡부장으로 활동하면서 열정적으로 노래를 창작하여 민족의 가슴을 타오르게 하였다. 1946년 말까지 약 50여곡이 창작되었고, 모든 노래에 피아노반주를 붙인 작품들이었다. 이 노래들이 국내외에 널리 불렸다.

〈해방의 노래〉(임화 시)·〈독립의 아침〉(이주홍 시)·〈건국행진곡〉(김태오 시)·〈우리의 노래〉(이동규 시) 등이 그 작품들이다. 이 노래들은 선율만 붙인 단순한 노래가 아니다.

하나같이 피아노 반주가 따르고 새로운 민족의 노래를 건설하려는 내용이었으므로 민족전통의 색채가 강할 뿐만 아니라, 대부분의 해방공간

1946년 서울에서 동료들과 함께 한 김순남

의 문사로 통한 문학인들, 특히 임화의 시에다 창작한 작품들이다. 뭇 사람들이 "문학에 임화, 음악에 김순남"으로 부르는데 서슴없을 정도로 막역했지만, 둘 다 예술적으로 서로 존중한 사이였다.

　김순남은 노래뿐만 아니라 가곡과 기악작품, 그리고 연극 음악에도 열정적으로 창작발표하고, 음악비평 활동까지 전방위적으로 전개하였다. 1946년 8월 직전에 20일 만에 〈제1교향곡 C장조〉을 완성하였다. 그리고 민족음악 반열에 우뚝 솟게 한 가곡 〈산유화〉와 그 밖의 〈초혼〉을 묶어 가곡집『산유화』를 발행(1947)하였다. 그는 1946년과 1947년 8월 사이 또 다른 교향시적인 작품 〈태양 없는 땅〉을 설정식 시에다 작곡하였고, 소관현악과 바리톤을 위한 연가곡 〈망명〉(임화 시), 그리고 〈피아노협주곡 제1번 D장조〉들을 작곡하였다. 1948년에는 그가 작시한 〈자장가 1〉·〈자장가 2〉와 〈자장가 3〉(박찬모 시)·〈탱자〉(박노춘 시)·〈상열〉(오장환 시)·〈철공소〉(김북원 시)·〈양〉(오장환 시)·〈진달래꽃〉(김소월) 등의 작품을 묶어 두 번째 가곡집

김순남작곡집 「자장가」와 「산유화」

인 『자장가』를 출간하였다.

가곡 〈산유화〉를 두고 평론가 박용구는 "국제적 수준의 작품"으로 평가하였다. 〈피아노협주곡〉 등 그의 작품을 두고 줄리아드 음악학교 출신으로서 미군정청 문교부 문화담당 참사관으로 근무하고 있었던 헤이모위츠Ely Haimowitz는 "조선에서 가장 위대한 작곡가"이자 "진정한 창조적 천재"로 평가하였으며, 그의 작품을 작곡가 월터 피스톤, 지휘자 크세비츠키 등의 미국 음악계에 소개하여 유학을 주선하였다.

이 〈피아노협주곡 D장조〉는 헤이모위츠에게 헌정된 작품으로 2악장에서 멈춘 미완성 작품이고, 또한 독주 피아노 파트와 오케스트라용 피아노로 된 피아노스코어여서 악기명들을 구체적으로 명시하고 있지만 관현악총보는 아니다.

그러나 김순남 어법이랄 수 있는 굿거리풍의 장단으로 된 주요 주제가 이 작품의 전체를 일관하고 있는데, 그 주제는 민족이었다.

선율과 리듬의 흐름으로 주요 주제는 굿거리장단인 8분의 12박자 흐름과 같다.

♩♪♪ ♩♪♪ ♩ ♩ ;이 리듬꼴에 4도와 2도의 구성과 ♩ ♩ ;의 아래 성부가 ♩ ♪♪ ♪로 계속 연결고리를 이어가는 음복합체로 주요 주제이다.

한편, 김순남은 작곡창작만 하지 않았다. 음악비평 활동도 하고, 민족음악과 통일조국을 건설하기 위하여 노동자 편에 서기도 하고, 미군정과 수도경찰청을 방문하여 항의하기도 하였다. 「음악」, 「조선작곡계의 신발족」, 「악단회고기」, 「음악의 진실성」 등의 비평문을 발표하였고, 때로는 경사 동창생이자 시인이었던 최석두崔石斗의 시집 『새벽길』(조선사, 1948)에 발문을 쓰기도 하였다. 「악단회고기」(월간 『백제』 1947년 2월호)에서 그는 "민족적 양심에 바탕을 둔 자기반성과 진실한 비판, 과학적인 판단을 통하여 창작과 연주활동을 전개하여야 참다운 민족음악을 수행"할

수 있으며, 음악의 정치성을 주장하는 계급이론에 대해서도 "음악의 독
자성과 전문성"을 무시하는 태도로 비판하였다.

그리고 이를 역선전하는 정치적인 우익 음악인들 역시 "매우 깊이 반
성"해야함을 촉구하였다. 이러한 그의 열정적인 창작활동과 문필, 그리
고 문화예술운동은 민족음악을 건설해야한다는 과제풀이의 결과이기도
하지만, 동시에 그를 두고 "정치에 치우친다는 반동적인 비판"에 대한
대답이기도 하였다. 김순남은 자신에 대한 비판에 반비판하며, 오히려
조국의 참된 자유를 위하여 쓰러지고 굶주림으로 방황하는 민중의 삶,
그 현실의 진실 속에서 파토스를 불태우며 열정적으로 창작해갔다.

그는 오선지와 연필을 언제나 가지고 다녔다. 떠오르는 악상을 스케
치하기 위해서였다. 그는 자기 주관적이지 않고 현실의 삶 속에 있기 위
하여 스케치한 테마들을 끊임없이 자기비판하며 구상하였다. 그리고 그
모티브를 피아노로 또는 집중적인 묵상 속에서 발전시키고, 작품 전체의
구도가 끝나면 비로소 붓을 드는 창작태도를 가졌다. 그러기에 붓을 들

1947년 동료 음악가들과 함께
왼쪽부터 윤기선(피아노), 박은용(성악), 김순남, 이인선(성악), 박용구(평론), 채정근(고려고향악단 총무), 임원식(지휘)

　　　　　　　　　　　　　　인물로 본 한국근현대음악사

어 집필하는 순간에는 작품이 이미 완성되어 있었다.

그러나 김순남은 해방공간에서 순탄할 수가 없었다. 혼란한 정치 상황도 작용했고, 일제하에서도 민족현실을 외면하고, 해방된 조국에서도 민족현실을 외면한 채 '음악지상주의'를 내세우며 뒤로는 정치적 활동을 전개하던 당시의 친일음악인들을 그가 비판했기 때문이기도 했다. 특히 친일음악인들은 김순남을 빨갱이로 몰면서 온갖 방해공작을 하였다. 좌익으로 몰린 김순남은 1947년 여름 이후 수도경찰청장의 체포령과 함께 활동이 전면에서 중지되고 지하생활이 시작되었다. 1년 동안 도피생활을 할 수밖에 없었던 김순남은 결단을 내려야 했다. 그는 한반도에서 선택적인 삶의 요구를 물리칠 수가 없었다. 1948년 7월 말 김순남은 월북한다.

평양 모스크바 신포로 이어지는 격정의 시대

남과 북의 완전한 분단이 코앞에 닥친 1948년 7월 김순남은 월북을 단행한다. 북녘이 처음엔 열광적인 환영과 명예를 그에게 안겨 주었다. "남조선에서 가장 유명한 음악선생"이 왔다면서. 초기에는 해주음악전문학교 작곡교수로 있으면서 해주에서 열린 '남조선인민대표자회의'에서 대의원으로 선출되었고, 이어서 8월 말에 최고인민회의 대의원으로도 선출되었으며, 조선민주주의 인민공화국 헌법위원회 위원으로 활동했다. 이어 조선역사연구보존위원회 위원, 평양 국립음악학교(현 김원균명칭 음악종합대학) 작곡학부 학부장, 조선음악동맹 부위원장이자 중앙상임위원 등 음악가로서 북한 최고의 서열에 올랐다.

김순남의 월북과 최정상의 반열에 올랐다는 소식이 공식으로 확인되자 남녘에선 김순남 비판을 서둘렀다. 1949년 12월 3일 서울 시민관에서 열린 민족정신앙양종합예술제에서 북조선음악동맹과 김순남을 공개 비판하였다.

김순남의 작품활동을 보여주는 공연포스터들

마침내 미소 냉전체제가 한반도에서 전쟁으로 치닫는 6·25전쟁으로 이어지고, 동족상잔이라는 엄청난 비극이 일어났다. 김순남의 어머니 이보경 여사는 6·25직후 총살당하였다. 그는 이미 "잘 자거라 나의 아기야 / 산새도 잠든 이 깊은 겨울밤 / 눈보라 몰아쳐도 우리 아긴 빵긋 웃지"라는 자작시 〈자장가 4〉와 "입술을 깨물고 고난을 이겨 아들의 올 날을 기다리신 어머니"라는 〈고향의 어머니〉(정서촌 시)를 발표하였다. 어머니의 죽음과 총살 소식으로 김순남은 피눈물을 흘렸다. 〈자장가 3〉에서 "네 얼굴 꽃이 되어 들에 퍼지네'를 노래하며 떠올렸던 어머니는 죽임을 당했다. 그가 경성사범학교 시절 맨 처음 작곡한 작품도 〈자장가〉였다. 그는 이처럼 자장가에 집착하고 있었다. 어머니, 그 어머니는 그이에게 영혼이자 조국이었으며, 모국어이자 민족이었다.

1952년까지 그는 〈인민유격대의 노래〉, 〈조선 빨치산의 노래〉, 〈추도가〉, 〈맹세〉, 〈복구대의 노래〉, 〈씨뿌리는 노래〉, 〈총을 메고 나가자〉 등 정치색이 강한 노래들과 오라토리오 〈승리의 오라토리오〉, 가극 〈인민 유격대〉(전4막, 1949년 8월 평양국립예술극장 초연), 교향악 〈영웅 김창걸의 서곡-진격〉 등을 창작 발표했다.

1952년 여름, 김순남이 그리던 모스크바 유학이 이루어졌다. 1949년

9월 모스크바 방문에 이어 두 번째 방문이지만 이번엔 소련연방작곡가동맹의 추천으로 '차이코프스키 음악원' 이론작곡학부 연구생으로 입학하였다. 이미 김순남의 작품을 검토한 쇼스타코비치와 하차투리안 등이 소속된 작곡가연맹은 "우리들이 배워야 할 것을 갖고 있는 음악가"로 평가하고 유학 결정서를 북녘 당국에 보낸 바 있다.

서울에서 헤이모위츠의 미국 유학 주선도 뿌리친 그였지만, 소련의 작곡가동맹, 특히 쇼스타코비치와 하차투리안 같은 소련 창작계의 거목을 만날 수 있는 기회는 그의 오랜 바람이었다. 36살이었던 그에게 50살이던 하차투리안이 작곡 담당 교수였다. 김순남의 작품 〈빨치산의 노래〉를 유학 직전인 1951년 말에 하차투리안이 새롭게 화성화시키고 반주를 붙여 〈조선파르티잔의 노래〉란 이름으로 발표하였다. 하차투리안 자신의 작곡집에도 게재한 직후였다. 그는 여기에서 〈오보에 독주곡 제1번〉을 비롯하여 상당수의 노래곡과 기악곡을 창작하여 폭넓은 활동을 펼쳤다.

그러나 그에게는 또 다른 운명이 기다리고 있었다. 1953년 북녘 당국의 소환장이 전달된 것이다. 그에게 날아든 소환장은 북녘의 기다림이 아니었다. 평양에 귀환한 김순남은 뜻밖의 사태에 당황하였다. 1952년 말부터 월북한 남조선노동당(남로당)계 인사들에 대해 비판의 칼날을 들이대긴 시작한 조선노동당은 다음 해 박헌영, 이승엽 등 주요 간부들을 '미제의 간첩과 반혁명전복기도' 혐의로 체포하였다.

그와 오랜 친분을 유지한 문화예술계의 임화, 이원조, 설정식 등도 체포되었다. 남쪽 출신 대부분의 간부들이 '당성 검토'를 받아야 했다. 김순남도 예외가 아니었다. 김순남 역시 "조선 음악의 당성, 노동계급성, 인민성을 고수하고 적대적 문예 사상을 반대하여 투쟁하는 대신에 자연주의와 형식주의 등 부르주아 문학 예술의 낡은 사상의 음악가"로 비판받았다. 자연히 김순남의 모든 공직이 박탈되었으며, 그에게는 사형선고나 다름없는 '창작 권리가 박탈'되었다. 창작할 수 없는 김순남은 음악가로서 식물인간이었다.

1953년 소환 이후 '반당적, 반인민적 음악가이자 부르주아 음악가'로 계속 비판을 받은 김순남은 1960년대 초반 함경남도 신포시新浦市로 쫓겨났다. 신포시는 북청사자놀이로 유명한 북청과 함흥 사이에 있는 항구도시이다. 그는 이곳의 신포기업소 내 일용품직장에서 주물공장의 노동자로 전락하였다.

1960년대 중반 직전에 김순남에게 다시 한 번 기회가 주어졌다. 창작 활동이 다시 가능해 진 것이다. 노래 〈돌아라 사랑하는 기대야〉와 「현실 속에서 배운 것」이라는 자기 비판 글을 1964년 『조선음악』에 발표한 직후였다. 그는 또한 민요 발굴 사업에 나서서 〈김매는 소리〉, 〈나무베는 소리〉, 〈망치질 소리〉, 〈베틀소리〉, 〈배를 무어낼 때 소리〉 등 11곡을 채보하여 『조선민요곡집』3집에 발표하였다.

그가 48세가 되는 1964년부터 50세가 되는 1966년 사이에 관현악과 합창 〈남녘의 원한을 잊지 말아라〉(1965년작)와 바이올린 독주곡 〈이른 봄〉(1966년 발표) 같은 곡을 발표하여 "우수한 작품"으로 평가받으면서 불사조의 음악가로 복귀하였다.

그러나 돌이킬 수 없는 전염성 폐병으로 이후 함경남도 신포新浦와 이원利原 그리고 단천端川을 떠도는 투병 생활이 시작되었다. 돌아갈 수 없는 고향, 죽음이 깊게 드리워진 현실에서 그는 무엇을 생각하였을까? 그는 통한의 삶을 그리며 동해의 푸른 바다를 바라보며 십몇 년의 투병 세월을 보냈다. 그리고 1983년쯤에 이승의 삶을 마감했다. 향년 예순 일곱이었다.

음악으로 시대적 과제에 맞섰던 일생

한국 음악사에서 희망과 좌절이 동시에 격동적으로 전개된 해방공간 3년 동안 김순남은 가장 열정적으로 작품을 창작했다. 일제잔재를 청산하고 민족문화를 수립하는 과제, 그리고 분단을 막고 자주적인 통일문화를 수립하려는 시대적 과제를 해결하려는 움직임의 선두에 그는 항상 서 있었다.

해방공간의 성격을 인식하고 있던 김순남은 일제잔재청산과 통일수립의 음악 정체성을 온 몸으로 실천한다. 음악이 민족·사상·현실·민중과 함께 해야한다는 그의 음악 정체성은 해방공간에서 민족음악으로 정점에 이른다.

음악구조에서도 민족의 음계·장단·언어를 고심하고, 국악과 양악, 전통과 신

1947년 6~7월 동국대학 하계 예술강좌 시간표
김순남은 평론가 김영석, 시인 김기림, 미술가 오지호 등 당대의 쟁쟁한 학자들과 함께 강사로 나섰다.

통新統간 지평융합을 이룬다. 김순남의 음악언어는 신분성을 갖는 정체성으로서 언어이자, 민족정체성으로서 민족음악 언어이기도 했다. 그는 북한으로 간 후 정치적 격동 속에서도 마지막까지 창작의 불꽃을 태웠다.

그가 살아간 시기는 한국 양악이 신분성·정체성을 본격적으로 확립한 시기이자, 양악과 국악이 한 지평에서 대화하고 표현하는 민족음악으로 태어난 때였다. 이것의 한 축이 김순남으로부터 비롯된다. 그가 냉전 이데올로기로 남북에서 희생당했을지라도 모든 이익과 권세를 포기하

고 사람과 민족인으로 살아간 그였기에, 고난의 삶을 살았을지라도 도리
어 한국인과 민족을 위대하게 하였다.

그가 태어난 지 100주년이 된 지금, 현재는 물론 통일 후에도 풀어야
할 과제를 그는 앞당겨 보여주었다.

그는 노래한다. 〈자장가〉에서. "네 얼굴 달빛 되어 방에 어리네 / 네 얼
굴 꽃이 되어 들에 퍼지네 / 새나라 우리나라 샛별이어라~"

6장

고향을 떠올리며 '동백꽃'을
노래한 월북음악가

이건우

李 健 雨

죽기 세 달 전에 발행된 작곡집 『동백꽃』에서 이건우는 6·25전쟁과 함께 헤어진 자식들을 애타게 그리워하는 매우 이례적인 경력서를 썼다. 그래서 그를 동백꽃을 노래한 음악가라고 하는지도 모르겠다. 그가 나이 오십대에 이르러서야 고향이 비로소 보인 것은 아니었다. 무엇이 그를 오십대에 이르도록 고향의 동백꽃을 그리워하게 했을까? 아마도 그가 겪어온 길이 그만큼이나 절실하고 뭉클하게 살아온 삶이었을 것이다.

고향을 떠올리며 '동백꽃'을 노래한 월북음악가 ___ 이건우

'동백꽃'을 사무치게 노래한 음악인

'동백꽃'을 사무치게 노래하는 음악인이 있었다. 처음 성장기에는 몰랐다가 50대가 다 되어서야 고향에 이르며 어린 시절 자신의 삶과 부모, 그리고 민족을 모두 동백꽃으로 상징한 음악인이 있으니, 바로 작곡가 이건우李建雨이다. 가곡 작품 〈동백꽃〉에서 그는 마을 뒷산에 핀 동백꽃이야말로 붉게 타는 내 마음의 꽃이고 내 어머니 사시는 고향의 꽃이어서 이제는 그리운 마음의 향기되어 풍긴다며 동백꽃을 그리워하며 노래한다.

그 뿐 아니다. 이건우가 죽기 석달 전에 발행된 작곡집 『동백꽃』에서 그는 6·25전쟁과 함께 헤어진 자식들을 애타게 그리워하는 매우 이례적인 경력서를 쓰기도 한다.

이건우가 나이 50대에 이르러 비로소 고향을 떠올린 것은 아니었다. 무엇이 그를 오십대에 이르도록 고향의 동백꽃을 그리워하게했을까? 아마도 그가 겪어온 길이 그만큼이나 절실하고 뭉클하게 살아온 삶이었을 것이다.

인물로 본 한국근현대음악사

이건우가 살아온 동시대의 한반도는 분단으로 월남·월북의 삶을 겪어온 모습일 것이다. 그는 일제강점기 시대에 강원도 호산리에서 태어나 춘천고등보통학교를 졸업하고 일본 도쿄에서 작곡 콩쿠르에 두 번이나 입상하고 일본고등음악학교를 졸업하였다. 그는 해방직후 작곡가로서 조선음악가동맹 중앙집행위원과 조선문학예술총동맹 서울지부 서기장을 지내다가 구금생활을 하였고, 6·25전쟁 때 월북하여 조선음악가동맹 창작실 작곡가와 윤이상음악연구소 명예연구사로 활동하다가 1998년 향년 90세로 사망했다.

호산리·춘천·도쿄東京 수학 시기

이건우는 3·1운동이 일어난 해인 1919년 8월 21일 강원도 삼척군 원덕면 호산리에서 태어났다. 덕홍보통학교 졸업대장에는 그의 출생연도가 현재 알려진 1919년보다 2년 앞선 1917년 6월 13일 생으로 기록돼 있다. 현재 그의 고향은 강원도의 호산해수욕장으로 알려지기 시작한 곳으로 삼척시 원덕읍 호산리이다. 호산리는 원덕면의 면사무소가 있는 곳으로 이 지역은 강원도 최남단의 동해안 연안 지역으로 경북 울진군과 맞닿은 지역이다.

또한 호산리는 바다와 근접해 있고 우액산 용추에서 발원하여 해망산 밑을 지나 바다로 흘러들어가는 연장 28㎞의 마천麻川이 관통하고 있는 곳이다. 하천유역에는 낮은 구릉지가 형성되어 있으며 하류 남단에는 약간의 충적지가 발달되어 있다.

이곳은 삼척에서도 8~90리가 떨어진데다 험준한 고개를 넘어야 했기에 주로 해로를 이용하여 물산이 유통되었다. 삼척도 1916년에 들어서야 2등급 신작로가 개설된 곳이고, 이곳 원덕면 호산리는 삼척보다 더 외떨어진 곳이긴 해도, 수산물 중심의 어항지로 활기가 있던 곳이다.

이건우의 부친 이완영李完榮은 이곳에서 농사를 짓고 있었다. 이건우의 사촌들이 삼척에서 양조장을 운영하는 것과는 비교과 될 정도로 넉

넉한 가정이 아니었다.

서울에서 거의 500여 리나 떨어진 곳, 해망산을 뒤로 하고 동해의 푸른 바다와 맞닿은 백사장 이곳저곳에 동백꽃이 앞 다투어 피는 이곳 호산리에서 이건우는 섭조개를 따 숯불에 구워 먹으며 성장했다.[25] 그리고 동네의 서당에 다니면서 한문을 익혔다.

이건우는 보통학교 입학 나이로는 조금 늦은 9살 되던 해에 보통학교에 입학한다. 1921년 호산리에 보통학교로는 유일하게 설립된 덕흥보통학교德興普通學校에 1927년 4월에 입학한 것이다.[26]

6년간의 보통학교 재학시절 이건우가 수신·국어(일본어)·조선어·산

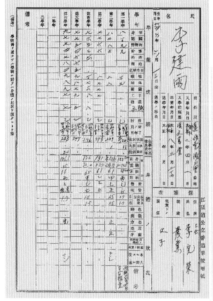
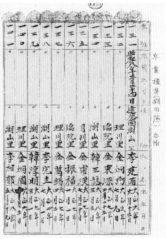

이건우의 보통학교 학적부

········

25) 「작곡가 리건우와 가요 〈동백꽃〉에 깃든 사연」, 『음악연구』 제1호, 루계 4(평양:윤이상음악연구소, 1990), 72쪽 참고.
26) 덕흥보통학교는 1938년에 호산심상소학교(湖山尋常小學校)로 개명하였고, 1941년 호산국민학교로 개명, 1996년에 호산초등학교로 다시 개명하여 오늘에 이르렀다.

술·이과·일본역사·창가·체육·도화·조행 등의 교과목에서 가장 좋은 성적을 거둔 교과는 '창가'였다. 10점 만점에 전 학년 평균 9점 이상을 받았다. 어려서부터 음악가가 될 꿈을 꾸고 있었던 것일까?

그는 15살 되던 1933년 3월에 덕흥공립보통학교 6년 과정을 졸업하였다. 이건우는 상급학교 진학을 고향에서 276km나 떨어진 강원도 행정 중심지 춘천으로 정하였다. 그는 보통학교를 졸업하던 해인 1933년 4월에 춘천고등보통학교에 입학한다.[27] 입학 때부터 그는 상급학교 진출을 장래희망으로 밝혔다. 그는 재학기간에 음악 교유敎諭인 후지이 토시하루藤井俊治한테 깊은 영향을 받는다. 스스로 "시간장소 가리지 않고 모든 정열을 다하였다" 라고 밝힐 정도였다.[28]

그는 춘천고보 1학년 재학 때부터 '음악' 교과에 두각을 나타낸다. 졸

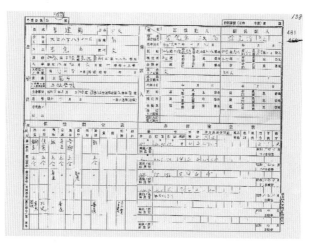

이건우의 춘천고보 학적부

········
27) 이 학교는 1924년에 설립인가되고 1925년에 춘천공립고등보통학교가 되었다. 이건우가 졸업하는 직후인 1938년 4월에 4년제 '춘천공립중학교'로 개칭하여 현재의 춘천고등학교가 되었다.
28) 「작곡가 리건우와 가요 〈동백꽃〉에 깃든 사연」, 『음악연구』제1호, 루계4(평양:윤이상음악연구소, 1990), 76~77쪽.

업 직전까지 인물사정 사항에서 그의 학적부에는 성질은 온순하고 과묵하면서도 취미와 장점 사항에는 '음악', 특히 바이올린에 두드러지게 소질을 보였다고 기록되어 있다. 이처럼 이건우에게 바이올린은 작품의 선율화와 기악화 양식에 크게 영향을 미치는 악기였다. 그는 1938년 3월 춘천고등보통학교 제10회 졸업생이 되었다.

그는 졸업하자 바로 일본의 '도쿄고등음악학원(현 국립음악대학)'에 입학했다. 그러나 이건우는 1년 뒤인 1939년 4월에 '일본제국고등음악학교'로 전학하여 바이올린과에 적을 두고 작곡 공부를 했다. 이 학교 재학 중인 1940년 11월, '제9회 일본음악콩쿠르' 실내악 종목에 〈바이올린 조곡〉 작품이 3등으로 입상되어 주목을 받는다. 이 콩쿠르에서 조선인으로 입상한 음악가는 이건우를 포함해 3인이었다. 나머지는 성악종목에 2등으로 입상한 베이스 남궁요설南宮堯卨, 그리고 작곡의 관현악 종목에 입상한 또 다른 작곡가 임동혁任東爀이었다. 특히 "두 젊은 작곡가의 역작도 다 호평"을 받을 정도로 주목받은 그 콩쿠르에서 한국인들은 점차 입상 러시를 이루게 된다. 특히 성악분야가 두드러졌다. 9회 이전에 이미 성악가 김영길金永吉, 이상춘李常春, 하대응河大應, 이인범李仁範이 각각 입상했었다.

다른 한편 이건우는 동료이자 작곡가인 김순남金順男과 함께 도쿄제국고등음악학교 재학중이던 1940년 5월 24일에 '일본현대작곡연맹 창립10주년기념 작곡발표회' 제3일째에 〈피아노 소나타〉를 발표하여 일본 악단의 주목을 받는 조선인 작곡가가 되었다.

이건우는 일본 음악콩쿠르에만 머무르지 않는다. 1942년 일본 빅타축음기회사는 일본의 음악문화 향상과 선양을 위하여 교향곡·교향시곡·조곡 등의 관현악곡을 현상모집하기로 하고 최우수작 1편에 2천엔, 가작 2편에 5백엔의 상금을 내걸었다. 일본의 대표적인 작곡가 야마다 코오사쿠山田耕筰, 키요세 야스지淸瀬保二, 하시모토 쿠니히코橋本國彦, 호리우찌

케이조오堀內敬三, 그리고 평론가인 야마네 긴지山根銀二 등이 심사하는 '제1회 관현악 작곡콩쿠르'에 이건우도 응모하였다. 총보Score와 피아노 간축총보를 제출한 이건우의 교향시 〈청년靑年〉은 그 해 7월 당선작 없이 가작 2편의 한 사람으로 입상하였다. 1위 없는 2위를 한 셈이다.[29]

그는 다시 한 번 탄탄한 실력의 작곡가로 주목받으면서 같은 해인 1942년 9월 30일 '일본빅타 제1회 관현악 모집 입선작품발표회'(도쿄 군인회관)에서 작품 〈청년〉을 발표하였다. 이 작품은 지휘자 사카모토 요시타카坂本良隆 지휘로 베토벤의 교향곡 제5번과 다른 일본인 입상자 작품과 함께 도쿄교향악단이 연주하였다.

이건우는 1942년 '제1회 빅타관현악콩쿠르'에서 수상한 뒤인 1943년 3월에 일본고등음악학교를 졸업하였다. 그는 바로 귀국하지 않고, '일본음악문화협회'에서 작곡가로 활동하였다. 때마침 삼촌이 입상기념으로 사준 피아노를 가지고 그는 작곡에 전념하였다. 그러나 1년 앞서 도쿄유학생들의 귀국러시에 이어 징집령이 구체화되면서 그는 1943년 말에 귀국하였다. 그는 강원도 양양으로 갔다가 1944년 초에 개성고등여학교 음악 교원으로 활동하다 해방을 맞이하였다.

해방 공간 시기

해방이 되자 이건우는 뒤늦게 서울로 올라와 김순남과 함께 작곡가로 음악운동을 하였다. 일본 유학생 출신 음악가들이 중심이 되어 1945년 8월 16일 '조선음악건설본부'가 건설되면서 이건우는 작곡부 위원으로 활동하였다. 그리고 "봄이 왔네 봄이 왔네 / 무궁화 강산에 봄이 왔네"라는 〈여명의 노래〉를 작곡하여 전국적으로 유명 작곡가가 되었다. 화암(박용가) 작시

....
29) 가작으로 입상한 또다른 작품은 일본인 이치까와 요시하루(市川 都志春)의 교향조곡(交響組曲) 〈沃野〉이다.

로 완성된 이 노래는 당대의 테너인 이인범과 소프라노 마금희, 그리고 서
울합창단과 함께 취입한 것으로 음반이 전국으로 퍼졌고, 『임시중등음악
교본』(1946)에 게재되었다. 그의 이름과 노래가 단숨에 알려지는 계기였다.

이건우는 이 시기에 백남준白南準에게 작곡을 지도하였다. 이건우는
그가 음악가가 될 꿈을 꾸게 하는데 결정적인 영향을 미친다. 비디오 아
트를 발전시킨 백남준은 후에 이건우와 김순남이 활동하던 이 시기를
'한국음악의 르네상스기'라고 평가한다.[30]

한편 이건우는 1945년 9월 28일 서울 관훈동 임시회관에서 결성식을
가진 '조선프롤레타리아음악가동맹'의 중앙집행위원으로 잠시 있다가 이
동맹이 해체되어 1945년 12월 '조선음악가동맹'에 흡수되면서 중앙집행
위원이자 작곡부원으로 활동하였다. 김순남이 이 동맹의 작곡부장이었
다. 이건우는 '조선음악가동맹'의 서울지부의 서기장으로도 활동하였다.

1949년에는 '조선문학예술총동맹' 서울지부 서기장으로 지하활동을
하였다. 1948년 8월 대한민국 정부수립과 함께 '조선음악가동맹'과 '조

고려교향악단 제5회
정기공연 리플릿

....
30) 이용우, 「백남준의 삶·예술-巨商의 삶 대신 '巨匠의 길'로」, 『동아일보』 1999년 5월 7일자.

선문학예술총동맹'이 당국에 의해 불법단체가 되자 비밀운동을 하게 된 것이다. 그러나 얼마 가지 못하고 체포되어 서대문형무소에 구금되었다.

이건우는 더 이상 온순하고 과묵한 음악인이 아니었다. 그는 음악이 사람들 속에서 나오고, 음악으로 사회를 변화시키며, 다른 한편으로 모든 사람들의 노래이자 영혼의 예술 작품이 되게 하고자 끊임없이 작품을 발표하며 실천하는 민족 작곡가였다.

1946년 9월에 조직된 '음악가의 집'에서 김순남, 김원복, 정희석 등과 함께 이건우는 도쿄유학 세대 중심으로 실내악 운동을 펼치기도 하였다. 동시에 이건우는 음악동맹 서울지부 서기장으로 제1회 근로자 음악경연대회(1947년)를 개최하기도 하였다. 특히 1948년 4월 14일 박용구, 신막, 안기영, 박은용과 함께 남북협상을 지지하는 '문화인 105인' 성명을 내기도 했다. 김구, 김규식이 분단을 막기 위해 남북연석회의를 추진하자 이를 지지하는 성명을 낸 것이다.

이건우는 해방직후부터 1946년 12월까지 1년 5개월간 노래곡 〈여명의 노래〉를 비롯하여 〈반전가〉·〈민전행진곡〉·〈진달래 피는 나라〉 등 25곡과 피아노소품 여러곡, 〈관현악을 위한 스케치〉 등을 창작하였다.

그리고 1948년 5월과 11월에 각각 발행한 두 편의 가곡집 『금잔디』와 『산길』을 출판하였다. 이 가곡집들은 김순남의 가곡집 『산유화』와 『자장가』에 버금가는 해방 공간 민족음악의 양대 산맥을 이룬 작품집이다. 특히 "잔디~잔디~금잔디~"로 부르는 소월의 시에 작곡한 〈금잔디〉는 김순남의 명작 〈산유화〉와 함께 민족 미학을 완숙하게 표현한 그의 대표 작품이다.

이 작품은 민요적이면서도 다른 작품에 비하여 조성적으로 창작되었지만, 노래말과 그 내용을 강조하면서 음악적인 흐름을 주어 전체적으로 자연스러움이 돋보인다.[31] 그는 또한 여타의 작품에서 3화음 음향을 사

....

31) 이건용, 「김순남·이건우의 가곡에 대한 양식적 검토」, 『낭만음악』 창간호, 겨울호(서울: 낭만음악사, 1988),

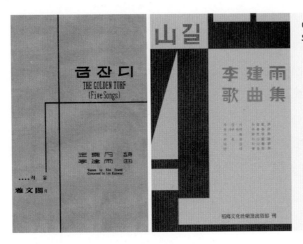

이건우의 가곡집 「금잔디」
와 「산길」(1948년) 표지

용할지라도 선법적 화성과 4도 화성을 사용하여 기능화성을 피하고 있
을 뿐 아니라, 한국 전통음악에서 나타나는 장단과 선율적 진행 등을 사
용하여 민족음악 수립의 기술적 과제를 풀려고 시도하는 독자적 창작
어법을 선보였다. 이러한 이건우의 어법은 바로 자신의 어법이자 김순
남과 함께 독자성을 확보하면서도 동시대 다른 작곡가들의 기능 화성적
어법의 창작과 뚜렷하게 다른 획을 긋는 경향이었다. 실제로 그는 1947
년 10월의 「작곡법강좌」에서 "우리의 과업인 민족음악수립의 기술적 문
제에서 반드시 이 화성문제가 크게 연구"되어야 함을 강조하고 있으며,
"자기의 의사표시를 독특한 음악의 술어"로 창작하기를 바랐다.[32]

『금잔디』는 서울의 아문각에서 1948년 5월 15일에 25쪽으로 발행한
이건우의 가곡집으로 〈붉은 호수〉·〈금잔디〉·〈가는 길〉·〈엄마야 누나
야〉·〈산〉 등 다섯 곡 모두가 김소월의 시로 이루어졌다. 그리고 두 번째
가곡집 『山길』을 서울의 도향문화사악보출판사에서 1948년 11월 15일

• • • • •
6-36쪽 참고.
32) 이건우, 「작곡법강좌-제2회 선율작곡법」, 『音樂』 제1권 제3호, 조선음악가동맹중앙위원회, 14~15쪽 참고.

에 36쪽으로 출판하였다. 이 가곡집에는 〈자장가〉(박세영)·〈꽃가루 속에〉(이용악)·〈小曲〉(정지용)·〈＋추풍령〉(박산운)·〈山길〉(박산운)·〈빈대〉(이병철) 등 모두 6곡이 수록돼 있다.

두 번째 가곡집도 이건우 어법으로 창작되었다. 비록 "서울이여 소란한 나의 도시…나는 한탄 젊은 갈매기와도 같구나"로 노래하는 박산운의 1946년 시 〈추풍령〉, "모주리 남의 피만 빨아먹고 사는 것 내 떨리는 분노의 손끝으로 저놈의 '빈대'를 죽이리라"라는 이병철李秉哲의 1946년 시 〈빈대〉 등이 경향성을 가지면서 표현적·사실적인 작품일지라도 음악의 자연스러움이 중심적인 어법이다.

이건우는 또한 1948년쯤에 베이스용의 연가곡풍을 창작하였다. 곧 박아지朴芽枝의 해방직후 첫 시집으로 1946년 발행된 시집 『심화』의 25편 작품 중에서 〈심화〉, 〈피〉, 〈노들강〉을 가려 뽑은 것이다. 박아지는 카프 계열의 시인으로 1930년대부터 리얼리즘 예술성향의 작품들을 남긴 바 있다. 이 시집은 오장환의 『병든 서울』, 임화의 『찬가』, 이용악의 『오랑캐꽃』 등과 같은 리얼리즘 계열의 대표적인 시집으로 꼽는다.

이건우는 이 작품을 동료이자 베이스로 촉망받은 남궁요설南宮堯卨을 위하여 창작하였다. 남궁요설은 이건우와 함께 1940년 일본 도쿄에서 '제9회 일본음악콩쿠르'에 2등으로 입상한 동료이자 1946년 9월에 실내악 운동으로 조직한 '음악가의 집'의 같은 창립회원 이었다.[33] 이건우가 남궁요설을 잘 알고 있었으므로 베이스의 특성을 더욱 살리면서 심혈을 기울인 작품이 이 작품이다.[34]

....

33) '음악가의 집' 회원은 13인으로 김순남·김원복·김홍교·남궁요설·문학준·박민종·박은용·윤기선·이강
렬·이건우·이영세·이인형·정회석 등 일본유학세대들이었다. 노동은, 「해방과 분리공간의 음악사 연구
II」, 『낭만음악』제1권 제2호, 봄호(서울: 낭만음악사, 1989), 72쪽.
34) 이 작품 원본을 해방공간의 성악가로서, 평론가로서 그리고 의사로서 미국에서 개업하면서도 창작생활
을 부단하게 전개한 로랑욱(盧光郁)선생이 필자에게 전해주었다. 남궁요설은 해방공간 직후 도미하여 시
애틀 워싱턴 대학에서 음악을 전공하던 중 사진작가가 되었다. 2009년에 90세가 된 그의 미국명은 'Johsel
Namkung'(남궁조셀)이며, 미국 시애틀을 중심으로 활동하는 대표적인 중견 사진작가이다.

이 작품들은 그의 두 편의 가곡집 『금잔디』와 『산길』의 작품들보다 반음계적 어법이나 4도 화성을 많이 사용하면서 훨씬 안정적이고, 〈노들강〉처럼 〈금잔디〉와 같은 민요적 수법을 감추면서도 드러내며 '자유와 해방의 노들강'을 노래하고 있다.

이처럼 이건우는 베이스의 가곡을 한국음악사상 처음으로 발표하였을 뿐 아니라, 〈금잔디〉와 〈산길〉에서 〈심화〉에 이르는 1948년 작품들이 '우리나라 가곡의 신분성 문제, 전통적 양식과 현대적 양식의 극복문제, 서정성 극복의 가곡문제'를 비롯하여,[35] 한국음악의 화성화를 비롯한 대위법의 양식적 과제, 한국어 노래말의 음악화, 민족 유산의 창조적 계승 등 현재에 제기되는 문제들을 앞서서 "자기의 의사표시를 독특한 음악술어"로 접근하며 민족음악을 수립하고 있다. 이러한 점에서 이건우를 음악사적으로 김순남과 함께 '한국음악의 르네상스'를 가져온 음악인이라고 평할 수 있는 것이다.

북에서의 음악활동

'한국음악의 르네상스'를 가져온 이건우였지만, '조선음악가동맹' 서울지부 서기장과 '조선문학예술총동맹' 서울지부 서기장으로 활동했던 그의 이력은 대한민국 정부가 수립된 후에는 반체제 인사로 분류될 수 밖에 없었다. 마침내 그는 1949년 9월에 체포되어 서대문 형무소에 구금되었다. 이에 앞서 1947년 고려교향악단 제14회 연주회에서 이건우의 〈관현악을 위한 스케치〉가 연주된다고 예고되었지만 돌연 공연취소가 내려지기도 하였다.

1950년 6·25전쟁 이후, 그의 월북 이후인 1951년 10월 5일 대한민국 공보부는 '월북작가 작품판매 및 문필활동금지 방침'에 따라 그를 B급으로 분류해 이미 발간된 작품의 발행·발매 금지와 문필 등을 금지하는

....
35) 본문의 따옴표는 이건용의 지적이다. 이건용, 「김순남·이건우의 가곡에 대한 양식적 검토」, 앞의 책, 36쪽.

월북 후 결혼한 아내 문경옥과 함께
문경옥은 북한 최초의 여성작곡가로 활동했다.

처분을 내렸다. 6·25전쟁 이전에 월북하여 A급 판정을 받은 38명 중 음악인은 김순남과 이면상이 포함되었고, 24명의 B급 판정자 중 음악인은 안기영安基永·이범준李範俊·이건우李建雨·정종길鄭鍾吉 등 4명이었다.[36]

이건우는 1950년 6월 말 형무소에서 풀린 직후 월북한다. 그리고 〈소년 빨찌산의 노래〉, 〈안해도 전사처럼〉, 〈우리의 자랑〉 같은 전시가요를 발표하였다. 이건우의 월북은 가족들에겐 비극이었다. 아들 이종욱은 서울의 중앙고등학교와 홍익대학교 건축미술학과를 졸업하고 군복무를 마쳤지만 '빨갱이 자식'이란 딱지로 사회생활을 할 수 없었다. 그는 불교에 귀의하여 10여 년 스님으로 수행하다가 1980년대 중반부터 그림을 다시 그리는 스님이 되었다. 이건우의 딸 이종애 역시 정상으로 사회생활을 할 수가 없는 통한의 긴 세월을 보냈다.

....

36) A급으로 판정된 이면상(李冕相)의 경우 고향이 함경남도 함주인 데다 함흥사범학교를 졸업한 이래 원산의 보통학교에서 교편을 잡고 생활하였으므로, 비록 일본 유학 후 경성에서 활동하였을지라도 그의 북행은 일종의 귀향이었다.

이건우 작곡집 표지와 독창곡 〈동백꽃〉

한편, 1942년 전후로 일본에서 많은 유학생들이 귀국하여 악단을 새롭게 형성한 것처럼, 월북한 음악가들로 대이동이 이루어진 북녘의 음악계도 새로운 변화가 생겼다. 이건우는 1951년 3월부터 '조선음악동맹'의 중앙위원회 상무위원으로 활동한다. 월북한 김순남이 중앙위원회 부위원장(위원장은 이면상), 강장일, 이경팔, 안기옥, 박동실, 안기영, 이범준 등이 상무위원으로 선출되어 북쪽 음악인들과 새로운 균형을 이루어 나간다.

1953년 '조선작곡가동맹'이 결성되자 이건우는 중앙위원회 중앙위원(위원장 이면상)이자 동시에 부위원장으로 발탁되어 활동을 펼쳤다. 1954년부터 '조선음악가동맹' 부위원장, 1960년부터 '조선음악가동맹' 창작실 작곡가로 활동하였다가 1974년부터 황해북도예술단 작곡가로 있으면서 여러 가극 창작에 참가하였다. 그리고 1990년부터 평양의 윤이상음악연구소 명예연구사로 있으면서 그해 10월 범민족통일음악회에 참석한 남쪽의 '서울전통예술단'의 환영위원으로 모습을 드러냈다.

그는 1997년 12월 최초의 작곡집이랄 수 있는 『동백꽃』을 발행하였다.

리건우음악회 1999년 11월 18일 평양 윤이상음악당에서 열렸다.

그는 이 작곡집 머리글 경력난에 다시 한 번 6·25전쟁 직후 서울에서 헤어진 아들 이종욱과 딸 이종애와 상봉을 애타게 기다리고 있음을 밝혔다.

그러나 병을 얻은 그는 1998년 2월 22일에 삶을 마감하였다. 1년 뒤인 1999년 11월에 '리건우음악회'가 평양 윤이상음악당에서 북쪽의 수많은 창작가와 예술가들이 참석한 가운데 개최되었다.

이건우의 1950년 월북이후 1998년 삶을 마감하기까지 주된 활동은 작곡이었다. '전선지구경비사령부협주단' 작곡가, 국립예술극장 작곡가, '조선작곡가동맹' 중앙위원회 부위원장을 지낸 그는 200여 곡에 이르는 작품들을 다양한 종류와 형식으로 창작했다. 장막가극, 중막가극, 단막가극, 방송음악극, 음악서사시, 영화음악, 교성곡, 합창과 관현악, 합창, 무반주합창, 중창, 독창, 관현악, 현악4중주, 바이올린 조곡, 독주곡, 협주곡, 피아노독주곡, 첼로독주곡, 트럼펫독주곡, 클라리넷독주곡 등의 작품이다.[37]

....
37) 「작곡가 리건우 략력과 주요작품목록」, 『음악세계』 루계 29 (평양: 윤이상음악연구소, 2000).

1997년에 발행한 작곡집 『동백꽃』에는 그의 대표 작품 25곡이 게재되었다. 〈동백꽃〉, 〈몽금포의 배노래〉, 〈고향의 봄〉 같은 작품들이 그것이다. 이 작품들은 해방공간의 이건우 어법과 달리 조성적인데, 이것은 북쪽의 미학관에 바탕을 둔 결과이다.

그 작품들 가운데 박세영이 작시한 〈동백꽃〉과 리봉학이 작시한 〈창성은 좋아〉가 가장 널리 애창되는 작품이다. 특히 〈동백꽃〉은 1950년 이건우가 부친인 본인이 자녀들과, 또 가족들과 헤어질 수밖에 없었던 아픔 속에서 부모 형제의 뜨거운 그리움을 고향 삼척군 원덕면 호산리의 동백꽃으로 형상화한 작품이다. 이 작품이 세상에 나오자 수많은 사람들의 심금을 울렸다.

삼천리 금수강산을 뜨겁게 노래하는 통일의 노래를 꿈꾸면서 어느 사이 〈동백꽃〉은 피어가고 있었다.

1990년 평양에서 열린 통일음악회에서 이건우를 만난 필자

7장

분단과 이념의
철창 속에서 좌절하다

이의성

李義星

이의성은 도쿄東京 유학출신 바이올리니스트로서 일제강점기에 활동하다가 해방 직후 '경주예술학원慶州藝術學院'을 설립하여 한반도에서 민간예술종합학교를 선도한 음악인이다.
그는 뚜렷한 음악역사적 공헌을 하였음에도 아직도 역사적 평가를 제대로 받지 못한 음악인이자 회한과 좌절의 삶을 살다간 음악인이었다.

분단과 이념의 철창 속에서
좌절하다 ___ 이의성

이의성의 회한과 좌절

사람들은 때때로 벌주고 싶어 한다. 상대가 잘못되었다고 판단하는 순간부터 벌주고 싶어 한다. 벌주지 않고서는 잘못을 바로 잡을 수 없다고 믿는 사람일수록 심하게 벌주려 한다. 벌 받는 사람이 자기 잘못을 시인하면 몰라도 무엇이 잘못되어 벌을 받아야하는지 모르는 경우가 있다면 그것처럼 억울한 일이 없을 것이다. 부부싸움이 물 마시듯 자주 일어나는 것도 이 때문이다. 아무리 부부일지라도 자존심이 상한 경우에는 상대를 '벌주고 싶어서' 꼬여지기 쉬운 것이 부부관계이다. 그래도 부부싸움은 왕왕 '칼로 물 베기'로 끝날 수도 있고, 억울한 심정을 눈물로 삭이며 화해를 모색하는 경우도 있으며, 끝내 갈라서는 경우도 있다. 그러나 이혼으로 각자 새로운 삶을 시작할 수 있다. 각자가 하늘아래 동격이기 때문이다.

　군부 독재가 지배해온 지난 시기에 참으로 '억울한 사람'이 많았다.

독재에 저항하고 민주화를 외친 어느 한 사람이 자신 때문에 부모와 친척들의 모든 생활이 '감시와 탄압'으로 계속될 때처럼 억울한 일이 없을 것이다. 군부 독재가 맹위를 떨치는 시기, 하늘을 나는 새도 마음대로 떨어뜨릴 수 있는 절대적 권력이 사회를 지배할 때에는 그 사람이나 집안의 억울함을 감싸줄 여유도 없을 것이다. 침묵이 괴로울 때가 있다.

그러나 시간이 지나 민간 정부가 탄생하면서 정당한 평가를 해주기에 이른다. 더욱이 그 집안의 다른 사람이 우리 역사발전에 공헌을 하였을 경우에 모든 행위가 역사적으로 복권되는 평가가 뒤따랐다.

그러하건만 뚜렷한 음악 역사적 공헌을 하였음에도 아직도 역사적 평가를 제대로 받지 못한 음악인이 도처에 있다. 제대로 눈을 감을 수 없었던 짓눌려진 억울함으로 한 많은 세상을 등진 음악인이 도처에 있다. 피눈물을 삼키며 어느 해지는 뒷골목에서 소주로 세상을 탓하며 술잔을 기울인 그 음악인.

회한과 좌절의 삶을 살다간 이의성李義星이 바로 그 음악인이다. 그는 누구인가? 이의성은 도쿄東京 유학 출신 바이올리니스트로 일제강점기에 활동하다가 해방직후 '경주예술학원慶州藝術學院'을 설립하여 한반도에서 민간 예술종합학교를 선도한 음악인이었다.

그러나 냉전 이데올로기의 그물에 희생된 대표적인 음악가 중 한사람이다. 이 땅에 지방화와 세계화를 앞당긴 그의 뚜렷한 업적을 지난 시기 이승만 정권과 군사정권이 탄압으로 그의 수족을 묶어둠으로써 지금까지 철저하게 그늘에 가리게 하였을 뿐만 아니라, 온 집안을 풍비박산으로 몰아쳐 숱한 삶들이 찢어진 채 흩어지게 하였다. 이의성은 한 많은 분단의 이승을 1976년에 마감한 음악인이다. 향년 67세였다.

이의성의 친동생 이호상李灝相도 해방 전후 고려교향악단에서 활동한 유명 첼리스트였다. 경북대학교 사범대학 체육교육과 교수로서 한국체육학연구와 후진양성에 커다란 족적을 남긴 이래화李來華(1931년생)는 이

이의성의 장남 이래화 교수와 만난 필자

의성의 장남으로 경북대학교를 정년퇴임하였다. 이래화의 장녀이자 이
의성의 손녀인 이태향李太香 역시 대구에서 활동한 바이올리니스트였다.

　민족음악 건설을 목표로 삼은 해방공간 역사에서 경주에서 활동한
'이의성'이라는 이름 석자를 찾아가는 작업은 1995년에 그의 손녀인 이
태향(1958년생)을 만나면서 결실을 맺을 수 있었다. 가톨릭 신자인 이태향
은 바이올린으로 대구효성여대 음대와 영남대 대학원을 졸업하고, 독일
쾰른 음대를 수학하였으며, 부산시향 단원 생활과 여러 곳을 출강하며
당시 현역으로 활동하고 있는 음악인이었다.

　그는 1994년 바이올린 독주회(11월 5일, 영남일보 빌딩 24층 대우아트홀)에서
바이올린 지도교수를 국내외적으로 소개하면서 '국내에서 할아버지 이
필성(이의성)'에게 지도받았음을 밝힐 정도로 혼신의 힘을 다하여 할아버
지를 끌어안고 있었다. 그는 뜨거운 가슴과 빛나는 눈동자로 그의 할아
버지 이의성의 삶과 예술을 신들릴 정도로 추억하였다. 아픈 세월이 너

무나 길었다. 또한 이의성의 장남이자 이태향의 부친인 이래화 교수도 만날 수 있었다.

이의성의 삶과 예술을 밝히는 것 자체가 우리 근현대사 역사를 조명하고 세계 속에 우리 자신들을 되돌아보게 하는 반성적 작업 그 자체이다. 근현대사가 1980년대 직전까지 한국음악사의 반성적 접근을 가로막고 흑막이 가려진 채 베일에 감싸인 이유는 우리 시대의 역사의식 빈곤도 이유이었지만, 그 근현대사가 영원히 묻혀버리기를 원하는 악단의 분위기에서 비롯되었다. 누가 일제하 친일행위의 연장선에서 분단의 우익으로 이어지는 역사적 평가를 원하겠는가?

이의성의 궤적을 추적하는 것은 곧 우리 근현대사를 추적하고, 발가벗겨진 그의 삶과 예술을 평가함으로써 우리 시대의 역사 바로세우기를 하는 것이다. 그것을 통하여 지역과 세계를 새로운 균형으로 발전시키는 반성과 전망을 위한 일이다.

경주와 도쿄를 오가며 민족음악인으로 활동

이의성의 삶과 예술행적은 크게 네번의 시기로 나눠볼 수 있다. 제1기는 그가 태어난 1909년부터 도쿄로 유학가는 시기 직전까지 경주와 서울에서 생활한 22년간의 시기이고, 제2기는 1931년의 도쿄 유학부터 해방되는 1945년까지 도쿄와 경주를 중심으로 일제강점하의 음악가로 생활한 14년간의 시기이며, 제3기는 1945년 해방부터 1953년까지 민족문화건설을 온 몸으로 실행하다가 체제대결의 분단이념 속에서 좌절까지 겪는 8년간의 시기이고, 끝으로 제4기는 징역생활을 마치고 출소된 1953년부터 1976년에 삶을 마감할 때까지 이승의 삶을 좌절로 살아간 23년간의 시기이다.

　이의성은 경주 만석꾼 집안에서 차남으로 1909년 12월 3일에 태어났다. 그가 태어난 해는 우리가 망국의 한을 삼켜야했던 한일합방(1910)이 체결되기 직전 해였다. 경주군 경주면 서악리 489번지가 그가 태어난 곳이었다. 경주는 몇 대 째 그의 선대들이 만석꾼으로 붙박여 살아온 곳이었다. 경주에서 눈을 돌려 이 씨 집안의 땅이 아닌 곳이 없었으니까 가족들이 결코 다른 사람의 땅을 밟지 않을 정도로 대단한 부자였다.

　그는 아버지 이범인李範寅(1883~1937)과 경북 영일군 죽장면 입암리 출신인 어머니 권종해權宗海(1883년생)사이의 5남 4녀 중 차남이었으니까 경제적인 풍요로움과 다복한 환경에서 어린 시절을 보낼 수 있었다. 그의 본명은 이의성이 아니었다. 이의성은 필명이었다. 본 이름은 이팔성李八星이었다.[38)]

이의성(팔성) 가계

　서당에서 공부를 마친 이의성은 1920년 현재 경주계림초등학교의 전신인 '경주보통학교'에 입학하여 1926년에 졸업을 하였다. 2학년 재학 때 그

········
38) 이의성의 출생연도는 호적등본상에는 1910년 7월 9일로 기재되어 있다. 여기에서는 가족들의 증언들과 현재 경주 계림초등학교 학적부에 그의 생년월일이 1909년 12월 3일생으로 기재되어 있으므로 이 기록을 따랐다. 호적신고는 실제보다 늦게 신고하는 경우가 많았다.

는 우등상과 정근상을 받기도 하였는데, '창가唱歌' 교과목에서 만점을 받을 정도로 이 분야에 두각을 나타냈다. 영천 출신 음악가 임장춘林將春은 같은 학교 동창생이었고, 남동생 이칠성은 전 교과목이 갑甲일 정도로 머리가 뛰어 났었으며, 남동생이었던 첼리스트 이호상 역시 이 학교를 다녔다.[39]

이의성은 경주보통학교를 졸업하면서 서울로 진학을 하였다. 현재 확인되지 않았으나 동생 이칠성과 이호상이 보성고등보통학교를 다녔기 때문에 이 학교를 다녔다는 설과 '경성중학교'를 다녔다는 설도 있다. 당시 사립계의 중학교나 고등보통학교 학제는 5년제(경우에 따라 4년제)였고, 조선총독부가 조선과 일본을 융합시키려는 소위 '내선융합內鮮融合'을 획책하는 제2차 조선교육령(1922~1938)이 적용되던 시기였다.

서울에서 학교를 다닌 지 2년이 되고 18살이 되던 1927년에 이의성은 같은 동향의 천석꾼 한의사 외동딸인 신차봉辛且奉(1912년생)과 결혼하였다. 결혼 전에 경주군 내남면 율동리에 있는 신부 집에 인사차 내려와 바이올린을 들려준 것을 보면, 이의성은 서울에서 공부하는 동안 바이올린에 남다른 정열을 쏟고 있었다.

당시 국내에는 이화여자전문학교(1925년 인가)를 제외하고는 음악고등교육기관이 없었으므로 음악을 전공하려면 일본으로 유학해야 했다. 그는 1931년쯤 경주보통학교 동창생인 음악가 임장춘과 함께 도쿄 유학생이 되었다. 그가 '도쿄제국고등음악학교'에 유학했는지 또는 '동양음악학교'를 유학했는지는 아직 확실치 않다.[40]

유학기간에 그의 첫 아들인 이래화李來華가 경주 본가에서 태어났다는 소식을 듣고 있었지만, 이의성은 바이올린 공부에 정진하며 새로운

....

39) 이의성(팔성)의 아우였던 이호상은 처음에는 경주 '건천공립보통학교(乾川公立普通學校)'를 다니다가 1930년 4월 1일 경주보통학교 3학년으로 전학해 왔다가 1933년 3월 25일에 졸업하였다.

40) 평양출신으로 일본고등음악학교 출신인 바리톤 한순각(韓淳珏)은 이의성이 '일본고등음악학교'를, 안동대학교에서 정년퇴임한 음악학자 박정양(朴珽陽)은 '동양음악학교'를, 부산교육대학에서 정년퇴임한 고태국은 '도쿄제국고등음악학교'에 각각 다녔다고 증언했다.

전환기를 도쿄에서 맞이하고 있었다. 그는 도쿄에서 식민지하의 조국을 발견하였기 때문이다.

도쿄와 경주 생활(1931~1945)

도쿄에 유학중이었던 이의성은 1932년에 전환기적인 활동을 펼쳤다. 즉, 1931년에 결성한 '일본프롤레타리아문화동맹KORF', 1934년 해체의 산하기관이던 '조선협의회'의 협의원으로 활동하기 시작한 것이다. 조선협의회는 재일본 조선노동자를 문화활동으로 지원하고 조선의 '조선 프롤레타리아 예술가 동맹KAPF' 카프와 연대하며 조선의 민족문화연구를 목적으로 삼았다.

이 단체에는 당시 동양음악학교 생도들 중 바이올린 전공자들이 가입해서 활동하고 있었다. 친구인 임장춘을 비롯하여 평론가 박영근朴榮根 등도 있었다. KORF 산하의 '일본프롤레타리아음악가동맹PM'에는 일본의 전방위적 음악평론가인 야마네 긴지山根銀二(1906~1982)와 역시 저명한 작곡가인 모로이 사부로오諸井三郎(1903~1977)의 제자이자 천재 음악가 김순남金順男(1917~1983)의 선생인 하라 타로오原太郎(1904~1988) 등이 있었다. 자연스럽게 이의성은 이들과 교류하고 있었다.

이의성은 일본이 군국주의로 치달으며 만주사변(1931)을 계기로 전시체제를 획책하면서 조선을 강점하고 있는 상황에서 이들과 교류로 조국의 민족현실을 발견하고 음악으로 민족 해방을 고통스럽게 풀어내고 있었다. 이의성은 이들과 함께 조선 사람이 하늘에 나는 기러기를 발견하고 고국의 가을을 그리워하는 내용을 담은 〈사랑하는 대륙〉을 음악극으로 기획하기도 하였다. 공연은 일본당국의 불허로 취소되었다.[41]

이의성은 이에 굴복하지 않고 같은 조직체인 '플로트 도쿄지부' 내의

....

41) 原太郎, 『私の青春日記抄』, (東京: 同時代社, 1984), 78쪽

인물로 본 한국근현대음악사

도쿄에서 이의성이 출연한 〈플롯트의 노래〉(1931) 공연 모습
앞쪽 전면에 서있는 사람이 이의성, 뒷열 왼쪽부터 네번째가 하라 타로오

조선인들과 함께 1932년에 〈플로트의 노래フロット歌〉를 공연하였다.

　그러나 일본생활도 계속할 수 없게 되었다. 부친 이범인이 이의성을 찾으러 도쿄에 왔기 때문이다. 부친은 신랑도 없이 혼자 아들을 낳아 고생하는 며느리 신차봉을 가엾게 여겨 일본유학 포기를 종용하려고 도쿄에 왔던 것이다. 설득이 계속되는 상황에서 뜻밖의 일이 생겨 이의성은 귀국을 서두를 수 밖에 없었다. 부친이 도쿄 하숙집에서 몸져누웠기 때문이다. 이의성은 때마침 체코슬로바키아로 유학 준비를 하고 있었으므로 유학 준비서류와 바이올린을 하숙집에 남겨 놓고 급히 아버지를 모시고 경주로 돌아올 수 밖에 없었다. 다시 도쿄로 돌아오리라고 마음을 굳게 먹었지만, 그것은 작심으로 끝나버렸다. 때마침 도쿄에서 활동한 내용들이 일경에게 보고되면서 감시를 받기 시작하였다. 결국 그의 유학은 좌절되기에 이른다.

학창 시절의 이의성

이의성은 형제들에게 원만했고, 만석꾼 집안으로 형제들이 모두 고등교육을 받았으므로 남들에게 부러움을 샀지만, 정작 그 자신은 조국이 일제 강점하라는 현실과 음악집념의 무산으로 좌절감을 느꼈고 깊은 상처를 남겼다. 이때의 청년 이의성 사진을 보면 우수에 잠긴 준수한 모습이 돋보인다.

이의성을 기억하는 사람들은 모두 그가 인격이 고매하고 귀풍스러울 뿐만 아니라 참 잘생긴 사람이라고 입을 모은다. 꽤 좋은 바이올린 명기를 가지고 있었고, 그가 내는 음색이 너무 곱고 아름다워서 명인 하이펫츠도 이의성처럼 소리를 못 냈을 거라고 평가할 정도였다.

1934년부터 그는 경주시 노서동 79번지에 '일심당 악기점一心堂 樂器店'을 운영하면서 그 좌절된 상처를 달랬다. 이 악기점에서는 각종 악기와 축음기, 음반 등을 판매하였다. 그는 여기에 머무르지 않고 문화예술 기획사업도 손을 댔다. 경주극장에서 노래자랑을 개최한다든지, 음악회를 주최한다든지, 고복수나 백년설 등 왕년의 명가수들을 초청하여 공연을 기획하는 것 등이 그것이다.

다른 한편으로 이의성은 동생 이호상과 이호상의 친구인 한준길韓俊吉에게 바이올린 실기도 남다른 애정으로 지도하였다. 자신이 못 이룬 꿈을 동생과 그 친구에게서 이루려고 이들을 도쿄에 유학할 수 있도록 끝까지 주선해 주었다.

1940년대 직전 일본유학을 마치고 귀국하는 많은 선후배 동료들과 만

이의성이 운영한 일심당 악기점 맨 오른쪽에 서있는 사람이 이의성

나면서 이의성은 경주를 문화전통도시이자 신문화예술도시로 발전시킬 수 있는 자신을 얻기 시작하였다. 보통학교 동창생 임장춘과 이호상 뿐만 아니라 경주보통학교 출신 문화예술가들이 귀국하자 새로운 꿈이 부풀기 시작하였다. 이 시기는 일본이 미국과 영국에 대한 선전포고(1941)를 하고 태평양전쟁을 일으켜 조선 내 전시체제도 더욱 강화되는 시기였지만, 그는 새로운 경주문화건설을 모색하고 있었다.

　손일봉·손동진·손수택·김준식·최기석·박종열·백락종·김동철·김영일 등 서양화가와 박봉수(동양화)·김만술(조각가) 등이 경주보통학교에 모여 '향토미술전'을 개최(1942)하면서 이의성은 문화예술계의 든든한 후원자로 더 바쁜 나날을 보냈다. 클래식 분야와 대중음악계의 많은 음악인들이 그의 주변에 모여 경주 뿐만 아니라 영천·안강 등 경상도 일대의 순회공연을 기획하기도 하였다.

　한편 이의성의 동생으로 첼로주자인 이호상은 일본유학을 마치고 귀

1941년 경북 안강에서 연주회를 마치고 단원들과 함께 기념촬영한 이의성 두 번째 줄 왼쪽부터 세 번째가 이의성

국한 이래 주목받는 음악인이 되었다. 이것은 1943년 '경성후생실내악
단'의 일원이 된 사실에서 확인된다. 경성후생실내악단은 아무나 추천
할 수 없는 당시 최고의 음악인들만이 입단할 수 있는 실내악단이었다.
이호상은 이 악단의 첼로주자로서 합주를 하기도 하였지만, 때로는 현악
4중주단의 첼로주자로 더 부각되었다. 그러나 이 악단은 조선총독부가
직영하는 친일 음악단체였다.

이 단체는 '전시하의 천황폐하의 국민들에게 건전한 음악과 음악 자
체의 예술성을 일본국민음악 정신대挺身隊로서 활동·보급' 하는 것을 목
적으로 조선총독부가 1942년 5월에 국내에서 각 분야별 최고의 음악인
들을 중심으로 조직한 것이다. 대표자이자 바이올리니스트인 김생려(지
휘), 편곡을 맡은 작곡가 김성태, 소프라노 김천애, 테너 이인범, 첼로의
김태연, 트롬본 이유성, 피아노 이인형, 비올라 박평수, 바이올린 안성
교, 첼로 이강렬 등이 단원으로 있었다. 후반기에 쿠로야마(현제명)가 이

인물로 본 한국근현대음악사

사장으로 취임하면서 단원들이 보강되거나 교체되기도 하였다.

　당시 국내에는 '악단을 통하여 직역봉공職域奉公함으로써 신체제운동'을 목표로 삼은 '조선음악협회'가 전국적으로 결성(1941)되어 있었다. 이 조직에 있으면서 조선총독부가 별도로 조직한 단체가 경성후생실내악단이었다. 이호상은 김생려·이인범·김천애·현제명 등과 함께 경성후생실내악단의 일원이 되어 전국의 공장·학교·회사·군대 등을 돌면서 공연 활동을 펼쳤다.

해방 직전의 단란했던 이의성 가족
해방직전 이의성은 부인 신차봉, 장남 이래화와 함께 경주에서 가족 사진을 찍었다. 일제강점하에서 민족문화를 건설하려고 꿈꾸던 이의성의 빛나는 눈동자와 단정하게 쪽진 신차봉 여사의 다소곳한 자태, 그리고 영특한 장남 이래화 등 단란한 이 가족은 해방이후 냉전체제의 희생이 되어 통한의 삶을 살아간 한국현대사의 대표적인 비극적 상황을 대신하고 있다.

해방후 경주예술학원의 희망과 좌절 (1945~1953)

1945년 8월 15일! 그렇게 기다리던 해방이 되었을 때, 이의성은 한 없는 희망에 차 있었다. 일제하에 짓눌렸던 억압에서 풀려남으로써 자신이 무엇을 어떻게 해서 역사를 만들어가야할 지를 잘 알았기 때문이다. 첫 번째가 예술종합학교를 건설하는 일이었다. 경주의 재력가로, 많은 문화예술인이 주변에 있어 학교 설립은 현실화가 되었다.

이의성은 먼저 경주의 문화예술가들을 꾸려 여러 행사를 주관하며 '경주예술협회' 조직에 나섰다. 1945년 10월 1일부터 5일간 그는 미술인들과 힘을 합쳐 '미군진주 환영기념전 미술전람회'를 경주박물관에서 개최하는데 후원하였다. 이 자리에 한준길, 김만술, 박목월, 최순봉, 이기현, 김준식, 유장렬, 최남규, 최동수, 김동철, 박일훈, 김만춘, 손홍규, 최현태 등이 함께 참여하였다. 이들은 후에 미술과 문학계 중진들로 자리잡는다는 점에서, 또 그 규모로나 질에서, 또 의욕적인 면에서 타의 추종을 불허할 정도로 주목받는 미술전람회였다.

해방직후 경주에서의 음악활동. 왼쪽 첫번째가 이의성이다.

같은 해 10월 22일에는 경주예술협회를 해체하고 각 분야 전문가들로 짠, 새로운 진용을 갖춘 '경주문화협회'가 탄생되었다. 전국적으로 이 해는 모든 도시에서 일제 잔재를 청산하고 통일국가를 자주적으로 수립하려는 활동이 사회적·민족적으로 합의된 상태였다. 당연히 이의성의 단체 조직활동 목적도 민족문화 건설로 나타났다. 경주는 민족전통문화가 풍부하고 새로운 근대적 문화를 익힌 인재들이 많았다는 점에서도 그 목적에 합당하는 조직은 물론 활동 또한 탄탄한 기반 위에서 전개되었다. 경북 경주군 경주읍 서부리에 사무소를 둔 경주문화협회에서 이의성과 이호상은 주요 임원으로 활동하기 시작하였다.

회장에 최윤, 부회장에 이채우, 간부로서 문학가인 이기현, 음악가 이의성·이호상·한준길(바이올린), 선전에 연 3회 특선을 한 도쿄미술학교 졸업생 손일봉과 태평양 미술학교 출신으로 경주토박이 화가 김준식을 필두로 이상문, 손상류, 박삼조, 최순봉, 이동찬, 남백영이 활동하였다.

회원으로는 음악가 김상권·박정양·이호상·한순각, 미술가 김만술·김영일·박봉수·손상류·손수택·최기석 등을 비롯하여 김동철·김만춘·김재진·김형신·김영종·박일훈·손수문·손홍수·송금준·염순근·유준길·이달문·이상문·이승을·이원달·정덕구·정완수·최순봉·최동수·최용·최종호·최주찬·최창로·최현석·최현태·허면 등 48명이 활동하였다.[42]

이들은 대중계몽운동을 통한 문화향상과 조선 신문화건설, 그리고 신문화의 계승자 배양을 목적으로 활동을 전개하였다. 이의성은 이들의 강력한 후원자로, 때로는 음악회 기획자로 활동을 주도하였다. 1945년 10월부터 1946년 3월까지 이의성은 경주극장, 감포극장, 안강극장 등 경북 지역을 중심으로 음악회나 '남선성악경연대회'(경주극장, 1946. 3. 23)를 개최 주관하였다.[43]

‥‥‥‥
42) 『1947년도 예술연감』, 서울: 예술문화사, 1947, 164~165쪽.
43) 위의 책.

경주예술학원 입학식 모습

　이 기간 서울에선 고려교향악단 이사장으로 현제명, 한반도에서 주목받고 있는 작곡가 김순남, 그리고 전방위적 음악평론가 박용구 등이 활동하고 있었다. 영천에선 이의성의 친구 임장춘이, 대구에선 시인 박목월과 테너 권태호가, 통영에서 작곡가 윤이상과 시인 유치환이, 하동에서 송재홍, 목포에서 테너 김생옥, 부안에서 시인 신석정 등이 중심이 되어 각각 민족문화 건설활동을 전개하고 있었다.[44]

　1946년 5월 5일은 이의성에게나 경주시나 영원히 기억될 날이었다. 바로 이의성이 오랜 동안 꿈꾸던 '경주예술학원'이 창립되었기 때문이다.

　이 창립식 날에 첼리스트 이호상의 지휘가 있었고, 피아노 반주를 박정양이 맡았다. 이의성은 재단이사장으로, 이채우(후에 경주중고등학교를 설립한 수봉재단 이사장)가 재단이사로, 문학가이자 김동리 친구이며 판사아들이었던 이기현이 상무이사를 맡았다.

44) 해방공간 음악연구로 노동은, 「해방과 분리공간의 음악사연구」 I ~IV, 계간 『낭만음악』 창간호~통권4호(서울: 낭만음악사, 1988~1989), 37~109(I), 4~140(II), 4~183(III), 92~246(IV)쪽 참고.

경주예술학원은 음악과와 미술과 그리고 국악과 남녀 신입생을 50여 명 선발하였는데, 본과와 별과가 있었다. 2년제 본과는 본래 3년제로 인가를 받았고, 중고등과정이나 고등보통학교 5년 졸업생을 대상으로 선발하였으며, 별과는 1년제로 예비과정이었다. 음악과는 성악전공과 기악전공 그리고 작곡전공으로 세분하여 선발하였다.

전국에서 모인 이들 신입생들은 사각모를 쓰고 경주예술학원 휘장徽章을 달고 다녔으며, 유명 교수진들로 말미암아 자긍심이 대단하였다. 실제로 경상도 지역의 초등과 중등학교에서 교편을 잡고 있었던 교사출신들이 대부분이었기 때문에 의식 수준 역시 높았다. 음악과 건물은 현재는 서라벌 문화회관이 된 옛 경주역사였고, 미술과는 지금의 경주공고 자리에 있었다. 전공별로 나누어 수업이 이루어졌지만, 교양과목은 함께 수업하였다.

미술과 교수진으로는 손일봉, 김만술, 김준식, 김봉도, 주경, 윤경렬

경주예술학원 창립기념사진(1946)
창립 때의 경주예술학원 교사들. 앞줄 가운데 한복입은 사람이 이의성이고, 그 오른쪽이 김준식 교장이다.

등 중앙화단의 중진들과 이 밖에 이수창, 조희수, 박준용, 안종배, 채동수 등이 참여하였다.

음악과 교수진은 바이올린에 이의성과 한중길, 비올라에 천시권, 첼로에 이호상, 성악에 한순각·권태호·고태국, 피아노에 박정양, 작곡에 한중길, 트럼펫에 유장렬 등으로 짜여졌다.[45] 이 밖에 교양교과는 국어에 이기현, 윤리에 김억봉, 역사에 최준 등이 담당하였다.[46] 또 음악전공교과는 음악사에 유장렬, 합창지도에 이호상, 코르위붕겐과 콘코네는 한순각 등이 맡았으며, 음악과 공통교과목은 시창과 청음, 음악통론, 화성학, 음악사, 음악미학 등이 있었다. 물론, 전공별로 전공지도(레슨)시간이 있었다.

이의성과 이호상은 학교 운영 말고도 의욕에 넘치는 예술 활동을 이어갔

이의성의 동생 이호상(앞줄 왼쪽에서 3번째)
다른 사람들은 미술과 교수와 학생들이다.

....

45) 경주예술학원 창립초창기 교수 명단은 정확하지 않다. 위의 명단들은 후기까지 포함한 명단이다. 이 밖에 이름을 알 수 없지만 콘트라베이스 전공교수와 이기홍도 참여하였다. 국악은 일제강점기에 기생학교이었던 경주권번을 모태로 신설되었다.

46) 판사아들이었던 뛰어난 문사 이기현은 문학개론과 시를 강의하였지만 후에 월북하였다. 김억봉은 후에 경주여고 교장과 교육장을 지냈다. 최준은 후에 경주공고 교장을 지냈다.

다. 이호상은 서울의 고려교향악단 첼로주자였다.[47] 특히 이의성은 1946년 7월부터 1947년 초까지 제2회 남선성악경연대회(경주극장, 46.7.3~4), 하계예술강좌(46.7.25~8.24,경주예술학원), 청송 기근민 구제음악회(경주극장, 46.8.5~6), 해방1주년기념음악회(경주극장, 46.8.15~16), 초등학교 아동예능경연대회(46.10.22~23) 등을 경주문화협회나 경주예술학원의 후원으로 개최하였다.[48]

경주예술학원을 설립하여 교육한지 1년이 지난 1947년 5월에 드디어 음악과가 중심이 되어 '경주예술학원 창립1주년 기념음악회'를 개최하였다. 이 음악회는 경북교육협회 경주군 지부와 경주문화협회, 대구시보, 전보통신 경주지국이 후원하였고, 음악과 재학생들의 관현악단과 합창단(경주초급여자중학교와 경주문화고등여학원이 찬조 출연, 이호상 지휘, 박정양 피아노 반주), 그리고 각 전공별 독주와 독창자가 출연하였다. 발굴된 프로그램 인사말씀을 보면 경주예술학원을 운영하기까지 어려움을 극복하고 예술 인재들을 배출하려는 의욕이 넘쳐서 드디어 '가슴이 메이는' 감격적인 창립1주년 기념음악회를 개최하기에 이르렀음을 확인시켜 준다. 그 내용은 다음과 같은데, 필자가 현대문으로 고쳤다.

주리옵고, 우리 경주예술학원이 생겨난 후 온갖 모진 바람과 험한 파도에 부대끼면서도 그리 꾸김없이 이제 한돐을 맞이하게 됨은 오로지 우리 학원의 앞날을 걱정하고 아끼시는 여러분의 꾸준한 성원과 지극한 정성이라 믿사옵고 지난 한 해 동안의 가시길을 돌아보며 가슴이 메임을 참지 못하겠습니다. 예술의 길은 가도가도 멀고 진리는 언제나 외로운 것이라 알았습니다. 이에 우리가 한 해 동안에 닦고 쌓은 흔적을 늘여놓아 사회의 진정한 비판을 받고자 하옵니다.

경주예술학원 사림

....

47) 해방직후부터 고려교향악단 팸플릿을 보면 단원 명단에 이호상을 소개하고 있었다.
48) 『1947년판 예술연감』, 앞의 책, 165쪽.

경주예술학원 창립1주년 기념음악회 모습(1947)

　프로그램을 보면 피아노, 성악, 첼로, 3중주, 예학藝學관현악단과 합창대 등이 바하, 헨델, 모짜르트, 슈베르트, 슈만 , 푸치니 등의 바로크·고전·낭만시대음악을 연주하였고, 홍난파·안기영·박태준의 작품은 물론 이건우李健雨의 창작곡〈진달래 피는 나라〉도 발표되었다.[49]

　1948년 경주예술학원은 3년제로 학제 개편이 되어 '경주예술학교'로 개칭하였다. 드디어 1949년 3월에 음악과와 미술과에서 제1회 졸업생이 배출되었다. 음악과 제1회 졸업생은 피아노에 김진호·배윤조·안무근·이상돈·최명림·최종석 등, 성악에 김해학·오영학·이종용·채찬용 등, 바이올린에 손지익·이창호 등, 첼로에 황태연, 그 밖에 최종환·남지익·오해주·오혜진 등이다. 미술과 제1회 졸업생은 김인수·박기태·박재호·박해룡·배원복·사공침·이경희·이수창·정상진·조남표·조희수·

· · · · · · · ·

49)　이 프로그램에 의하여 민족음악의 뛰어난 명곡으로 손꼽히는〈금잔디〉의 작곡가 이건우의〈진달래 피는 나라〉작품이 있었음이 처음으로 확인되었다.

최동수 등이다. 이들은 경주와 경상지역, 그리고 서울로 진출해 예술활동을 하였다. 일부는 사업을 하거나 이민을 가기도 했다.[50]

그러나 1948년 8월 대한민국 정립수립직후부터 1950년 6·25전쟁까지 경주예술학교는 해방정국의 정치적 소용돌이 속으로 휘말리면서 학교 운영이 어려운 가시밭길을 걷기 시작하였다. 세계 냉전체제라는 조건에서 생겨난 남한과 북한은 서로 다른 정치체제로 분단이 가속화되고, 체제와 반체제 속에서 좌익과 우익으로 갈라지는 해방정국에 고도古都 경주라고 예외일 수 없었다.[51]

교수진과 재학생들이 해방정국의 노선에 따라 갈라지면서 학교는 급속히 그 소용돌이 속으로 빠져 들어갔다. 그러나 무엇보다도 이의성 자신과 집안은 물론 경주예술학교 운영이 어렵게 된 결정적인 원인은 이의성의 바로 밑의 남동생인 이칠성李七星(1912년 5월 17일생)의 1948년 8월의 월북사건이었다. 월북은 이칠성 뿐만이 아니었다. 작곡을 담당한 한준길과 미술과 교수들도 월북하였다. 특히 명석한 두뇌로 담대한 활동을 펼친 동생 이칠성은 해방 전 민족 현실에 눈을 뜨고 항일운동을 하였지만, 해방직후부터는 경북 지역 사회주의 운동을 주도하다가 박헌영 계열의 남조선노동당(남로당)에 입당한 인물이었다. 1948년 8월 남한에서 대한민국정부수립이 있기 직전에 이칠성은 해주로 월북하여 8월 25일 '해주 남조선인민대표자대회'에서 최고인민회의 대의원 360명 중 한사람으로 선출되었다.

체제대결을 하고 있었던 대한민국 정부는 이칠성과 그 집안을 '용서'할

<hr>

50) 몇 회 졸업생인지는 확인되지 않았으나 국악과 졸업생 박기환도 있었다. 대구에 살고 있다.
51) 『동아일보』 1950년 2월 2일자 기사는 경주예술학교가 해방정국에 휩쓸려갔음을 간접적으로 확인하고 있다. 학교를 살려야겠다고 새로운 교수진을 짠 것이 그것이다. "해방후 우리나라 민족예술발전을 위하여 고도 경주에 설립된 경주예술학교는 새로운 발전을 위하여 이번에 중앙의 미술계 중진을 다음과 같은 진용으로 초청하여 명예학장에 배운성 씨를 추대하고 내 신학기부터는 윤번제로 특별강의를 하게 되었다 한다. 명예학장-배운성, 동양화 이응로, 서양화 배운성·진준·조각에 윤승옥과 유백, 동양사 김영기, 서양사 한상억"

수가 없었다. 정부의 감시와 사상적 탄압은 이의성에게 엄청난 충격으로 다가왔다. 모든 활동을 위축시키고 있었으며, 굴욕적이고 좌절된 삶의 연속이 펼쳐졌다. 친구들도 하나 둘씩 이의성 주변에서 떠나거나 침묵할 수밖에 없었으며, 가족들 역시 깊은 나락으로 빠지고 있었다. 경영권 포기의 압력과, 경주예술학교 교수들이 하나 둘씩 떠나면서 그는 더 이상 학교를 운영할 수 없었다. 그러다가 1950년 민족비극인 6·25전쟁이 일어나고 동생 이호상도 월북하면서 이의성 집안은 풍비박산이 나버렸다. 좌절은 큰 울음이자 넘어설 수 없는 벽이었다. 어머니(권종해, 1883년생)는 두 아들을 생각하며 흐르는 눈물 때문에 식사를 제대로 할 수가 없었다고 한다.

경주예술학교 재단은 김동리의 큰 형인 김범부가 교장으로 있는 계림학숙으로 운영권을 넘겨주었다. 그 뿐만이 아니었다. 경주극장 운영권도 넘어갔고, 학교 역시 아예 폐쇄조치(1952)가 떨어졌다. 이칠성을 찾아내라는 경찰의 문초가 시도 때도 없이 이루어졌고, 이호상의 월북에 따라 이의성 집안은 부역자 집안으로 낙인 찍혔다. 이의성도 1950년부터 3년간 복역생활을 해야만 했다. 그 역시 사상교화를 시키기 위하여 복역이 이루어진 것으로 알고 있었지만, 피눈물을 흘리지 않을 수 없었다.

비극은 여기에 그치지 않았다. 1951년에는 음악과 미술전공자들과 교수들이 국군들의 트럭 두 대에 실려 어디론지 떠난 뒤 행방불명이 되어 버린 사건이 터졌다. 1952년 폐쇄령에 따라 해체된 경주예술학교 미술과 학생들은 일부가 홍익대로 편입되거나 경주의 계림학당으로 흡수되면서도 학교 유지를 안타깝게 바랐지만 결국 영원히 문을 닫지 않으면 안 되었다.

이의성이 대구교도소에서 3년간 복역을 마치는 동안 집안은 폐가가 되어버렸다. 출소 후 그는 경주에서 더 이상 살 수가 없었다. 연좌법에 매어 있는데다 경찰의 부단한 감시와 탄압, 그리고 뭇사람들의 따가운 눈총을 이겨낼 수가 없었다. 출소 후 그는 예술학교를 재건하려고 한 꿈도 포기할 수밖에 없었다. 서울 이외 지역에 민간예술종합학교로 최대·

최고가 될 수 있었던 희망이 사상탄압으로 좌절되어버렸다. 가족들 역시 모두 뿔뿔이 흩어졌다. 이 과정에서 이의성은 출소 후 처음으로 본명이었던 '이팔성'李八星이란 이름을 되찾았다. 그렇지 않고서는 살 수가 없었기 때문에 이름을 바꿔서라도 생활해야 했다. 사람은 죽음으로써 다시 태어나려는 몸부림을 칠 때 이름 석 자를 지우고 싶어 할까?

떠돌이 시대(1953~1976)

기가 막힌 사실은 연좌법과 탄압으로 경주의 모든 재산권을 행사하지 못한 채 경주를 떠났다는 점이다. 서울과 대구로 전전한 이의성은 한동안 대구시 대봉동 동사무소 사무장에 임명되어 근무하기도 하였다. 그의 장남 이래화의 학비를 내기 위하여 지금까지 숱한 고난 속에서도 끌어안고 다니던 바이올린을 팔 수 밖에 없었다. 그리고 마지막까지 보관하던 책들과 악보들을 헐값에 팔아버렸다. 이래화의 장녀 이태향이 바이올린을 전공하려고 하였을 때 할아버지 이의성은 처절한 몸부림을 치

1965년 3월 6일 손녀(이래화의 장녀) 이태향의 공주교대 부설 국민학교(초등학교) 입학식에 참석한 이의성
1번째 줄 왼쪽에서 2번째가 이태향이고, 맨 뒷줄 오른쪽에서 5번째가 이의성이다.

면서 바이올린을 찾으려 했으나 살 수 있는 비용이 없었다.

다행히 장남 래화가 1960년대 초 학교 교사생활을 할 수가 있었다. 고향 경상도와 멀리 떨어진 충청도에서 교사 생활이 시작되자 장남 가족들과 함께 충남 청양과 예산, 그리고 공주로 전전하였다. 또 장남이 공주교육대학 전임강사(1962~1965), 진주교육대학(1965~1967)을 거쳐 1967년부터 경북대학교 교수로 옮기면서 그 역시 진주를 거쳐 대구에 자리 잡을 수가 있었다. 이의성 뿐만 아니라 가족이나 친척 누구나 경주를 지척에 두고 가지 않았다. 경주는 고향이지만 갈 수가 없었다. 경주를 악몽의 땅으로 여기고 되돌아가고 싶은 충동을 억제하면서 이의성은 속으로 흐느끼며 조용히 살았다고 한다. 떠돌이 생활을 하면서도 이의성은 손녀(이태향)를 좋은 음악회나 춤 등 공연에 거의 빠짐없이 데리고 다니는 것이 유일한 낙이었나 보다. 혹 추울 때에는 당신의 코트로 손녀를 감싸며 예술의 마지막 불기운을 느끼고 있었는지도 모른다. 그는 며느리와 손자 손녀들에게도 바이올린을 가르쳐 주었다.

1976년 2월 25일 몹씨 추운 날에 대구시 북구 산격동 3구 1312의 27번지에서 향년 67세로 이의성이 희망과 좌절의 삶을 마감하였다. 오랜 지병이었던 고혈압이 그를 쓰러지게 했다. 그보다도 억장이 무너지는 역사가 그를 죽음으로 몰아갔던 것이다. 부인 신차봉 여사는 이의성이 떠난 지 7년 뒤인 1983년 같은 주소에서 향년 71세로 남편을 따라 별세하였다. 그리운 이름들을 부르면서. 장남은 1996년 2월에 경북대학교 문리과대학 체육교육과 교수를 끝으로 정년 퇴임하였다.

지방에 민족음악의 씨앗을 뿌리다

한국음악사에서 근현대음악사가 심하게 왜곡되어 있는 사실은 1980년대에 확인된 바 있다. 그 왜곡이 가능했던 사실은 일본제국주의와 분단

인물로 본 한국근현대음악사

으로 점철된 역사가 바로 한국근현대음악사였기 때문이다. 일제와 손을 잡고, 이승만 정권과 손잡은 역사만이 역사쓰기의 대상이 되어버린 우리의 근현대사는 '허무감'에 휩싸여 있었다. 참과 거짓이 뒤범벅되어 무엇이 참역사인지 '헷갈리는 역사'로 둔갑된 해석에서, 또 창조와 모방이 뒤섞여 무엇이 참 창조적인 예술인지를 모르는 허무감에서 이제 우리들은 해방되어야 할 것이다.

이의성은 1909년에 태어나 1976년 향년 67세로 살았다는 것 자체가 우리 근현대음악사 중심권에 살면서 민족음악 건설이라는 희망과 좌절을 겪은 음악인이었다고 할 수 있다. 우리가 처음부터 일본제국주의와 분단이데올로기라는 세계사적 짓눌림을 겪지 않고 자주적으로 근현대를 발전시켰다면, 이의성은 분명 민족음악을 앞당겨 실현시킬 수 있었던 음악인이 되었을 것이다.

더욱이 지방자치제 실시와 지역을 통한 세계화를 모색하는 현재의 시대적 흐름으로는 이의성의 경주예술학교는 서울 중심에서 벗어나 더 다양하고도 풍부한, 그리고 창의적인 지방문화를 꽃피웠을 것이다. 그러나 분단이데올로기로 모든 것이 무너졌다. 그는 분단이데올로기가 치열하게 짓누르고 있었던 현대사의 전형적인 희생자였다.

그와 그의 가족이 어떻게 폐가로 치닫고, 어떻게 가슴을 쥐어뜯으며 통한의 세월을 보냈고, 하늘같은 평화로운 음악을 눈물로 노래했는지는 그 시대의 그 가족들만이 겪어야 하는 형벌인가? 누가 이들의 삶을 보상할 것인가?

비록 세계사적 냉전체제에 따른 한반도 분단 비극이 이들에게 형벌을 내렸음에도 이의성이 경주예술학교에 뿌린 민족문화건설의 씨앗은 그 제자들이 대구와 경주, 그리고 서울에서 한국악단과 화단의 중진들로 자리 잡고 있다는 점에서, 이들이 '함부로 거론' 할 수 없는 침묵의 연속이라 할지라도 역사는 평가할 것이다. 우리가 좀 더 열린사회가 되고 나눔의 세계적 태도로 성숙할 때가 되면, 이의성은 부활의 음악인으로 복원되고, 근현대사의 새로운 역사적 평가로 말미암아 다시 써야 하는 한국음악사의 인물이 될 것이라고 믿어 의심치 않는다.[52]

. . . .

52) 필자는 안동에서 박정양(朴廷陽)교수를 1996년 3월 1일부터 만날 수 있었다. 평상시 『음악미학』(학문사, 1985)의 저자로만 알고 있었지만, 그가 1946년에 경주예술학원 교수로 임용된 사실을 뒤늦게 알면서 대화가 시작되었다. 평양시 상수리 17번지 박양준(朴良俊)과 김영수(金永洙) 사이에서 1924년 8월 14일에 태어난 그는 평양 명륜고등보통학교(6년제)와 서문고등여학교(4년제)를 졸업하고 일본고등음악학교를 다니다가 1942년 유학생 귀국러시가 이루어지면서 평양에 귀가하였다. 바리톤 한순각(韓淳珏), 바이올린의 이호상과 한준길 등이 동기들이었다. 박정양은 평양 신양보통학교 교원으로 있었기 때문에 정신대를 피할 수 있었다. 서문고녀 출신인 정훈모, 한평숙 등이 동창생이다. 1946년에 박정양은 일본고등음악학교 동창생인 바이올린 한순각(1916년생)과 결혼하고, 이들은 서울에서 이호상과 한준식을 만나 경주예술학원에 출강교수로 초청되었다. 봉급은 한 달에 쌀 두말 사면 될 정도의 수준이었다. 박정양은 후에 도쿄예대 음악학부 대학원 연구과정을 수료하였고, 일본대학 예술학부 예술연구소에서 음악미학을 연구하여 안동사범학교 교사와 안동교육대학·안동대학 음악과 교수로 활동하다가 1989년 8월 30일에 정년퇴임하였다.

인물로 본 한국근현대음악사

8장

전통음악과 서양음악의 가교

김희조

김희조는 전통음악과 서양음악이라는 두 가지 음악언어를 획득하는 길을 한평생 걸어왔고, 그 획득을 성취하였다. 우리의 음악상황이 어느 한 음악에 집착하기보다 두 음악언어에 정통하는 상황으로 악단구조가 시급하게 전화(轉化)하여야 한다고 전망하는 음악 상황에서 그는 확실하게 역사화 되어가는 인물로 우뚝 서 있을 것이다.

金熙祚

전통음악과
서양음악의 가교 ___ 김희조

새로운 시각과 평가

이제 누구나 전통음악과 양악의 만남이 피할 수 없는 한국음악의 과제라고 동의한다면, 그 산맥에서 뿌리 깊은 한 인물을 만나게 된다. 또 이 땅에 걸맞은 세상과 역사, 삶의 현장과 음악이 서로 떨어질 수 없는 전제임을 고백할 때 우리는 부동의 한 인물을 만나게 된다. 그 인물이 바로 작곡가 김희조金熙祚이다.

지금까지와 달리 그가 서서히 역사화되어 갈 것임을 움직일 수 없는 두 가지 사실에서 확실하게 확인할 수 있다. 즉, 한 가지는 한국음악사에서 역사적 사실이 되어버린 양악이 전통음악과 대화해야 하고, 동시에 전통음악이 양악과 대화하여 우리 시대에 새로운 민족음악 산맥을 창출하여야 한다고 믿으면 믿을수록, 그 산맥을 자기 삶으로 깨닫고 걸어간 뚜렷한 인물 중 한 사람이 바로 김희조이기 때문이다.

이 사실은 한국음악의 과제, 곧 근대 이후 한반도가 격동의 국제사회에 살아남기 위해서 서양과 일본을 알지 않으면 안 되었던 역사적 상황에서, 언제나 이 땅의 민족전통음악과 비판 → 반비판 → 자기비판이라는 대화의 과정을 거쳐 '수정의 길'로 들어서는 것이야말로 싫어해도 피할 수 없다는 과제였고 그것을 김희조가 풀어내어 뚜렷한 산맥으로 형성하였다는 말이다. 그 산맥은 전통음악과 서양음악이라는 두 가지 음악언어를 동시에 익힐 때만이 가능하며, 이 길을 들어서려는 후학들이 그의 음악적 궤적을 답사하지 않으면 안 될 정도로 주목해야 한다는 점에서 그렇다.

그리고 전통음악과 그 음악인 역시 서양음악을 무조건 배척하는 일이 있다면 이것은 순수혈통을 지키는 것이 될지언정, 국제 음악을 만날 때마다 방황하였던 역사가 한국음악사에서 분명했다. 그렇기 때문에 이러한 태도에서 벗어나 서양음악과 같은 국제 음악을 곁눈질하지 않고 적극적으로 자기화(재통합)하여야 한다고 믿는 진일보한 사람들에게 김희조의 음악궤적이야말로 정면에서 회피할 수 없다. 그만큼 김희조는 두 가지 음악언어를 획득하는 길을 한평생 걸어왔고, 그 획득을 성취하였다. 말하자면, 어느 한 음악에 집착하기보다 두 음악언어에 정통하는 상황으로 악단구조가 시급하게 전화轉化하여야 한다고 전망하는 음악상황에서 그는 확실하게 역사적 인물로 우뚝 서 있을 것이다.

또 한 가지는 김희조가 현재에도 한국인들의 삶에서 음악이, 역사적인 민족전통음악이 새로운 음악으로 창조적인 계승과 발전이 이루어져야 한다는 깊은 믿음으로 일관되게 살아왔다는 사실이다. 전문음악인들이 주로 대학 중심으로 전문화시키고 학문화하였으나 현실 밖에서 전문화였으므로 스스로 '어려운 음악' 아니면 '고수해야 하는 전통음악' 아니면 '서양본토음악의 모방음악'만 만들었다는 한계점과 달리, 김희조는 언제나 한국인의 역사적 삶과 그 음악을 먼저 고려하였기 때문에 일반 음악애호가 속에서 호흡하며 살아왔다. 이 호흡은 그의 음악을 여러 장르에 걸친 예술분야, 곧 한국음악을 찾는 사람들(국악관현악, 합창분야)은 물론 무용, 영화, 뮤지컬, 방송음악 등의 종사자들로 하여금 찾게 하였고, 누구나 공감할 수 있었으므로, 여러 분야에 걸쳐 정열적인 창작활동으로 그의 수많은 작품이 빛을 보게 되었다.

그렇다고 그의 음악이 '실용음악Gebrauchsmusik'의 특징을 지니고 있다고 함부로 말할 수 없다. 그의 음악은 가정이나 일반모임에서 아마추어들이 사용할 목적으로 만들어진 것이 아니어서, 그의 작품이 단순명쾌하다고 말할 수 없다. 오히려 그는 '음악이 왜 있어야하고, 어떤 음악으로 어떻게 소통'되어야 할지를 작품으로 분명하게 보여 주면서 이 물음을 자기 신앙화하였다.

물론 김희조를 보는 눈은 그 시각에 따라 평가를 달리한다. 대학을 중심으로 한 전문창작인들 사회에서 김희조는 엄청난 작품활동에도 공식적인 전문음악학교를 나오지 않은 인물이어서 무시해도 좋을 실용적 음악가였고, 어쩌다 악단에 끼어들기를 하였지만 계보가 없는 '장외場外음악가'처럼 여겨버리기도 했다. 사실 그런 시각이 자리 잡고 있는 것 또한 부인할 수 없다.

이 시각은 충분한 근거가 있다. 1920년 11월 21일생으로서 오늘까지 80년 가깝게 그의 학력은 전문음악학교 출신이 아니다. 그는 음악과 거리가 먼 동성상업학교(5년제로서 현재의 동성중고등학교)와 일반대학 출신(1962년 건국대학교 상과 졸업)이다.

또 그의 첫 직업도 한성은행(현 신한은행)에서 성실한 은행원으로 출발하였다. 더욱이 그가 4년 5개월간 신흥대학교(현 경희대학교) 음악과 작곡 전임교수로 재임(1957.10~1962.4)한 경우와 5년간(1982~1988) 서울예술전문학교 국악과 교수로 활동한 이외에는 대학에 없었기 때문에, 흔히 기존 제도권 음악인이 제자들을 둔 창작계 구조와 달리 그의 음악궤적을 이어갈 제자가 없음 또한 부정적 시각이 자리 잡게 된 원인이기도 하다. 대학을 중심체제로 삼고 있는 현 창작계 구도에서 그의 음악궤적을 이어갈 제자가 없다는 점은 '작품의 단절'까지 초래하는 결정적 치명타일 수 있다.

그리고 대학과 악단 자체가 양악 중심으로 자리 잡은 시대적 상황에서 그가 '평가 저 너머의 음악가'이자 '장외 음악가'로 취급되는 것이 결코 무리가 아니라고 보여진다.

그렇다. 그는 '홀로'였다. 스스로 홀로임을 부정하지 않고 자인했다. 그가 어느 정도 창작가로서 성취를 이루었을 때, 그러한 음악제도권과의 관계가 사실 고립무원孤立無援임을 자인했으니 말이다. 이처럼 기존의 전문적인 창작계가 그를 '무시해도 좋을 장외의 돌연변이'로 여길지라도 그는 스스로 거역하지 않았거니와 그 비판을 숙명처럼 받아들였다.

바로 그 점, '장외의 돌연변이'이기 때문에, 스스로 걸어가야 할 길을 처음부터 자인하고 묵묵히 걸어갔다. 그 점에서 오히려 그는 악단의 비윤리적, 무창조적인 한계를 뛰어 넘을 수가 있었다. 뛰어 넘을 수 있었던 것은 자신의 깨달음 때문 이었다. 그가 응전해야할 상대가 자기를 인정하지 않는 기존음악계보다 더 무서운 적이 '역사적 평가'임을 먼저 깨달았다는 점에서 그는 악단의 한계를 뛰어넘을 수 있었다. 사람은 자기를 억누르는 조건에서 자유스러울 때 높이 날 수 있음을 우리에게 일깨워주듯이 말이다.

이 사실에 우리가 들어선다면 그는 몸소 체험한 음악환경을 끊임없이 자기화하여 오늘에 이르렀다는 점을 알 수 있다. 또 그 축적된 비의秘義를 이 시대의 우리들에게 건네주고 있음을 우리가 겸허하게 받아들일 수 있으며, 경의 또한 표할 수 있을 것이다. 자기가 부딪히는 이승의 현장에서 응전한 그의 삶의 태도와 궤적이야말로 끊임없는 자기혁신을 위한 변모였다고 말할 수 있을 것이다.

그는 성장하면서 익힌 하모니카, 기타, 피아노, 비올라, 콘트라베이스, 튜바 등의 악기편성을 필요로 하는 악단에 단원으로 깊이 관여함으로써 한국 현대 연주단체의 변천사를 지켜올 수가 있었고, 또 연주단체의 실

김희조 초등학교 재학시절 앞에서 둘째 줄, 오른쪽에서 다섯째

상에 누구보다 정통할 수 있었다. 이러한 체험이 모두 그의 창작을 위하여 예비될 수 있었으며, 무용·영화·뮤지컬·방송 등 창작 작품이 절대적으로 필요로 하는 분야에 즉응함으로써 싫든 좋든 부동의 위치를 확보하였다. 그가 음악가로서 지내온 발걸음 또한 한국현대음악사의 흐름 그것일 정도로 역사 한복판에서 있었음으로써 장외의 음악가이기는 커녕 한국음악의 커다란 봉우리였다.

변방에서 키운 음악가의 꿈

김희조는 관현악단 단원과 지휘자, 국악관현악단 지휘자, 양악과 국악 교육가 등의 생활을 하기도 하였지만, 그것은 모두 창작가의 길을 완성하기 위한 체험이었다. 2003년 별세한 김희조의 음악궤적은 3기로 구분할 수 있다.

은행 근무시절의 김희조(오른쪽)

은행원으로 생활하며 작곡가를 꿈꾸다

제1기는 해방직전 2년 전까지 통상적인 생활인으로서 살아온 23년 기간을 말한다. 제2기는 그동안 독학으로 공부한 것을 바탕으로 1943년부터 공식적으로 임동혁林東爀과 김순남金順男으로부터 본격적인 작곡법을 공부하고 동시에 해방직후부터 여러 악단에서 음악가의 길을 걸어간 시기로서, 23년 동안 작곡가와 편곡가 그리고 연주가와 음악교육가를 병행한 때이다. 제3기는 1965년부터 서울시립국악관현악단 창단 때 작·편곡가(1968~1974 상임지휘자)로서 한국음악 창작을 본격화한(물론 서양악기 매체로 전통적인 음악어법을 표현하거나 국악기와 결합하거나 또는 서양악기에 의한 서양어법을 드러낸 작품도 있지만) 시기로 2003년 사망할 때까지의 시기이다.

김희조는 1920년 11월 21일 서울 종로구 내수동에서 아버지 김준식과 어머니 유영순 사이에서 장남으로 태어났다. 6살 때 어머니와 사별한 뒤 청진동의 갑자유치원(1925), 종로구 통의동의 매동 공립보통학교(1927)를 졸업하고 20살 되던 1939년에 동성상업학교를 졸업(1933년 입학)했다. 이어 한성은행에서 행원으로 사회생활을 시작하였다. 이때까지만 하더라도 경제적 환경으로 말미암아 그는 음악가의 길을 제대로 갈 수가 없었다.

그러나 은행직장생활로 형편이 나아진 그는 음악의 길이 더 이상 꿈이 아님을 현실로 확인이나 하듯, 그동안 동성학교에서 익힌 하모니카 합주단 생활에 이어 기타를 구입하면서 점차 작곡가라는 꿈을 키워갔다. 당시 일본 작곡가로서 널리 알려진 모로이 사부로오諸井 三郎(1903~1977)의 『기능화성학』(1941)류의 화성학을 공부하고 그 체계화를 위하여 여러 가지 악기와 작곡공부를 본격화하기에 이르렀다.

전문음악의 길로 나서다

제2기 : 제2기에 돌입한 김희조는 피아노를 당시 정신고녀 음악교사인 김흥조金興祚여사로부터, 비올라는 안성교安聖敎로부터, 바이올린을 안병소安柄昭로부터 각각 지도 받았다. 그리고 작곡을 임동혁과 김순남으로부터 지도 받으면서, 조선호텔 실내악단에서 김재호(플루트), 정봉열(바이올린), 그리고 다른 첼리스트와 함께 피아노를 담당하거나 경성방송국 JODK 방송관현악단에 엑스트라로 출연하다가 해방을 맞이하였다. 이 기간까지 김희조는 국내 중진들로부터 공부하고, 함께 연주활동을 하였다.

해방은 일본 도쿄 유학을 포기하게 한 계기가 되었다. 그리고 비로소 만날 수 있었던 음악가가 김순남이었다. 김순남은 일본에서 귀국하여

김희조가 경성방송국(JODK) 방송관현악단에 출연한 사실을 보도한 『매일신보』 1941년 12월 23일자 기사

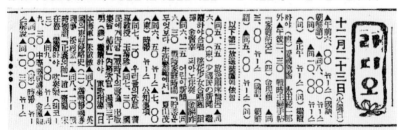

인물로 본 한국근현대음악사

1936년경 이문동 집에서 작곡하는 모습

주목받는 신예 작곡가로 활동하고 있다가 해방을 맞이하여 민족음악을
주도하고 있었다. 김희조는 그에게 2년간 작곡공부를 하였다. 그는 여기
에서 김순남으로부터 작곡가의 마음가짐에 대하여 깊은 영향을 받았다
고 고백한다.

　그러나 해방공간(1945~1948) 격동기에 김희조는 김순남과 달리 민족현
실 현장에 뛰어들지는 않았다. 대신 관현악과 밴드운동에 더 관여했다.
그는 현제명이 주도한 고려교향악단과 이후 김생려가 주도한 서울관현
악단으로 자리를 옮겨 단원생활을 하였다. 또 서울시 취주악단에 이어
군악대에서 10년간 장교 생활을 하였다.

　김희조가 비록 음악활동에 정진하고 있었지만, 다른 음악가들과 다른
점은 제2기에 들어서면서 민족전통음악을 발전시키려 이 분야와 '대화'
한 점이다. 이것은 당시 누구나 합의한 바 있는 해방공간의 민족음악과
제, 즉 일본제국주의 잔재음악을 청산하고 민족전통음악의 창조적 계승
과 선진음악의 비판적 섭취를 모색하며 민족음악을 수립하자는 그 과제

1962년 동료 음악가들과 함께 한 김희조
왼쪽부터 임성남 전 국립발레단장, 박용구 음악평론가, 김희조

였다. 그중 김희조는 '전통음악의 창조적 계승과 서양음악의 비판적 섭취' 쪽에 더 관심을 기울였다. 그에게 민족전통음악은 '새 음악'이었다. 곧, 계승과 발전에 있어서 말이다.

김희조가 정부의 군악대 창설에 동참하여 군악대장(육군군악장교 제6기생, 1948~1957)과 경희대학교 음악과 교수(1957~1962) → KBS Small Orchestra 상임지휘자(1958년부터 제3기 이후에 이르기까지) → 국악예술학교 양악교사(1963년 이후) → 1965년 서울시립국악관현악단 창작가로 입단할 때까지 그의 주된 관심은 민족전통음악의 계승과 발전으로서 '새 음악'을 만드는 일이었다. 이 일을 자신의 목숨과 같은 과제이자 민족의 시대적 과제로 여겼다. 그는 이 과제를 실천하는데 평생을 일관되게 걸었다.

바로 이 사실에서 김희조는 자신과 악단관계를 갈라서게 하였다. 한국 현대음악사가 거의 모두 서양음악 모방과 그 모더니즘을 추구해야만 평가받을 수 있었던 데 비해 그 흐름을 역류하였기 때문이다. 그것은 악단 중심권의 장외에 머무를 수 밖에 없었음을 뜻한다. 대신 민족전통음악의 창조적 계승을 자신의 중심과제로 삼아, 비록 고립무원의 길을 걸었지만, 후대의 민족음악역사에 한 산맥을 이룩하려고 정진하였다.

민족전통음악과의 대화가 시작된 시기는 전남 광주에서 군악대장으로 있을 때부터이다. 레코드 가게에서 구입한 산조음악에 그는 깨어날 수 없을 정도로 깊이 빠졌던 것이고, 새로운 희망 속에 그는 채보하기 시작했다. 그 결과 〈방아타령〉은 현재에도 군악대 주요 연주 곡목으로 자리 잡고 있으며 한국군악대의 독자성을 추구할 때마다 군대가 주목하고 있는 작품이다. 비록 한국음악의 전형성을 이룬 작품이 아닐지라도 말이다.

김희조가 군복무중 밴드용으로 작곡한 작품으로 이 외에 〈충성을 다하라〉·〈대한국군의 자랑〉·〈묵념곡〉 등이 있으며, 현재에도 주요 인기 연주곡들이다. 또 6·25전쟁 당시 부산 군악대 생활 때 김소희·박귀희가 어렵게 운영하고 있었던 '햇님달님' 극단의 단원들을 군악대 문관으로 초빙하여 도우면서 이 분야에 더 깊이 빠져 들었다.

그는 1958년 'KBS Small Orchestra' 지휘자로 있을 때부터 10여 년간 민요와 다른 전통음악을 양악으로 편곡하기 시작하여 단소·피리·가야금 등을 독주로 한 양악식 관현악과 만나는 협주곡을 창작 공연하였다. 예컨대 〈피리와 관현악을 위한 민요연곡〉이나 〈단소와 관현악을 위한 수상〉 등은 이병우李炳佑의 도움을 얻어 만들어졌다. 이병우는 피리 명인으로 양악보까지 뛰어나게 연주한 음악인이었다.

또 KBS합창단과 관현악으로 연주하여 전국 방송망으로 널리 알려진 바 있는 자신의 작곡과 편곡 작품 〈보리타작〉·〈아리랑〉·〈밀양아리랑〉·〈베틀가〉·〈방아타령〉·〈뱃노래〉·〈농부가〉 등과, 경희대학교를 사임한 직후(1962.4) '예그린 악단'에 편곡자로 입단하여 수많은 민요의 작·편곡(이 때에 나온 〈옹헤야〉는 전국적으로 대유행하였다)한 예들이 '전통음악의 창조적 계승과 서양음악의 비판적 섭취'에 정진한 작품들이다.

그는 그렇다고 전통음악을 오선지에 그대로 옮겨 양악식으로 연주하는 것과는 다른 방식을 취해 갔다. 왜냐하면 전통음악을 양악식 오선 악보에 옮겨 놓는 순간부터 서양음악의 평균율과 그 전개논리에 빠져 전통음악의 특징이 해체되는 위험을 항상 안고 있기 때문이다. 전통음악이 가지는 선율 진행상의 농현이나 시김새 등 그 생명과 같은 음 처리가 현재로서는 서양의 오선지로 모두가 해결될 수 없기 때문이다.

김희조는 이것을 풀어내기 위하여 여러 방법을 모색하였고, 이 고민의 결과로 나온 작품들이 오늘날 '국악관현악' 합주사에 분수령을 이룰 수 있었다. 예컨대 민족전통악기를 양악기와 만나면서(협주곡이나 혼합편성 등) 조율상의 기본음과 딸림음만을 맞춰놓고 나머지는 전통음악 연주자에게 일임하는 방법(작곡자가 오선보에 지시하지 않는다)이나, 민족악기의 선율을 양악기와 똑같은 선율로 유니즌 해버리면 시김새가 묻혀버리기 때문에 이를 피하기 위하여 각자의 독자성을 부여하는 방법 등 민족전통음악과 양악의 작·편곡법을 끊임없이 쇄신하고 그 방법을 터득해 나갔다. 이것은 누구나 하루아침에 이룩되지 않는데, 그 이유는 전통음악과 양악 두 영역에 탄탄한 체험과 논리로 정통하여야 하기 때문이다.

이러한 현장에서 김희조 자신의 발로 획득해 나간 방법과 KBS생활을 통하여 전통음악에 바탕을 둔 작품들을 방송할 수 있었던 기회들이 계기가 되었다. 즉, 전통음악과 양악이라는 두 음악언어를 뛰어넘어 김희조의 독자성을 갖게 하는 계기가 되었다는 말이다. 바로 이 점에서 '전통음악의 창조적 계승과 국제음악의 비판적 섭취'과제가 한국음악사 과제이라면 김희조는 실로 엄청난 작업을 한 셈이다. 제3기에 중요성이 있는 사실도 여기에 있다.

'서울시립국악관현악단' 입단
제3기 : 김희조에 대한 역사적 계기를 가져다준 제3기의 음악사건은

1965년 국악예술학교 교장이 조직한 '서울시립국악관현악단'에 입단한
사건이다(홍원기와 더불어 창작가로 입단하였다). 음악적 사건이랄 수 있는 것
은 그가 입단한지 2년 후 상임지휘자가 되어 1973년 그만 둘 때까지 정
기공연이나 임시공연을 통하여 수많은 작편곡 작품을 발표하고 민족악
기 편성에 의한 연주상의 정통기술을 확립하여 한국음악 창작과 연주사
에 참으로 커다란 공헌을 하였기 때문이다. 동시에 합주단의 빈곤한 공
연 곡목을 일시에 뛰어넘었을 뿐만 아니라, 합주창작계를 촉진시켜 줌으
로써 전통음악계가 합주단 중심으로 물꼬를 잡아가게 하는 결정적 계기
도 되었다. 김희조의 이 활동이 오늘날의 수많은 전통음악합주단과 한
국음악과(또는 국악과)의 창작·연주·교과 활동에 역사적인 영향을 주었으
므로 그를 논하지 않고는 풀어지지 않을 정도가 되었다.

그는 〈뱃노래〉·〈새타령〉·〈육자배기〉·〈성주풀이〉·〈홍타령〉·〈고리타
령〉·〈놀량〉·〈자진 산타령〉·〈범피종류〉·여섯 개의 〈합주곡〉 등 민요와 판
소리 등을 채보하여 국악관현악으로 편곡하거나 새롭게 작곡하여 서울
시립국악관현악단·부산시립국악관현악단·국립국악원(합주곡 제6번의 경

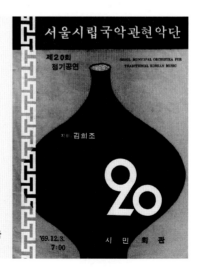

**1969년 12월 3일 서울 시민회관에서 열린 서울시립국
악관현악단 정기공연 포스터**

우)을 통하여 발표하였다. 1990년대에는 〈세 개의 가야금을 위한 3중 협주곡〉이랄지 〈서용석류 대금산조를 위한 협주곡〉(1995)·〈성금연의 흥을 주제로한 가야금 협주곡〉(1995)·〈서양 오케스트라에 의한 김죽파 산조〉(1996) 등을 만드는 등 이미 한국음악 작곡가이자 편곡가로서 한국현대음악사에 부동의 위치를 차지하게 되었다.

1968년 '예그린 악단' 위촉작품으로 만든 뮤지컬 《대 춘향전》이외에도 《종이여 울려라》(1974)·뮤지컬 《시집가는 날》(국립가무단 초대단장으로 있을 때 작품)·《상록수》(1975)·무용극 《심청전》(1976)·뮤지컬 《달빛 나그네》(1978)·뮤지컬 《양반전》·뮤지컬 《아리랑 아리랑》(88예술단 위촉작품)·뮤지컬 《신데렐라》(1980) 등 대작의 창작품을 발표하였다.

물론 이외에도 1970년대 말까지 영화 《의사 안중근》·《장군의 수염》·《춘향전》 등 50여편의 영화음악과 창작무용곡 〈처용〉(1981)·〈화충〉(1970)·〈나무꾼과 선녀〉(1974)·〈비단 나비〉 등 제3기기간 동안 그는 한국음악·뮤지컬·영화·무용음악 분야에 걸쳐 한국음악창작가로 분수령을 이루었다.

양악을 어떻게 전통음악에 재통합하여 민족음악을 창출할 것인가?

김희조가 악단에서 비록 장외로 취급받았을지라도 실제적인 음악적 삶의 궤적은 실로 탄탄하며 엄청나다.

그는 해방 직전 조선호텔 실내악단에서 피아노주자로 활동하면서부터 해방직후 고려교향악단 단원(비올라, 콘트라베이스)과 서울관현악단 단원(콘트라베이스, 편곡), 그리고 서울시 시립취주악단 단원(튜바) 생활을 거의 같은 시기에 하면서 여러 악기들을 다루었다. 1948년 정부수립과 함께 육군 제5여단 군악대 대장과 육군본부 군악대장을 거쳐 1957년 10월부터 경희대학 음악과 밴드와 작곡지도 교수로 활동하였다.

이어서 서울시립교향악단 부지휘자, KBS관현악단(임원식 지휘단체와 별도의 방송실내관현악단) 지휘와 KBS 생활 → 예그린 제1차 작·편곡자 → 국악예술학교 교사 → 1965년 서울시립국악관현악단 창단과 함께 작·편곡자 → 동 관현악단 지휘자(1968년부터) → 1974년 예그린이 국악가무단으로 개칭시 초대 단장 → 1982년 서울예술전문학교 국악지도교수 → 아세안게임 음악 총감독(1986)→ 1988년 서울올림픽 개폐식 음악작곡 등을 맡았다. 이처럼 그가 한국현대음악사에서 지울 수 없는 음악가라는 점에서 결코 장외의 음악가이기는커녕 부동의 역사적 음악가이다.

더욱이 그의 작품은 전통음악을 현대화함으로써 누구나 어느 사이에 묵계적으로 믿어버린 신화, 곧 "새것이 서양음악이고 전통음악은 헌 것"이라는 공식이 한 시대의 산물일 뿐 영원불변의 공식이 아니라는 점을 전환기적으로 선언을 하였다. 그는 작품을 통하여 '전통음악을 우리가 새로운 감수성으로 획득해야한다는 선언'을 부단히 실천함으로써 스스로도 장외의 음악가일 수 없었다. 김희조는 오히려 우리가 장외의 음악생활을 하고 있다는 허구성을 고백토록 하였다.

그리고 서양악기와 그 음악언어가 어떻게 한국화할 수 있는지를 우리에게 부단히 건네줌으로써 양악은 물론 전통음악만으로는 현재의 양악적 감수성으로 되비질 하고 있는 이 시대를 적중시킬 수 없음을 간파하고 있는 동시에 서양음악언어를 필연적으로 획득해야 한다고 믿는 진보적 국악인에게 김희조는 분명 하나의 기념비적인 기준치가 되었다. 바로 그 사실에 우리가 믿어 의심치 않을 정도로 김희조는 역사적·미적 공헌을 하고 있다.

우리는 김희조가 "양악을 어떻게 전통음악에 재통합하여 민족음악을 창출'할 것인지에 대하여 누구보다도 앞서서 그리고 일관성 있게 추구한 창작가임을 발견할 수 있다. 그러한 점에서 그는 민족음악가이며, 한국현대음악사에 역사적 공헌을 한 "장내場內 부동의 음악인"이었다.

그가 '어떻게' 서양음악을 이 땅에 재통합 할 수 있는지를 자기 몸으로 반성하며 성취한 궤적이야말로 지금이라도 분명하게 역사화할 수 있을 정도로 독자성을 가지고 있다. 그리고 이 독자적인 평가가 앞으로 더욱 점증될 것이다.

김희조는 음악인이 숙고해야하는 사항들, 곧 서양음악을 한국에 재통합시켜 우리 음악을 발전시키려 할 때의 성악의 딕션이나 발성의 문제, 화성의 적용문제, 전통음악의 음계나 장단 그리고 선율의 시김새 등의 처리문제 등을 전통음악 속에서, 전통음악인과 현장들을 채보하여 자기 몸으로 체화體化할 때까지 철저히 자기점검을 하였다. 그의 반성적 태도를 우리는 주목하지 않을 수 없다.

그의 반성은 한국음악의 힘이 되었다. 이은돌·김인식·이상준·김형준·안기영·김세형·채동선·김순남·이건우 등 한국 근현대음악사 줄기에서 민족전통음악을 새것으로 여긴 그 산맥에 김희조가 한 산맥을 이루고 있으면서 양악논리보다 전통음악을 새로운 음악(한국新統음악)으로 하여 독자성을 확보하였다는 점에서 그는 한국음악의 힘이 아닐 수 없다. 그 힘은 우리를 번뜩이게 한다. 김희조의 다음 몇 가지 말만 들어도 이를 확인할 수 있다.

3화음을 쓰면 찬송가 곡조가 되기 때문에 피아노나 독창보다 음색 풍부한 관현악이나 혼성합창에서 더욱 효과적이다.

민요합창에서 두성이나 벨칸토 창법은 결과적으로 가사전달 및 음색효과에 거리가 있기 때문에 전통성악곡의 딕션과 장단처리법을 철저히 연구하고 실천해야한다.

민요합창시 곡중 독창은 창하는 사람을 초빙하면 우리 맛이 더 난다. 이 때 민요독창자가 일반적으로 합창단보다 절대음고가 높기 때문에 제2절에서 합창단에 의한 합창을 비로소 높게 조옮김을 한 뒤 제3절에서는 본디 조성으로 내려오는 수법(〈한강수타령〉 같은 경우)이 있다.

전통음악을 현재화하기 위한 창작법은 전통음악 그 자체의 채보과정에 있는 바, 시김새·화음·장단변형 등을 연구하면 한국음악의 악기론과 관현악법이 성숙해진다.

합주에선 단순하게 편곡해야 제 맛이 난다. 전문적인 잡가, 〈육자배기〉 같은 경우 관현악으로 편곡할 경우는 먼저 각 가야금·해금·대금·장구 등 각 악기별로 채보하고 전체적으로 작업하는 방법이 효과적이다.

서양음악의 최신 기법을 따르는 고답적인 추수주의 때문에 청중과 괴리가 생기는 한국양악의 계몽적인 태도보다 먼저 이 땅의 민족인과 공감, 화해할 수 있는 직업적인 창작가가 본격화되어야 한다.

이러한 김희조의 자기 독백은 그 자신이 체화한 끝에 각혈하는 수행자의 독백이 아닐 수 없다. 그의 독백은 한국음악이 "민족전통음악을 창조적으로 계승하고 발전"하자는 역사적 과제에 대해 처절한 반성과 적용에서 나온 독백이어서, 이것이 당대의 힘으로 작용하는 이유가 된다. 그러기에 김희조의 뚜렷한 한국음악 산맥은 그 산맥만으로 줄기화하지 않는다. 본줄기라고 여겨왔던 한국음악의 기존 산맥들과 새로운 관계와 균형을 가지는 그러한 산맥이다. 우리가 '민족전통음악의 창조적 계승'을 당대에 고민하면 고민할수록 김희조는 가깝게 기존 작품 간의 새로운 균형을 이루게 하면서 우리들을 반성적으로 조정케 하지만, 멀리는 한국음악의 좌표를 역사적으로 반성케 하는 이유도 여기에 있다.

김희조가 마지막으로 작업하던 악보

'낡은 음악'과 '새로운 음악'

김희조는 지금까지 양악화洋樂化된 한반도 서양문명 현장에 뛰어들어 '낡은 음악'이라고 믿었던 민족전통음악을 창조적으로 계승하며 '새로운 음악'으로 창출하려한, 뚜렷하고 일관된 길을 걸으면서 자신과 그 지지자와 소외받은 국민들에게 희망을 안겨다 준 사회윤리적·미적 음악인이다.

왜 그가 사회적으로 윤리성를 가질 수 있느냐면 모든 사람이 믿었던 '낡음'을 철저하고도 사회적으로 반성 했기 때문이다. 그에게 '전통'은 '새것'이었다. '민족의 아름다움'으로 체험하고 해석할 수 있는 그 전통의 '창조의 무한함'을 확신했기 때문이었다.

우리가 김희조 산맥에 오른다면, 서양의 모더니즘을 추구함으로써 이 땅의 민족인에게 스스로 소외당한 사람들을 발견할 수 있는데, 그들이 바로 기성 창작음악인들이다. 한국음악은 서양음악에 의하여 해체될 음악도 아니며, 이국취향적 대상도 아니다. 한국음악의 기준은 '전통' 그 자체에서 나오며, 그 전통이 주는 창조의 무한함은 전통이 한국인의 역사이자 미적 합의의 근거이기 때문인데, 양악의 역사와 미학이 기준이 된 양악인들에게 한국전통음악은 근본적으로 오해만 빚어질 수 있다.

그것은 적용하는 기준이 서양음악의 전통에 있기 때문이며, 한국음악의 역사와 미학 밖에서 대화하려고 하기 때문이다. 그래서 우리가 지금까지 성취한 김희조의 산맥이 고립무원孤立無援의 상태에서 이루어진 것이라고 믿을 수는 없다. 그 자신이 비록 양악으로 출발하고, 또 민족음악 창출을 생명으로 여겼던 해방 전후의 뚜렷한 시대적 요청 속에 살았을지라도, 그는 전통음악 그 자체에 깊은 신세를 졌기 때문이다. 그에게 선생은 여럿 있었지만, 참 선생은 민족전통음악이었음을 우리에게 드러내고 있다.

전통을 새로운 전통新統으로 삼으려 하였던 사람들이 깨닫게 되는 것은 전통을 오늘에 그대로 반복하려는 '전통주의'가 아니라, 전통이 다름

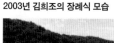

2003년 김희조의 장례식 모습

아닌 민족이며, 그 민족전통이야말로 한반도인들이 국제관계에서 자주성과 세계성으로 창출하려는 몸부림의 역사이자 미적 체험이었으므로 '전통과 신통 두 산맥의 창출'이야말로 바로 한국음악의 좌표임을 깨닫는, 그러한 깨달음이다. 그 깨달음의 반열에 김희조가 있음으로써 우리들이 기쁠 수 있는 이유도 여기에 있다.

전통은 근대화의 걸림돌이 아니라, 일본과 서양문명의 대세 속에 조건화된 우리들의 역사원칙이 걸림돌이다. 우리가 김희조의 작품을 통하여 기대하는 것은 '전통과 신통음악의 체험'이다. 그 체험 속에 열려진 무한한 '민족의 삶 - 죽음의 역사와 미학' 간의 만남을 통하여 이 땅의 삶과 세계를 새롭게 전망할 수 있는 그러한 '희망'의 확인이다.

9장

남과 북, 중국에서 음악활동을 한 독립운동가

정율성

한반도와 중국대륙에서 일본제국주의와 맞서 민족독립과 아시아 평화를 노래한 음악가 정율성. 13억 중국인들이 위대한 음악가이자 혁명가로 추앙하며 오늘도 그의 작품들을 노래한다. 윤이상이 <광주여 영원히!> 작품으로 광주 밖의 음악인이 세계 속에 광주를 알게 하였다면, 광주에서 태어난 정율성은 중국인들에게 한반도 민족을 알게 하고 광주를 새긴 음악인이었다.

鄭 律 成

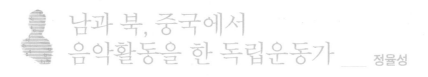

남과 북, 중국에서
음악활동을 한 독립운동가 ___ 정율성

왜 지금 정율성인가?

전남 광주에서 태어나 한반도와 중국을 달리며 온 몸으로 살아간 정율
성, 일제강점기 광주의 사립 숭일학교와 전주 신흥학교에서 민족의 고통
을 체험하고 한반도와 중국대륙에서 일본제국주의와 맞서 민족독립과
아시아 평화를 노래한 음악가 정율성, 13억 중국인들이 위대한 음악가
이자 혁명가로 추앙하며 오늘도 그의 작품들을 노래하는 정율성, '정·
율·성' 그 이름 석 자에서 우리의 처절했던 근대 아시아와 세계 역사 흐
름의 아시아 민족의 자존과 평화가 외쳐진다.

고구려를 중국 소수민족이 세운 지방정권으로 왜곡하는 중국의 동북
공정東北工程을 뛰어넘어 중국과 함께 일본 제국주의를 물리친 한중혈맹
韓中血盟의 역사로 앞으로도 서로 동반자가 되어 새로운 태평양 시대로
나아가자는 외침이 '정·율·성'에게서 나온다.

독도가 일본 땅이고 일본 식민지배가 조선의 근대화를 도왔다며 지금

인물로 본 한국근현대음악사

도 대동아공영권에 사로잡힌 일본이 망상에서 깨어나지 않고서는 한·일韓日이 태평양시대로 나아가는 동반자가 될 수 없다는 반성 촉구가 '정·율·성'에게서 나온다.

윤이상이 〈광주여 영원히!〉 작품으로 광주 밖의 음악인들이 세계 속에 광주를 알게 하였다면, 광주에서 태어난 정율성은 중국인들에게 한반도 민족을 알게 하고 광주를 영원하게 한 음악인이다.

조선인 정율성은 중국에서 활동하면서 〈연안송延安頌〉, 〈팔로군행진곡〉 창작 등 탁월한 음악적 업적으로 중국 최고 음악가의 반열에 올랐다.

그의 오선지 위에 흐르는 가락은 혼불이 되어 불타올랐으니 정율성은 분명 아시아 평화를 노래한 예술혼이자, 지금 우리 앞을 비추는 희망이다.

기독교와 항일운동의 집안 환경

정율성은 1914년 7월 7일(음력) 전라남도 광주군 광주면 양림리에서 부친 정해업鄭海業(1874년생)과 모친 최영온崔泳瑥(1873년생)의 10남매(5남5녀) 중 5남으로 태어났다.[53]

정율성이 항일음악가로 활동한 계기는 무엇보다 가족들의 사회실천적인 기독정신의 환경에서 나온다. 세례를 받은 정율성의 부모 가계 대부분이 기독교출신으로 한국사회의 지도자로 활동하고 있었다.

1873년생인 부친 정해업은 호가 일엽이었다. 그는 하동河東이 본관인 정남현鄭南鉉과 모친 오세현吳世賢의 3남으로 농업에 종사하였지만 빈농이었으며, 정해업 자신이 기독교인이었다.[54] 그는 광주군 효천면 양림리

....

53) 정율성의 생년월일 1914년 7월 7일(음력)은 부친 정해업과 장남 정효룡(鄭孝龍)의 호적등본, 그리고 정율성의 전주신흥학교 학적부에 의한다.
54) 양반출신으로 농업 종사와 기독교인이란 사항은 정율성의 '전주신흥학교 학적부'에서도 지적하고 있지만,

의 양림리교회 교인이었다. 부친은 또한 대한제국 시기의 감사監司를 지낸 최학신崔學新의 넷째 딸 영온과 결혼하고, 그 장인에게서 한학과 붓글씨를 익혔으며, 대한민국 임시정부가 있는 중국 상해에 진출하였다가 곧 귀국하기도 하였다.[55]

정해업이 기독교인이었다면 1890년대부터 미국 남장로교 한국선교회가 전라도에 선교부를 개설하여 전도활동한데서 영향을 받았을 것이다. 미국 남장로교 한국선교회는 선교부Mission Station를 1896년 전주·군산, 1897년 나주, 1898년 목포, 1904년 광주, 1913년 순천에 각각 개설하고 전도활동을 하고 있었다. 그리고 미 남장로교 한국선교회는 선교회가 설립한 학교, 광주 숭일과 수피아, 목포 영흥과 정명, 순천의 매산, 전주의 신흥과 기전, 군산 영명 등 10개가 있었다. 이들 학교는 일제의 신사참배 강요를 거부하고 폐교할 정도로 그 기독정신이 투철했고 정해업과 그 가족들에게 올곧게 영향권을 형성하고 있었다. 정해업 자신은 1910년대 수피아여학교 교사를 지낸 것으로 알려졌다.

정율성의 외숙모 김필례와 외삼촌 최흥종 목사

그의 첫째 누나인 정봉은(鄭奉恩;1911년생)의 '私立須彼亞女學校中等科學籍簿'에서 밝히는 사항이다. 그리고 정남현은 전남 화순군 능주면 관수리에서 살아왔으며, 1909년에 정해업이 분가하였다.

55) 정직,「꿈 많은 동년」,『중국인민해방군가의 작곡가 정율성』①그의 삶, 정설송 엮음, (서울: 도서출판 형상사, 1992), 24쪽.

정율성의 모친 최영온(1873~1964)은 탐라가 본관인 부친 최학신崔學新과 모친 국유인鞠裕仁의 4녀로 향년 91세로 삶을 마감하였다.

최영온의 남동생으로 정율성의 외삼촌인 오방五放 최흥종崔興琮(1879~1966)은 광주 중앙교회를 세우고 양림교회와 제일교회의 전신인 남문밖교회의 담임목사로 활동했다. 그는 1911년에 광주 최초의 기독교청년회 학생부가 설립될 때 숭일학교 학생으로 참여했고, 1912년 조선기독교청년회연합회YMCA 결성 때 숭일학교 대표로 참석하였다. 1919년 3·1운동 때는 김철과 함께 전남 총책임자로 활동했으며, 1920년 광주기독교청년회(광주YMCA) 창립과 함께 창립 회장이 되었다. 이후 신간회 전남지부 회장을 지내는 등 사회운동과 민족독립운동의 지도자로 활동하였다.

최영온과 최흥종의 이복동생으로 정율성의 외삼촌인 의사출신 최영욱崔泳旭(1891~1950?)은 광주 숭일학교를 졸업한 후 세브란스의전과 미국 켄터키주립대학 의학부를 마쳤으며, 1926년에 미국 에모리대학 의학박사 학위 취득과 함께 1927년 광주기독병원인 광주제중원 원장에 취임했다. 1934년부터 최흥종 목사 다음으로 광주기독청년회 회장을 역임하고, 해방직후 미군정시기 전라남도지사를 지내는 등 사회 지도자로 활동하였다.

1918년 최영욱과의 결혼으로 정율성의 외숙모가 된 김필례金弼禮(1891~1983) 역시 독실한 기독교인이다. 김필례는 여성계몽과 독립운동가이었던 김마리아(1892~1944)의 작은 고모이다. 미국 북장로회가 설립한 '연동여학교蓮洞女學校'(貞信여학교이자 현재의 정신여자중·고등학교 전신)의 제1회 졸업생(1907)인 김필례는 1909년 일본유학(도쿄여자학원)후 김활란金活蘭과 함께 1922년에 조선여자기독청년회YWCA를 창립하고, 1927년 미국에 유학을 가 컬럼비아대학 대학원을 졸업한다. 그는 국내에

배유지 목사

있던 1919~1921년 시기와 함께 1930년대 초 광주 수피아여학교 교사와 1933~1937년동안 교감(교장 재직은 1945.12~1947.6)을 역임하면서 한국의 대표적인 여성지도자로 활동하였다.[56]

그리고 김필례와 숙질간인 김순애·김함라·김미렴·김마리아 등이 김필례 뒤를 이어 연동여학교를 졸업하였다. 그 중 김함라는 남편 남궁혁이 목포해관에 근무함에 따라 10년대 전후 수피아 초창기의 교사로 활동하였고, 김마리아는 연동여학교 졸업과 함께 큰 언니 광주의 김함라를 찾으면서 수피아여학교 교사가 되었다.

숭일학교와 수피아학교 교사들이 북문 안 양림리교회를 출석한데다 1908년 남장로교 선교사 배유지裵裕祉(Rev. Eugene Bell)가 광주군 효천면 양림리의 주택지로 사랑채 2칸 장방을 마련하고 '광주남학교'(후에 숭일학교)와 '광주여학교'(후에 수피아여학교)를 설립하자 자연스럽게 양림리·방림리·향교리·진다리 등의 지역주민들이 이들 학교와 양림리교회를 다니면서 학교와 교회의 교세가 확장되어갔다.

이처럼 미국 남장로회 선교부가 광주 양림리에 설립한 양림리교회와 숭일학교 그리고 수피아여학교의 교인과 교사로 활동하던 가족환경에서 정율성이 성장한다. 10남매(5남5녀) 중 5남이었던 정율성의 가계를 표시하면 다음 〈표 1〉과 같다.

정율성 가정환경의 두 번째 영향은 가족들이 사회주의 노선으로 항일운동을 전개한데서 그 영향을 받는다.

율성의 부친은 자식들을 일본인들이 운영하는 공·관립학교에 입학시키지 않았다. 대한제국이 설립한 공립학교나 민족진영의 사립학교, 또는 선교사들이 설립한 숭일학교와 수피아여학교 등에 입학시켰다.

········

56) 김필례는 1945년 12월부터 수피아여학교 제6대 교장, 1947년 정신여학교 정신여자중고등학교 교장, 1950년 대한예수교장로회여전도회 전국연합회 회장, 1957년 대한예수교장로회 총회(제42차)에서 '서울여자대학교'설립 결의의 산파역, 1961년 정신학원 이사장과 이후에 명예이사장을 지냈다.

〈표1〉정율성의 가계도

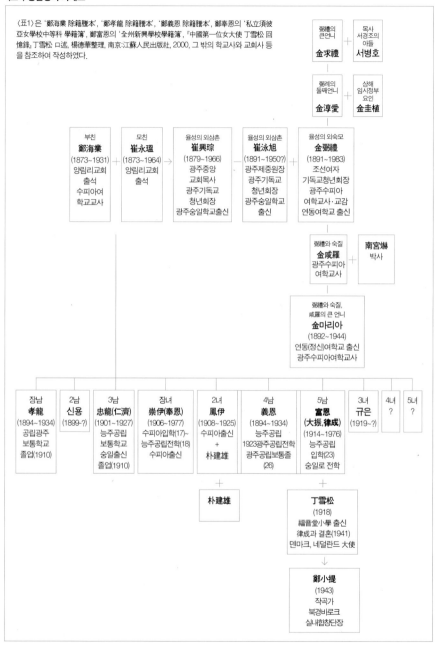

〈표1〉은 '鄭海業 除籍謄本', '鄭孝龍 除籍謄本', '鄭義恩 除籍謄本', 鄭奉恩의 '私立須彼亞女學校中等科 學籍簿', 鄭富恩의 '全州新興學校學籍簿', 『中國第一位女大使 丁雪松 回憶錄』丁雪松 口述, 楊德華整理, 南京:江蘇人民出版社, 2000, 그 밖의 학교사와 교회사 등을 참조하여 작성하였다.

弼禮의 큰언니 金求禮	목사 서경조의 아들 서병호

弼禮의 둘째언니 金淳愛	상해 임시정부 요인 金圭植

부친
鄭海業
(1873~1931)
양림리교회
출석
수피아어
학교교사
+
모친
崔永瑁
(1873~1964)
양림리교회
출석

율성의 외삼촌
崔興琮
(1879~1966)
광주중앙
교회목사
광주기독교
청년회장
광주숭일학교출신

율성의 외삼촌
崔泳旭
(1891~1950?)
광주제중원장
광주기독교
청년회장
광주숭일학교
출신
+
율성의 외숙모
金弼禮
(1891~1983)
조선여자
기독교청년회장
광주수피아
여학교사·교감
연동여학교 출신

弼禮와 숙질
金咸羅
광주수피아
여학교사
+
南宮爀
박사

弼禮와 숙질,
咸羅의 큰 언니
金마리아
(1892~1944)
연동(정신)여학교 출신
광주수피아여학교사

장남 **孝龍** (1894~1934) 공립광주 보통학교 졸업(1910)	2남 신용 (1899~?)	3남 **忠龍(仁濟)** (1901~1927) 능주공립 보통학교 숭일출신 졸업(1910)	장녀 **崇伊(奉恩)** (1906~1977) 수피아입학(17) 능주공립전학(18) 수피아출신	2녀 **鳳伊** (1908~1925) 수피아출신 + 朴建雄	4남 **義恩** (1894~1934) 능주공립 1923광주공립전학 광주공립보통졸 (26)	5남 **富恩** **(大振,律成)** (1914~1976) 능주공립 입학(23) 숭일로 전학	3녀 규은 (1919~?)	4녀 ?	5녀 ?

朴建雄

丁雪松
(1918)
福音堂小學 출신
律成과 결혼(1941)
덴마크, 네덜란드 大使
↓
鄭小提
(1943)
작곡가
북경바로크
실내합창단장

율성의 첫째 형 효룡孝龍(1894~1934)은 광주 최초의 보통학교인 '광주공립보통학교'(현 서석초등학교)가 창설되던 1906년에 입학하고 제1회로 졸업하였다. 그는 1919년 3·1운동에 참여했고, 이 때문에 일제의 체포령이 떨어지자 중국으로 잠시 피신했다가 다시 비밀리에 귀국해 지하운동을 전개하다 체포된다. 그리고 8~9년 이상의 형무소 생활을 하다가 그 후유증으로 병을 얻어 1934년에 삶을 마감하였다.[57]

둘째 형 충룡忠龍(1901~1927) 역시 3·1운동에 참여했고, 이후 중국 운남云南 곤명昆明의 사관학교인 강무당講武堂에 들어간다. 여기서 후에 팔로군 총사령이 되는 주덕朱德(1886~1976)을 만나 항일운동을 전개하였으며, 1927년 국민혁명군 제24군의 고급장교 직책인 중교참모中校參謀로 활동하였으나 이후 뇌막염으로 급서했다. 그의 중국 이름은 정인제鄭仁濟였다.

율성의 큰 누나 숭이崇伊(奉恩:1906~1977)는 사립 수피아여학교와 능주공립학교에서 수학하고 다시 수피아여학교 고등과에 입학하여 1931년 3월에 제12회로 졸업하였다.[58]

율성의 둘째 누나 봉이鳳伊(1908~1925) 역시 수피아여학교 출신으로 바로 아래 남동생 의은과 같이 중국 남경에 진출하였다. 봉이는 중국 광주廣州 지역 황포黃埔에 중국국민당과 공산당이 합작하여 육군 군관학교로 설립한 '황포군관학교黃埔軍官學校'(1924 설립) 제4기(1926.3~1926.10) 보병과 출신 박건웅朴建雄과 1933년 봄에 결혼하여 함께 항일운동을 하였다.[59] 봉이의 중국 이름은 정봉은鄭鳳恩이었다.

황포군관학교는 당시 대한민국 임정과 연계되어 있었으며, 동시에 1924년 국공합작이 이루어지면서 김원봉金元鳳 등 의열단義烈團 출신들

....
57) 『中國第一位女大使 丁雪松 回憶錄』, 위의 책, 139쪽 참고.
58) 鄭奉恩의 '私立須彼亞中等科 學籍簿' 참고.
59) 『中國第一位女大使 丁雪松 回憶錄』, 앞의 책, 140쪽 참고.
   崔鳳春, 「황포군관학교의 조선청년들에 관한 연구」, 『間島史新論』 하(1869~1949)徐紘一, 東巖편, (서울:"우리들의편지"社, 1993), 108쪽.

이 입교하고 있었다.[60] 박건웅은 김원봉·김약산金若山·박효삼 등과 함께 의열단원 출신으로 당시 20세이었다.[61] 황포군관학교의 4기 시절에 광동지역 한인독립운동의 지도자로서 황포군교 교장판공청 부관 겸 정치교관으로 손두환孫斗煥이 있었기 때문에 임정과 의열단은 물론 동북과 노령지역의 한인 독립운동 진영에서도 입교하여 한중간 국제적 연대를 하고 있었다.[62] 박건웅은 1932년에 남경 교외에 의열단 운영의 '조선혁명군사정치간부학교' 설립과 함께 교장 김약산에 이어 교육주임으로 활동하면서 율성의 누이 봉이와 만나 이듬해 봄에 결혼한다.

율성은 박건웅 교무주임 시기에 조선혁명군사정치간부학교 제2기로 입교한다. 율성은 '유대진劉大振'이란 이름으로 입교하였다. 이 간부학교야말로 의열단과 중국국민당 정부 간 한중연합의 결실로 일제의 대륙침략에 대한 항일공동투쟁을 전개한 학교였다.

율성의 넷째 형 의은義恩(1912-1980)은 능주공립학교에서 광주공립보통학교로 전학하고 1926년에 졸업하였다. 그후 중국에 진출해 조선공산당원이자 의열단의 조선혁명군사정치간부학교 입교 모집원으로 한중韓中을 넘나들며 항일운동을 하였다.[63] 1933년 5월 8일 의은은 동생 율성을 대동하고 목포木浦에서 기선 '헤이안마루平安丸'에 올라 부산·나가사키長崎·상해를 거쳐 남경의 조선혁명군사정치간부학교에 율성을 제2기생으로 입교시켰다. 율성은 이곳에서 의열단의 중추적 인물로 1기생 졸업후 2기생의 교관을 역임하고 있는 석정 윤세주石正 尹世胄를 만난다. 그리고 의열단 출신으로 조선의용군 최후의 분대장이었던 작가 김학철金學鐵을 만났으며, 후에 그의 작시로 대 합창곡 〈동해어부東海漁夫〉(出發·暴風)

....

(60) 朴泰遠, 『若山과 義烈團』, 서울:白揚堂, 1947, 203~204쪽.

(61) 崔鳳春, 「황포군관학교의 조선 청년들에 관한 연구」, 『間島史新論』하, 앞의 책, 107쪽.

(62) 한상도, 『韓國獨立運動과 中國軍官學校』, 서울: 문학과지성사, 1994, 150~157쪽 참고.

(63) 한상도, 『韓國獨立運動과 中國軍官學校』, 앞의 책, 282쪽 참고.

를 비롯한 〈유격대전가〉를 작곡한다.[64]

율성의 셋째 형과 세 누이들은 불행하게도 요절하였다.

이처럼 율성은 일제의 조선 강점아래에서 국권회복과 항일운동, 그리고 사회실천적인 기독정신이 올곧은 가정환경에서 성장하였다.

국내에서의 성장과 활동

교회 다니며 음악적 상상력을 키운 어린 시절

정율성은 1914년 7월 7일(음력) 전라남도 광주군 광주면 양림리에서 태어났다. 율성의 큰 형으로 부친 사망(1931)과 함께 호주戶主가 된 효룡의 제적부除籍簿 율성의 기재난에 '출생사항을 알지 못하므로 기재를 생

....

64) 김학철문학연구회 편, 『조선의용군 최후의 분대장 김학철』, (길림: 연변인민출판사, 2002), 547~548쪽.

략함出生事項ヲ知ルコト能ハサルニ因リ其ノ記載ヲ省略ス'이라고 돼 있을 정도로
가족들이 광주면 양림리·금계리·향사리와 효천면 주월리 등으로 이사
를 옮겨 다닌 것이 출생사항이 기재되지 못한 까닭으로 나타난다. 그러
나 율성의 바로 윗 형으로 2년 앞서 1912년에 태어난 의은義恩의 제적부
除籍簿는 본적을 '광주부 양림정光州府 楊林町'으로 밝히고 있으며, 율성의
부인 정설송丁雪松도 같은 양림동으로 밝히고 있다.[65]

정율성의 광주 양림동 생가 모습

정율성은 출생시부터 중국에서 활동하는 시기까지 서로 다른 이름을
가지고 있다. 한국에서 호적이나 학적부에 공식화한 이름은 '부은富恩'이
었지만, 아명兒名은 '구모龜模'였다.[66] 또 중국에 진출하여 일본인의 추격을

....

65) 정율성의 부인 정설송(丁雪松)은 "律成于1914年出生在朝鮮南部全羅南道光州楊林町"이라 하여 출생지를
'율성은 1914년 조선의 전라남도 광주 양림정에서 출생' 하였음을 밝히고 있다. 『中國第一位女大使 丁雪松
回憶錄』, 앞의 책, 138쪽. 다만, '全州新興學校學籍簿'에 기재된 율성의 원적은 부모의 본적과 같은 '全南光
州郡光州面錦溪里一○一'로 밝히고 있다. 廣韓書林編輯部 纂, 『現行朝鮮府郡島面町洞里名稱覽』全, 京城:
廣韓書林, 滙東書林, 1925, 54~55쪽 참고.
66) 『中國第一位女大使 丁雪松 回憶錄』, 앞의 책, 139쪽.

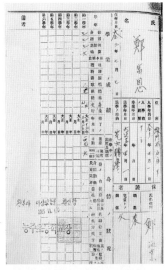
정율성의 능주공립보통학교 1학년 학적부

피하기 위해서도 '대진'大振이란 이름
으로 조선혁명군사정치간부학교에 입
교하였다. 그리고 온 세상과 삶들을 음
악으로 이루고 완성하는 큰 음악가이
기 위해서 '율성律成'으로 확립하였다.

　율성은 1922년 4월 전남 화순군에
있는 능주공립보통학교(현 능주초등학교)
에 입학하고 다음 해에 광주 사립 숭일
학교로 전학하여 졸업하였다. 능주공
립보통학교 1학년 재학 때 모든 교과
중에 '창가唱歌'를 가장 좋아하였다.[67]
광주에서 그는 아동기를 여느 아이들
처럼 제기차기나 돌까기, 그리고 숨바꼭질과 연날리기, 때로는 낚시를 하
면서 보냈다. 율성은 동네 친구들과 남도의 〈강강수월래〉나 〈새타령〉 등
의 민요를 부르며, 버드나무 숲이 우거진 그 양림楊林에서 아동기를 보낸
다. 광주군 부동방면의 양림은 1914년 광주군 효천면에 속했다가 1923년
4월에 다시 광주면으로 행정개편이 되었고, 1935년에 광주부 양림정, 그
리고 해방 후인 1947년에 현재와 같은 양림동으로 동명이 된 지역이다.

　이곳에 미 남장로회 선교부가 설치되고, 배유지 목사의 사택 사랑방
에서 남·여를 구분하여 1907년에 교육이 시작되었다. 1908년 선교부 결
의에 따라 '광주남학교'(숭일학교)와 '광주여학교'(수피아 여학교)가 세워졌
다. 이에 앞서 선교부는 1904년 양림리에 교회를 건축하였다. 양림리의
양림리교회와 광주남학교, 그리고 광주여학교는 양림리는 물론 향사리

....
[67] '鄭富恩의 陵州公立普通學校 學籍簿'에 의한다. 1학년 학업 교과는 修身·國語·朝鮮語·算術·唱歌·體操 등
이었으며, 성적은 '唱歌' 교과에서 가장 좋은 성적을 받았다.

와 지한리(현 방림동), 그리고 진다리(현 백운동) 일대 지역인들의 문화중심지가 되었다. 더욱이, 이곳 양림리에 선교부의 의료선교사업 일환으로 1905년 목포에서 사역하던 놀란Dr. J. W. Nolan이 배유지 목사의 임시주택을 개조하여 제중원濟衆院을 개설하여 집중현상이 더 일어났다.

율성은 또한 양림리교회의 주일학교에 다니면서 음악적인 상상력을 키워간다. 그 상상력은 양림리교회와 이후 숭일학교로 입학하면서 더욱 다져진다. 다른 한편으로 율성이 여섯 살 되던 해인 1919년 3월 1일 형들의 항일독립운동을 몸으로 체험하면서 그의 꿈들을 펼쳐간다.

율성은 광주 최초의 선교학교이자 호남지역 명문인 사립 숭일학교 보통과崇一學校를 10살이 되던 1923년 4월에 입학하였다. 이 시기는 조선총독부가 1922년에 제2차 조선교육령으로 보통학교의 수업연한을 6년제로 바꾸어 일본정신에 의한 수신修身과 일본 국어國語를 기독교 사립학교의 정신인 성경과 찬미가 대신으로 강제화 한 시기이다.

국내의 기독교계 사립학교들은 일제의 불의不義에 저항하고 민족의식을 앙양시키려 찬미가(찬송가)를 민족중흥의 노래처럼 불렀다. 때마침 1908년 '재한복음주의선교부 연합공의회The General Council of Protestant Evangelical Missions in Korea'의 장로교와 감리교 연합찬송가로 가사『찬송가』1판에 이어 1909년 악보『찬송가』1판이 1911년 사립학교 교과용 도서 규칙에 따라 조선총독부의 '인가교과용 도서'가 되자 전국으로 더욱 번져갔다. 이『찬송가』는 개신교 각 교파가 한국에 들어와 찬미가 또는 찬송가의 가사판이나 악보판으로 발행한 거의 모두를 종합하고 있었으므로, 각 교파의 교회나 사립학교에서 인가교과용 도서로 부를 수 있었다. 즉, 조선총독부 출판교과용 도서로서『보통교육 창가집』제1집(1910) 이외에 이 찬송가는 '검정교과용 도서'나 '인가교과용 도서'로는 유일하게 인정한『찬송가』이었다. 자연히 기독교계가 운영하는 전국의 사립학교 중심으로 찬송가들이 애국가가 되어갔으며, 동시에 국내외의 항일현장에서 애국가이자 독립가로 불렀다.

찬송가 〈피난처 있으니〉·〈천부여 의지 없어서〉·〈마귀들과 싸울지라〉·〈샘물과 같은 보혈은〉·〈날빛보다 더 밝은〉·〈하늘가는 밝은 길이〉·〈구주의 십자가 보혈로〉·〈찬송하는 소리 있어〉·〈주의 말씀 받은 이날〉·〈새벽부터 우리〉·〈멀리멀리 갔더니〉·〈우리들의 싸울 것은〉·〈대속하신 구주께서〉·〈우리 다시 만날 때까지〉·〈우리들의 싸울 것은〉·〈시온성과 같은 교회〉·〈영광을 받으신 만유의 주여〉·〈갈 길을 밝히 보이시니〉·〈높은 이름을 찬송함〉 등의 찬송가가 그것이다. 또, 이 찬송가들은 현행 찬송가에서 대부분 부르고 있을 정도로 전통을 가지고 있으며, 한국인들의 찬송음악 기준이 될 정도로 깊이 영향을 미친 것들이다.

그러나 사립학교들은 일제 식민지 교육기본법이 된 제1차 조선교육령에 따라 1911년 '사립학교 규칙'과 1915년 3월에 기존의 규칙을 대폭 개정한 '개정사립학교규칙'을 공포하여 철저하게 통제받고 있었다.

더욱이, 1922년 제2차 조선교육령(1922.2~1938.2)으로 (일본)국어를 상용하는 일본인과 상용하지 않는 조선인으로 구분하여 민족적 차별교육을 실시하면서 일본인화를 획책하는 교육을 강화하고 있었다.

기독교계 교육기관들은 천황신민으로서 육성을 획책하는 수신교육과 일본어에 능통해야 하는 일본 국어교육, 그리고 일본식 감성음악교육인 창가(음악)교육을 개정 '사립학교규칙'에 적용해야 돼서 성경과목과 찬미가를 가르칠 수 없었다.

사립숭일학교과 신흥학교의 학창시기

율성은 사립 숭일학교에서 음악과 체육을 가장 좋아했다. 학예회 때마다 독창과 연극의 주요 배역들을 맡았다. 그리고 찬송가와 미국민요 〈내 고향으로 날 보내주〉, 〈즐거운 집〉, 〈메기의 추억〉 등과 조선민요 〈닐리리야〉 등을 배우거나 즐겨 부르며 음악가의 꿈을 키워갔다. 그는 숭일학교 재학기간 동안 양림리에서 10여 리 떨어진 본촌면本村面 월산리月山里로 이사갔다.

이미 숭일학교의 기독학생회 뿐만 아니라 양림교회 기독청년회가 주관하는 음악회에서는 미국 남장로교 광주선교부 소속의 선교사 도대선都大善(Samuel K. Dodson)을 비롯하여 양림교회 유치원생, 그리고 조선인 음

정율성의 모교인 숭일학교 1910년대 숭일학교 전경이다.(위)
숭일학교 교사들의 야유회 모습 남원의 광한루에서 찍은 사진이다.(아래)

악가들이 출연하여 양악과 조선음악을 공연하고 있었다.[68]

이 기간 그가 음악가로 꿈을 키우는데 삼촌 최흥종 목사가 큰 역할을 하였다. 율성은 외삼촌 집에서 자주 음악 감상을 하였다. 그는 슈만의 〈환상곡〉, 드보르작의 〈유모레스크〉와 교향곡 〈신세계〉, 그리고 안기영의 〈그리운 강남〉과 〈마의태자〉 등의 작품, 그 밖의 민요들을 감상하거나 즐겨 부르면서 성악가의 꿈을 키웠다. 더욱이 외삼촌 최흥종 목사는 축음기와 음반들을 율성에게 주고 음악가가 되기를 바랐다.

1920년부터 삼촌 최 목사가 광주기독교청년회 창립회장으로 각종 음악회를 개최하고 있었기 때문에 음악이 율성의 생활 속에 깊숙이 들어올 수 있는 환경이었다. 1925년부터 율성은 1933년에 중국으로 떠나기 전까지 광주에서 삼촌이 주관하는 '광주음악무도光州音樂舞蹈', '광주음악회光州音樂會', '신춘음악가극新春音樂歌劇' 등을 오원기념각吳元紀念閣, 광주좌光州座나 광주극장 또는 교회에서 체험하였다. 또 이 기간에는 1926

오원각(吳元閣; In Memory of William L. and Clement C. Owen)

········
(68) 『東亞日報』 1921년 4월 15일자, 4쪽.

인물로 본 한국근현대음악사

년 1월에 조직된 '광주악우회光州樂友會', 홍월파洪月波가 중심이 되어 1927년 5월에 창립한 '광주음악단光州音樂團'이 활동하고 있었다.

그 뿐만 아니라 양림교회의 기독청년회에서도 각종 음악회를 주관하고 있었으므로 율성의 음악체험은 더욱 풍부해졌다. 1929년 3월 그가 16살 되던 해에 광주 사립숭일학교 보통과를 졸업하고 전주신흥학교에 다섯 달이 지난 9월에 입학하였다. 숭일을 졸업한 직후 바로 전주의 신흥학교로 입학하지 않은 셈이다. 5년제 중학교 과정인 전주신흥학교는 당시 3학기제로 학제를 운영하던 때여서 1929년 9월에 신흥학교를 입학해 학적부상 1기의 성적이 없었다.

사립 숭일학교도 그러하지만 전주신흥학교도 미국 남장로교 선교회에서 설립한 학교이다. 숭일학교의 설립자 배유지 목사Rev. Eugene Bell는 광주 수피아여학교를 1908년에 설립했고, 1903년에는 목포여학교(1911년에 목포정명여학교로 개명)와 목포영흥학교를 설립하였다. 또, 미 남장로교 선교회는 1900년에 전주신흥학교, 1902년에 군산영명학교와 군산여학교(멜본딘여학교), 1910년에 순천매산학교(1910) 등을 각각 설립하였다. 미 감리회나 미 남장로교와 달리 미 북장로교가 호남을 중심으로 선교와 학교를 세울 수 있었던 것은 기독교 예양협정과 네비우스 선교방침에 따른 결과이다. 호남의 학교들은 3·1운동에 앞장서고 일제의 신사참배 강요를 거부하다가 자진해서 1937년에 폐교를 단행한 민족사학이었다.

1909년 대한제국 학부대신으로부터 '새로운 여명'이라는 뜻의 '신흥新興'을 딴 '사립신흥학교'가 인가되었다. 보통과를 비롯하여 고등과를 운영하고 있었던 신흥학교는 조선총독부의 통치에 부딪쳐 1930년대 고등과만 존속시켰다. 호남의 10개 미선학교가 조선총독부 식민지교육정책으로 수난을 받으면서 여학교는 광주 수피아여학교, 남학교는 전주신흥학교만 고등과를 존속시켰던 것이다. 다른 미선학교는 보통과 과정만 운영토록 강제화했다.

이미 1911년 '사립학교규칙'으로 조선총독부는 기독교 학교들의 핵심교과이었던 '성경'과 '찬미가'를 일본의 '수신'과 일본의 '창가' 또는 '음악'으로 교과개편토록 압박하고 있었다. 또 일제는 대동아공영권으로 고도 국방국가를 구축하기 위하여 기독교학교들에게 신사를 참배토록 강요하였다. 그런 상황에서 미남장로교 소속 미션학교들이 계속 신사참배를 거부하고 있었기 때문에 학교존망이 한치 앞을 가릴 수 없었던 시대였다.

신흥학교 재학 시 광주수피아학교 합창부 발표(1932)

율성은 신흥학교에서 기숙사 생활을 하면서 학예회의 독창자로 선정되어 무대에 자주 섰다. 또 합창단에 들어가 자체적으로 〈내고향〉·〈쪼각달〉·〈부엉이〉·〈고기잡이〉·〈까투리타령〉 등의 노래들을 지도하기도 하였다.

율성의 성격에 대해 전주신흥학교 학적부에는 "침착 온화한 성품"에 탁구에 특기가 있었다고 적혀 있다. 이 기간 정율성은 1930년에 광주학생독립운동에 가담하고, 학교의 신사참배거부운동에 참여하였다.

그러나 부친이 광주에서 1931년 11월에 사망하자 정율성은 이후 신흥학교를 마치지 못한 채 1933년 5월 중국 대륙으로 간다. 형 "의은"과 함께 조선혁명군사정치간부학교로 입교하기 위해서였다.

　　　　　　　　　　　　　　　　　인물로 본 한국근현대음악사

중국에서 항일전쟁에 참가

정율성은 상해에 도착하자마자 곧 남경으로 가서 유대진이란 이름으로 의열단에서 운영하던 조선혁명 군사정치간부학교에 입학하였다.[69] 이 학교는 1932년에 설립되었고, 설립 목적은 '한국의 절대 독립'과 '만주국 탈환'이었다. 이 간부학교의 교육내용은 크게 정신교육과 정치교육, 군사교육으로 나뉜다. 정신교육은 단체생활수칙과 혁명정신 및 인생관의 배양에 치중하였고, 정치교육의 내용은 한국역사와 사상·정치제도 등이었다. 군사교육의 역점은 군사법령과 군사지식 및 정보와 폭파 및 전술 등 군사기능의 숙련에 있었다.[70]

이 시기 중국의 항일 운동세력 가운데 많은 사람들이 사회주의 사상에 빠져 들었다. 정율성도 시대상황을 받아들여 사회주의를 수용했다. 이에 따라 그는 1934년 4월 군사학교를 졸업한 뒤에도 남경에 남아 항일 비밀활동에 참여하였다.

주목할 점은 이 시기에 그가 당시 상해에 체류하던 소련의 유명한 음악 교수 크리노와Krenowa와 극적으로 만나고, 그의 문하에서 본격적인 음악 공부를 하게 됐다는 점이다. 이 무렵 이름도 율성이라고 바꿨다.[71] 그는 주일마다 상해로 가서 크리노와의 문하에서 성악과 음악이론을 지도 받았고, 그를 통하여 세계명곡들을 두루 접하게 되었다. 크리노와는 그의 음악적 재질을 높이 평가해 "만일 이탈리아에 가서 학습한다면 앞으로 훌륭한 가수가 될 것이며 동방의 카루소가 될 것"이라고 격찬을 아끼지 않았다.

········

69) 의열단 단원이며 광복회 회장을 역임한 김승곤의 회고에 따르면 1933년 5月 초순 정부은은 유대진이란 이름으로 형 정의은의 인솔 하에 조선혁명 군사정치간부학교 2기생으로 입교하였다. 「마지막 의열단원 김승곤 옹」, 『중앙일보』, 1988년 8월 15일.

70) 한상도, 앞의 책, 358쪽.

71) 정율성의 전우였던 라청(羅靑)의 회고록에 따르면 1936년 4월 정율성이 라청을 찾아갔을 때 정율성이라는 이름으로 자기소개를 하였다고 한다(羅靑, 「5월의 노래」, 丁雪松, 앞의 글, 214쪽.). 이로 미루어보아 律成이라는 이름으로 바뀐 것은 1934~1936년 사이였던 것으로 추정된다. 그의 아내 정설송은 "그는 음악에 몸 바치며 아름다운 선율로 인민의 목소리를 반영할 것을 결심하여 부은이라고 부르던 이름을 율성이라고 고쳤다"라고 회상했다.

이렇게 크리노와의 문하에서 음악공부를 하는 1년 남짓 동안에, 그는 상해에서 많은 중국 공산당 지도자들과도 알게 되었다. 1936년 4월에는 남경에서 중국의 좌파계통의 청년들이 조직한 '5월문예사五月文藝社'에 가담하여 이사로도 활약하게 된다. 그 해 5월 1일 5월문예사 창립대회에서 이 조직의 발기자인 추취도鄒趣濤가 시를 쓰자, 율성은 그 시에 곡을 붙이고 곡명을 〈오월의 노래〉라고 붙였다. 가사는 다음과 같다.

> 5월의 석류화 곱기도 한데
> 중화中華의 벽혈碧血 더더욱 아름답네
> 백성 원한 누가 풀고 나라 수치 뉘 씻으랴
> 시대적 청년 용감히 앞으로 돌진하세[72]

이것이 정율성의 음악활동에서 첫 작품이다. 이 노래는 이후 오월문예사 사가社歌로 널리 불렸다. 이 대회에서 정율성은 만돌린을 타면서 작곡한 〈오월의 노래〉를 직접 불렀고, 대회가 끝날 무렵에는 〈아리랑〉 노래도 불러 그곳에 모인 많은 사람들을 감동시켰다.

1937년 7월 제2차 중일전쟁이 일어나자 정율성은 상해로 다시 가서 음악활동을 하면서 항일선전사업에 적극 참가하였다. 이때 〈발동유격전가發動遊擊戰歌〉, 〈전투부녀가戰鬪婦女歌〉 등의 노래를 창작하였다.

그는 상해에서 매형 박건웅의 소개로 두군혜杜君慧를 알게 되어 그의 집에 머물게 된다. 두군혜는 1928년에 중국공산당에 가입한 당원으로, 당시 상해 부녀구국회의 지도자였고 독립운동가 김성숙의 부인이다. 그는 정율성에게 중국공산당의 근황, 중국 홍군의 장정長征, 연안延安의 상황 등을 소개해 주었다. 두훈혜를 비롯한 중국공산당 인사들과의 빈번

....
72) 정설송, 앞의 글, 216쪽.

정율성과 무정 장군.
1942년 9월 태항산에서
찍은 사진

한 접촉을 통해 국민당 정부의 부패와 소극적인 항일 태도를 알게 된 정율성은 사상에 큰 변화를 가져오게 되었고, 그의 가슴속에는 중국 공산당의 근거지인 연안으로 가려는 생각이 움트게 되었다.

마침내 그해 9월 상해에서 중일 양군의 교전이 점차 치열해지고 중국 국민당 정부가 위태롭게 되자 정율성은 연안을 향해 떠났다. 이때 그의 나이는 23살이었다. 연안의 움막에서 조밥을 먹으며 살아가야 하는 가난한 생활이었지만 반일을 지향하는 음악가로서 그의 파란만장한 생애가 이때부터 시작된다.

1937년 10월 정율성은 바이올린과 만돌린을 메고, 금박 정장의 『세계

연안송
(延安頌)

정율성 작곡
莫 耶 작사

보통속도, 찬양으로

<악보 1> <연안송> 악보

『명곡집』한 권을 들고서 연안에 도착하였다. 연안에 도착한 그는 합북공학陝北公學에 들어가 공부하였고, 1938년 3월부터 8월까지는 '노신예술학원魯迅藝術學院' 음악학부에서 수학하였다. 이 시기(1938년 봄)에 그는 명작으로 손꼽히는 〈연안송延安頌〉을 작곡함으로써 음악계에 단연 두각을 나타내기 시작한다. 중국공산당의 최고위층 지도자 모택동·주은래周恩來·주덕朱德 등도 이때 만났다. 특히 정국 정부 수립이후 줄곧 국무원 총리로 활동한 주은래와는 개인적인 교분이 두터운 사이로 발전한다.

정율성이 작곡하고 그의 친구 모이에莫耶가 작시한 〈연안송〉의 가사는 다음과 같다.

석양은 산 위 탑 그림자에 눈부시고,
달빛은 강가 반딧불을 비추는구나.

봄바람은 탁 트인 들녘에 불어있고,

뭇 산은 튼튼한 울타리를 쳤구나.

아, 연안! 너 장엄하고 웅대한 고도여!

뜨거운 피 네 가슴에 용솟음쳐라.

천만 청년의 심장이여,

적을 향한 증오를 묻어두고서,

산과 들에 길게 길게 늘어서거라. ……

1938년 8월 노신예술학원을 졸업한 정율성은 그 후 항일군정대학抗
日軍政大學 정치부 선전과에 음악 지도원으로 배치 받았고, 이때〈10월혁
명행진곡十月革命行進曲〉,〈항일돌격운동가抗戰突擊運動歌〉 등의 노래를 창
작하였다.

1939년 1월 그는 항일군정대학에서 중국공산당에 정식으로 입당하였
고,〈연수요延水謠〉,〈생산요生産謠〉 등의 노래들을 작곡하였으며, 그해 말
에 대형작품인〈팔로군대합창八路軍大合唱〉의 창작을 끝낸다.

이 작품은〈팔로군군가八路軍軍歌〉,〈팔로군행진곡八路軍行進曲〉,〈유쾌
한 팔로군〉,〈돌격가突擊歌〉 등 6개 곡으로 구성된 대형군가로, 그중〈팔
로군행진곡〉은 팔로군의 전투적 정신과 기상을 행진곡으로 표현하여 그
후 중국 인민해방군의 군가로 채택된다.[73]

정율성은 연안에 넘쳐나는 항일 분위기에 고무되어〈연안송〉과〈팔로
군대합창〉을 창작하였다고 밝혔지만, 혁명 성지 연안을 노래한〈연안송〉
이든 일제의 침략을 격퇴하는 주력 팔로군을 구가한〈팔로군 대합창〉이든
이 곡들에는 조국의 광복을 열망하는 동병상련의 마음을 기탁하였을 것

....

73) 이 곡은 1949년 10월 1일 중화인민공화국이 건립된 후에도 계속 군가로 사용되다가 1988년 7월 25일 중화인
민공화국 중앙군사위원회로부터 정식 '중국인민해방군 군가'로 비준을 받았다.

정율성의 창작활동 모습을 담은 그림 〈태양을 향하여〉
1977년 중국작가협회 작가 루훙의 작품이다.

이다.[74] 그의 동료 커깡柯崗이 기억하고 있는 일화는 이 점을 잘 보여준다.

어느 날 정율성이 그의 동료들과 붉게 물든 감나무 아래에 앉아 한담을 나

....
74) 양회석, 「한·중 문화교류의 꽃―조선인 작곡가 정율성」, 『정율성 논문집』 노동은 편, 광주정율성국제음악제
      조직위원회, 2005, 74쪽.

누고 있었다. 정율성이 떨어진 감나무 잎을 들고 말했다.

정말 붉다! 우리 고향 단풍잎보다 더 붉고 더 두툼해!

동료가 말했다.

나이 드신 마을 어르신네 말씀이, 일본 놈들이 태항산에서 살인 방화해서 붉어진 거래. 예전엔 이처럼 붉지 않았다고 하더군.

정율성이 받았다.

맞아! 우리 고향 단풍잎도 일본 놈들이 사람을 죽여서 붉어진 것이었어!

또 다른 동료가 거들었다.

태항산의 감나무가 더 붉고 더 두툼한 것은, 여기에 조선 동지도 함께 피를 흘려서 …… 정율성이 돌연 목청껏 노래를 불렀다.

우리들의 피여 함께 흘러라! 얼른 총을 들고일어나 ……

이처럼 정율성의 음악은 조국 광복을 염원하는 항일투사를 위한 것이었다.

1947년 평양에서 부인 정설송과 함께
당시 정율성은 조선인민군 협주단 단장, 정설송은 조선노동당 중앙위원회 비서장이었다.

인물로 본 한국근현대음악사

1941년 말 그는 평생의 반려자를 만나게 된다. 결혼 상대자는 항일군 정대학 여학생대 대장출신이고, 후에 중화인민공화국의 멕시코, 네덜란드 대사 등 고위외교관을 지낸 중국인 정설송丁雪松이었다.

1942년 8월 폐결핵으로 고생하던 정율성은 태항산에 있던 팔로군 총본부 부근으로 간다. 당시 태항산에 집결한 한국의 독립운동가들은 화북조선독립동맹, 조선의용군 등의 정치조직과 군사조직을 결성하였다. 이들 조직은 한국독립운동에 필요한 군사간부와 정치간부를 양성하기 위하여 화북조선혁명군사학교를 운영했는데, 무정이 교장을 맡았고 정율성은 교무부장을 담당한다. 이 학교의 주요임무는 일본군과 국민당군의 통치지구와 후방으로부터 학교를 찾아간 한국인 청년들을 양성하는 것이었다. 1944년 중국공산당은 한국혁명가들의 역량을 보존하기 위하여 화북조선혁명군사학교 모든 사람들을 연안으로 철수시켰다. 이때 정율성도 다른 사람들과 함께 연안으로 다시 들어갔다.

1945년 9월 초 연안 나가평을 떠나기 앞서 기념촬영하는 조선의용군, 조선혁명군정학교 간부와 가족들
정율성은 맨 앞줄 가운데서 딸 정소제를 안고 있다.

1937년부터 1945년까지 연안 활동시기는 정율성에게 정치적으로는 중국공산당의 일원으로 적극적으로 항일전쟁에 참가한 격동의 시기였고, 음악적으로는 〈연안송〉, 〈팔로군대합창〉 등의 혁명을 고무하는 영향력 있는 작품을 창작한 시기였다.[75]

해방직후 북한에서 활동하며 인민군가 작곡

1945년 8월 15일 일본이 무조건 항복했다. 정율성은 중국공산당의 결정에 따라 부인과 딸을 데리고 9월부터 도보로 연안을 떠나 3개월 만인 12월에 평양에 도착한다. 얼마 후 그는 황해도에 배치 받아 도당위원회 선전부장을 맡았으며 해주에 음악전문학교를 설립한다. 당시 북조선임시

1948년 조선협주단 공연이 끝난 후 북한의 고위간부들과 단원들이 찍은 사진
허헌, 김원봉, 김두봉, 김일성, 박헌영, 최창익, 최용건, 김월송, 허정숙, 강양욱, 정율성, 이강국 등 낯익은 얼굴이 망라돼 있다. 정율성은 중앙에 군복을 입고 서 있다.

....

75) 김성준, 「중국에서 정율성의 삶과 예술」, 『정율성 논문집』 노동은 편, (광주정율성국제음악제조직위원회, 2005), 14쪽.

인물로 본 한국근현대음악사

인민위원장이던 김일성도 만났다.

1947년 봄 평양으로 올라온 그는 인민군 구락부 부장을 맡았고, 인민군협주단을 창설하고 단장을 겸임하였다. 1949년에는 조선음악대학 작곡부장을 맡기도 하였다.

이 기간에 그는 〈해방행진곡〉, 〈조선인민군행진곡〉, 〈조중우의朝中友誼〉 등의 노래와 〈동해어부東海漁夫〉, 〈두만강〉 등의 대합창곡을 창작하였다. 특히 〈조선인민군행진곡〉은 후에 조선인민군의 군가가 됐는데, 이로써 정율성은 중국과 북한의 군가軍歌를 작곡한 음악가가 된다. 대단히 특별한 이력이 아닐 수 없다.

이러한 창작활동의 공을 인정받아 그는 1948년 2월 8일 북조선인민위원회와 인민위원회 상임위원회 공동 명의의 상장을 받았고, 1948년 11월 23일 8·15 해방 3주년기념 공동준비위원회가 주는 상도 수여받았다.

정율성이 받은 포상장과 상장들

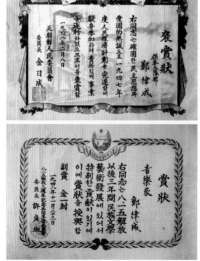

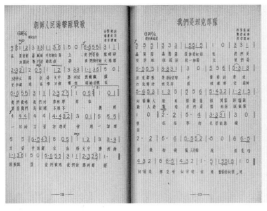

〈조선인민유격대전가〉 악보 (왼쪽)

그는 딸에 대한 사랑도 각별했다.

정율성의 딸 딩샤오디 씨는 "제가 유치원을 그곳에서 다녔는데 제가 유치원이 끝나면 강변에 나와서 아버지를 기다리다가 함께 집에 돌아가곤 했어요"라고 회고했다.

1950년 6·25전쟁이 일어나자 그는 인민군으로 종군하는 상황이 되었

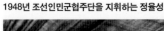

1948년 조선인민군협주단을 지휘하는 정율성

다. 이 기간에 그는 〈조선인민유격대전가戰歌〉, 〈공화국기치 휘날린다〉, 〈우리는 탱크부대〉 등의 작품을 작곡한다.

　　그런데 그해 9월 아내 정설송이 중국 정부의 귀국명령을 받고 중국으로 돌아간다. 10월에는 정율성도 77세 노모를 모시고 중국으로 돌아가 중국 국적과 당적을 회복한다. 그러나 '중국인민지원군'이 6·25전쟁 '에 참가하게 되자 그도 중국인민지원군 창작팀과 함께 다시 북한에 들어가 전선에서 〈중국인민지원군행진곡〉, 〈지원군10찬志願軍十贊〉, 〈사랑스러운 군대, 사랑스러운 사람〉, 〈백운산白雲山 노래〉 등을 창작하기도 하였다. 1951년 4월 그는 다시 중국으로 돌아갔다. 그의 희생을 우려한 주은래의 특별 배려였다.

영광과 시련의 세월

1953년 7월 판문점에서 휴전이 성립되자 정율성은 평화적 분위기 속에서 활발한 창작활동을 계속하였다. 그는 늘 "작곡가로서 생활의 축적이 없고 생활의 기초가 없다면 괜찮다고 할 만한 무게 있는 작품을 창작할

1957년 6월 중국 운남 소수민족 속에 들어가 노래를 채록하는 정율성

1950년대 가족사진(1945년 3월 베이징)과 1970년대 정율성

수 없다"고 주장했다고 한다.[76] 그는 중국 북쪽의 대흥안령大興安嶺으로부터 남쪽의 운귀雲貴고원에 이르기까지, 그리고 동쪽의 동해부터 서북지구에 이르기까지 중국의 방방곡곡을 찾아가 장기간 농촌, 공장, 산림, 병영, 소수민족지구에서 직접 생활체험을 하면서 새 시대 건설, 자연예찬, 청춘남녀의 사랑의 감정, 서민들의 희노애락 등의 내용들을 밝고 우아한 멜로디에 실어 낭만적이고 낙관적인 분위기로 표현하였다.

이 시기 그의 음악은 연안시절과는 달리 군가풍에서 서정성이 짙은 가곡, 동요, 민요, 노동요, 영화음악, 가극 등 다양한 장르로 넓어졌다.

1952년~1966년 사이에, 그는 중앙가무단·중국음악가협회 창작조·중앙악단 등 중국의 최고 음악단체에 근무하면서 〈흥안령에 눈 내리네〉, 〈강대한 함대 바다를 달리네〉, 〈해안 초병〉, 〈인민공군 앞으로〉 등의 수많은 노래를 창작하였고, 〈우리는 얼마나 행복해요〉, 〈유쾌한 동년〉, 〈소년운동원 노래〉 등의 동요 등도 창작하였다. 또 〈행복한 농장〉, 〈추수봉기〉 등 대형합창곡들과 오페라 〈망부운望夫雲〉, 영화음악과 연극음악도 창작하였다.[77]

· · · · · · · ·
76) 정설송, 앞의 책, 274쪽.
77) 김성준, 앞의 논문, 16쪽.

그의 음악활동이 순탄한 것만은 아니었다. 그는 1959년 중국의 반우파 정치운동으로부터 '엄중한 우경', '반당反黨'이라는 비판을 받기도 했다. 그러나 본격적인 시련은 문화대혁명과 함께 찾아왔다.

1966년 5월부터 1976년 10월 사이 중국에서는 문화대혁명 운동이 진행된다. 이 혼돈의 시기에 정율성은 '특무特務'(간첩)라는 죄명으로 감금되고 노동 교양도 받았다. 더구나 일생을 바친 창작활동의 권리마저 박탈당하였고, 그의 작품은 방송·연주·출판이 금지되기에까지 이른다.

그래도 정율성은 항상 웃음을 잃지 않았다고 한다. 정율성의 딸 딩샤오디鄭小提 씨는 "아버지는 굉장히 낙관적이고 마음이 넓으셨고, 항상 천진난만하게 소년처럼 웃으시던 모습이 떠오른다. 심지어 문화혁명 중 불공정한 대우에도 항상 웃는 분이셨다"고 회고했다.

하지만 급격한 정치 소용돌이 속에서도 그는 창작활동을 중단하지 않고 남 몰래 모택동과 진의陳毅 등 지도자들의 시 세 작품에 곡을 붙였고, 〈해방군 연가〉 등의 노래도 창작하였다.

1976년 문화대혁명이 종결되자 정율성은 더없이 기뻐하면서 주은래 총리를 노래하는 연가와 중국 건군 50주년을 위한 대형작품 창작을 서두르기 시작하였으나 완성하지 못한 채 12월 7일 뇌일혈로 갑자기 별세하고 말았다.

그가 숨지자 중국 국가 부주석 왕진王震, 호요방胡躍邦 등 연안시절부터 그가 사귀어 오던 중국공산당 정부의 최고위 인사들의 조문이 잇따랐다. 영결식에 참여한 호요방은 "정율성은 좋은 동지이다.… 연안시기에 그의 노래는 절정에 이르렀고 중국인민의 해방사업과 혁명투쟁에 큰 기여를 하였다"[78]라고 애도하였다.

········
78) 정설송, 앞의 책, 6쪽.

중국 팔보산 공묘에 있는 정율성의 묘

"노래로 사람들의 불평과 희망을 표현하다"

연변대학교 예술대학 김성준 교수는 정율성의 대표적 작품을 분석한 글에서 그의 음악작품에서 나타난 몇 가지 특징을 분석했다.[79]

작품의 형식이 다양하고 제재의 범위가 넓다.

1936년 남경시절부터 시작하여 40여 년간 그는 독창獨唱·제창齊唱·소합창小合唱·대합창大合唱·동요童謠·뮤지컬歌舞劇·오페라歌劇·영화음악 등 다양한 형식의 작품을 360여 곡이나 창작하였고, 만년에는 기악곡器

....

79) 김성준, 앞의 논문, 26~27쪽.

樂曲과 교향곡交響曲의 창작까지도 시도하였다.

작품 제목만 보더라도 정율성이 취급한 범위가 상당히 넓음을 알 수 있다. 그의 작품들은 언제나 중국 각 역사시기의 시대적 특징 및 중대한 역사사건들을 잘 포착함으로써 음악작품으로서의 역사적 의의가 돋보인다.

항일전쟁 시기에 그는 전투가를 작곡하였고 서정가곡〈연안송〉도 지었으며 민요특색이 짙은 애정가〈연수요〉도 지었다. 이런 노래들은 중국의 항일전쟁과 하나로 연결되어 일제를 반대하는 중국인들의 투쟁을 고무하였다.

중화인민공화국이 수립된 후 그는 동북 흥안령의 벌목 노동자들을 위한 노래로부터 서남西南 소수민족을 위한 가극〈망부운望夫雲〉에 이르기까지 다양한 제재의 음악작품들을 창작하였다.

특히 그의 전체 작품 중에서 가장 뛰어난 것은 의연히 전투생활을 주제로 한 행진곡과 군가라고 하겠다. 그가 중국과 북한의 두 나라 군대에 각각 군가를 창작한 것이 이를 증명한다.

작곡 수법이 다양하고 개성이 짙다.

서양의 작곡기법과 중국의 전통음악 및 소수민족음악을 잘 조화시켜 작품의 창작에서 정율성은 자신만의 독특한 개성을 지니고 있다. 그는 서양음악의 토착화와 주체성의 확립을 늘 강조하여 왔으며 민족성과 현대감각에 맞는 개성 있는 작품의 창작에 힘썼다.

항일전쟁이라는 특수한 전투배경과 공산주의라는 새로운 체제하에서 당시 중국의 음악가들 속에는 서양음악에 대하여 두 가지 극단적인 견해가 있었다. 하나는 무산계급의 계급성을 강조하여 "자산계급, 소자산계급의 정서를 반영"한 서양음악을 거부하는 입장이고, 다른 하나는 서양의 음악적 기틀에 지나치게 구애되어 그것을 교조적으로 답습, 모방하는 입장이었다.

이에 대하여 그는 "남들의 작곡경험을 배워야 한다. 하지만 그대로 옮겨서는 안 된다.… 서양의 가곡을 마땅히 배워야 한다. 그러나 내용

1950년대 중국 베이징을 방문한 조선인민군협주단 대표단과 함께 한 정율성(가운데 흰 옷)

을 고려하지 않고 형식만 추구하여서는 그 악곡이 생명을 가질 수 없다"고[80] 주장하면서 옛 것을 오늘에 활용시키고古爲今用 서양의 것을 중국에 활용洋爲中用시켜 주체성 있고 개성 있는 작품의 창출에 주력하였다.

음악의 민족화民族化, 대중화大衆化에 노력.

정율성은 늘 "음악의 원천은 생활 속에 직접 들어가는 것"이라고[81] 주장했고, 이것을 실천하는데 게을리 하지 않았다. 이를 위하여 그는 동서고금의 음악유산을 거울로 삼았을 뿐만 아니라 대중들의 생활 속에 깊이 들어가 그들과 고락을 같이 하였었다.

특히 56개의 민족으로 이루어진 다민족 국가인 중국에서 그는 변방지구의 소수민족 민요에 깊은 관심을 가졌다. 그렇기 때문에 자신이 직접 이런지구까지 찾아가서 그들의 민요, 이를테면 섬북민요陝北民謠, 사천천강四川

....

80) 鄭律成, 「歌曲創作의 源과 流」, 정설송, 앞의 책, 267~268쪽.
81) 정설송, 앞의 책, 271~273쪽.

川江의 뱃노래, 운남 귀주雲南貴州의 민요 등을 수집하고 배우기도 하였다.

실제적인 생활체험의 바탕 위에서 창작된 그의 작품들은 거의 다 민족적 색채가 짙고 언어가 간결하면서도 우아하고 통속적인 동시에 일반 대중들의 희노애락이 그대로 담겨져 있기에 늘 대중들의 사랑을 받는다.

특기할만한 것은 그는 전 생애를 통하여 대부분의 시간을 중국에서 보냈고, 또 생활의 대부분을 눈부신 음악활동으로 일관하였지만 그는 결코 자신의 민족성을 잃지 않았다는 점이다. 그 좋은 예로 그는 늘 〈아리랑〉, 〈노들강변〉 등 우리의 민요를 애창하였으며 그의 작품에서 흔히 한국 전통음악의 품격을 엿볼 수 있다. 그의 마음 속 깊이 뿌리내린 이런 민족성은 그의 작품이 중국의 다른 음악가들의 작품과 구별되는 뚜렷한 개성을 갖게 한 요인의 하나였다.

정율성은 우리민족이 낳은 중국의 저명한 음악가로서 중국이라는 거대한 땅 덩어리 위에 우리민족의 슬기와 재질을 빛낸 음악가이다. 현대 중국의 유명한 시인이며 정율성의 전우였던 하경지賀敬之는 그에 대해 이렇게 말한 적이 있다.

나는 정율성을 통하여 조선민족을 알았다. 정열적이고 재간이 많고 정의감과 희생심이 강한 것이 조선민족임을 알았다. 그 뿐만 아니라 정율성을 통해 또 수많은 조선민족의 아들딸들이 중화민족의 해방위업을 위해 총을 들고 용감하게 싸웠다는 것을 알게 되었고 정율성처럼 시대에 앞장 서서 중국인민을 혁명의 제1선으로 고무 추동해 준 일류의 예술가를 낳아 키워준 것이 조선민족인줄 알았다.[82]

한국과 중국 그리고 남과 북의 한반도에서 펼쳐간 정율성의 삶과 예

········
82) 『중국 조선족 인물전』, (연변인민 출판사, 1990), 449쪽.

정율성의 활동을 영화로 제작한 〈태양을 향하여(走向太陽)〉'의 포스터(2002 작품)

술은 한반도와 중국의 근대사 증인이자 한중 가교의 중개자이며 아시아 평화의 역사와 예술의 본향이라고 평가할 수 있다.

2005년 제1회 광주정율성국제악제 개최 협의차 내한한 정율성의 딸 딩샤오디(정소제)씨(당시 베이징 바로크합창단장)는 "이미 중국에서는 아버지를 기념하는 음악회가 7번 정도 열렸는데 공연을 관람한 한국인뿐 아니라 중국인들도 눈물을 흘렸다"며 "아버지 음악이 한국과 중국이 서로를 더 잘 이해하고 알아가는 통로가 되기를 진심으로 바라요"라고 말했다.

우리가 정율성의 음악을 연구하고, 그를 기억해야 하는 이유이기도 하다.

2005년 8월 3일 광주정율성국제음악제 조직위원회 출범식 기념 사진
왼쪽에서 2번째가 필자 노동은 교수, 3번째가 정율성의 딸 정소제

10장

통일음악회를 성사시킨
세계적인 음악가

윤이상

尹
伊
桑

윤이상은 음악 속에 민족의 동질성과 인간성 회복이라는 주제를 담아냈던 세계적
인 음악가이다. 그러나 고향 통영을 떠난 후 다시는 고향땅을 밟지 못하는 아픔을
겪어야 했다. 그는 사후(死後)에 더 빛을 발하고 있다. 그의 음악에 정치와 이념
을 넘어서는 거대한 힘이 있기 때문이다. 2017년, 그의 탄생 100주년을 기념했
지만 우리는 아직 그를 온전히 알지 못한다.

통일음악회를 성사시킨 세계적인 음악가 __ 윤이상

분단과 세계를 넘어 인간과 음악을 추구

윤이상.

우리들의 가슴 속에 '인간'과 '예술'과 '조국'이라는 글자를 살려놓았던 윤이상. 그 이름 석 자가 이처럼 가슴 깊이 파고드는 이유가 무엇일까? 윤이상의 삶과 죽음은 우리들의 삶과 죽음이며, 그의 좌절과 희망은 우리의 좌절이자 희망이었다. 그는 또한 우리들의 꿈을 실현해준 음악가이다. 1990년 '통일음악회'를 성사시킴으로써 분단 45년 만에 처음으로 우리 민족이 한 자리에 모일 수 있게 한 당사자가 그였다. 우리가 무서워하던 이름인 '판문점'과 '38선'의 이데올로기를 녹여버리고 '분단과 민족과 한반도와 세계'를 통일로 이룩한 사람이 윤이상이었다.

윤이상은 1967년 소위 '동베를린 공작단 사건'으로 '무기징역─15년 형─10년 형─석방'이라는 긴 시련을 겪었다. 추운 감옥 안에서 오페라

〈나비의 미망인〉,〈류퉁의 꿈〉 등을 작곡한 장인정신과 불굴의 정신에서 우리들 저마다에 감추어진 인간성과 예술성을 다시 일깨워준 음악가였다. 또 그는 '음악을 통하여 세계통합의 위대한 업적'을 남겼고 '동서양의 음악세계를 유일하게 종합'한 큰 음악가였다.

그러나 그는 끝내 고향 통영에 돌아오지 못하고 이역만리 베를린에 묻혔다. 그때까지 돌아오지 못한 고향 통영의 안내서를 뒤적이고 흙과 돌을 만졌던 통한의 아픔 속에서 삶을 마감했다. 우리에게 고향이 부모이자 조국이고 영혼이자 예술 그 자체라는 사실을 일깨운 그였다.

"나의 모든 철학적·미학적 전통이 조국에서 생겼다"

윤이상은 1917년 9월 17일 경상남도 산청군 덕산리에서 반일적反日的 양반 출신인 부친 윤기현尹基鉉과 농민 출신인 모친 김순달金順達 사이에 2남 3녀 중 장남으로 태어났다. 당시 윤이상의 외할아버지는 산청에서 동학농민항쟁에 앞서다가 체포되어 고문 끝에 폐인이 된 상태였다.

1920년 통영으로 이주 후 윤이상은 다섯 살 때부터 호상서재湖上書齋에서 한학을 공부했다. 호상서재는 1875년부터 충무공 이순신의 10대손인 이규석李奎奭 통제사가 지방민 자제를 교육한 서당이었다. 윤이상은 호상서재에서 공자孔子와 노장老莊에 관련한 공부를 3년 동안 했다. 특히, 공자와 장자에 관한 공부는 호상서재에만 그치지 않고 이후에도 계속 정진하였다.

호상서재에서 3년간 수학한 윤이상은 8살인 1916년 4월 1일에 6년 과정의 통영공립보통학교에 입학하고 1932년 3월 23일에 상위 성적으로 졸업했다. 학교에 다니면서 윤이상은 근처 예배당을 다니며 찬미가와 풍금을 빠짐없이 배웠다.

보통학교 시절 윤이상이 다양한 음악적 재능을 표출하면서 여러 가지

예술분야를 체험한 사실은 주목할 일이다. 통영공립보통학교 학적부 기록에 "언어 명료하고 자세 태도가 훌륭하며 연구심이 풍부한 어린이"이자 "창가唱歌에서 특출한 수재로 두뇌가 뛰어난 어린이"로 평가되어 있을 정도로 그는 언변과 음악적 재능이 뛰어났다.

이 기간 동안 그는 작곡·바이올린·기타 등을 공부했다. 통영은 전통문화가 발달되어 있었고, 동시에 개항지로 신문화가 풍부하게 혼재되어 있는 곳이라서 그는 두 문화 속에서 성장하였다.

이처럼 "창가에서 특출한 수재"였던 윤이상은 통영의 풍부한 음악유산을 다양하게 체험할 수 있었다. 이 체험은 후에 음악창작의 창조적 상상력으로 자리 잡는 계기가 되었다.

윤이상이 문화적 체험을 하면서 성장한 곳 통영은 그가 "나의 모든 예술적·철학적·미학적 전통이 조국에서 생겼다"라고 말할 정도로 조국을 상징하는 고향이기도 하다.

서당과 보통학교 재학기간이던 1920년대에 윤이상은 학교의 창가나 음악담당 교사와 '통영연악회統營硏樂會', 그리고 개신교 성가대를 중심으로 음악 활동을 이어나갔다.

13살 되던 때부터 윤이상은 작곡가의 꿈을 키워 나간다. 보통학교 졸업과 함께 통영협성상업강습소統營協成商業講習所를 2년간 수료하고, 곧 서울에서 프란츠 에케르트Franz Eckert(1852~1916)의 제자이자 경성방송국 음악관계자이며 오케 축음기상회에 재직하고 있던 최호영崔虎永(1901~?)에게 2년 동안 화성학 중심의 작곡 레슨을 받았다. 윤이상이 작곡레슨을 받은 1934~1935년간의 서울에는 전업이거나 전문적인 작곡가가 없었다. 일본 도쿄의 '동양음악학교' 출신인 최호영도 당시에는 바이올리니스트인 제금가提琴家로 알려져 있었다.

1930년대 전반기 서울에는 음악평론분야의 김관金管·홍종인洪鍾仁을 비롯하여 홍난파·계정식·채동선 등의 바이올리니스트와 김원복·박경호·이홍렬·김영환·김메리·이애내 등의 피아니스트, 김태연·김인수·박태현 등의 첼리스트, 현제명·안기영·채선엽·권태호 등의 성악가가 악단을 형성하고 있었지만, 정작 전문 작곡가가 없었다.

작곡가 김세형金世炯(1904~1999)은 1928년 이래 미국의 로스엔젤리스의 챔먼Chapman대학을 거쳐 서부Western대학 대학원에서 작곡을 전공하고, 1934년에 수료(M.M.)하여 1935년에 귀국하였으나 독립운동조직체인 홍사단의 〈홍사단가〉 작곡자로 알려져 조선총독부의 요시찰 인물로 감시받고 있었다.

김성태金聖泰는 1935년 3월에 연희전문학교 상과를 졸업하고, 같은 해 4월에 도쿄고등음악학교에 입학한 상황이었다. 그는 1939년 3월에 졸업한다. 즉, 윤이상이 최호영에게 배운 작곡공부는 처음부터 한계가 있었으므로 2년만인 1935년 초에 통영으로 귀향했다.

고향 통영에 돌아온 윤이상은 새로운 전기를 마련한다. 일본에 유학하여 상업학교를 진학할 경우는 음악공부를 해도 좋다고 부친에게서 허락을 받았기 때문이다.

윤이상은 1935년 4월에 일본 오사카大阪에 있는 상업학교에 입학하고, 별도로 오사카 음악학원에 등록하여 본격적인 음악공부를 하였다. 그는 작곡을 전공하는 한편 첼로공부를 했지만 2년을 못 채우고 귀국했다. 귀국직후인 1936년 11월 8일에 그는 경성 당주정唐珠町 168번지에 기거 하며 공업 분야에 종사했다. 그리고 새문안교회 차재명車載明 목사가 주례하는 세례를 받았다. 세례의 신급은 유아세례를 마친 입교였다.

1935년에 동요 〈목동의 노래〉를 처음으로 작곡한 윤이상은 1937년에 첫 동요집을 냈다.

그 후 다시 1940년 신학기에 일본 도쿄東京에 진출하여 작곡 공부를 계속하는 한편 반일지하조직체에서 활동하였다. 작곡선생은 이케노우치 토모지로오池內 友次郎로, 그는 일본 최초로 파리국립음악원을 수료한

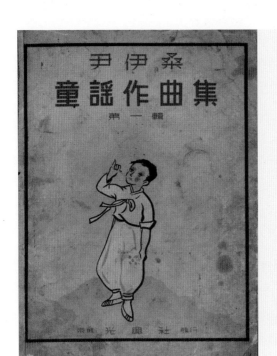

음악가였다. 그가 1936년에 귀국하여 음악이론과 작곡, 그리고 작곡교육으로 활동하고 있을 때 윤이상이 그에게 작곡을 배운 것이다. 그러나 윤이상은 1941년 태평양전쟁의 전운이 일본에서 감돌자 귀국하였다.

　1942년 4월에 그의 부친 윤기현이 사망한다. 그 이후 윤이상은 무기제조로서 독립운동을 계획했다가 1944년 7월에 체포되어 거제도 장승포경찰서에서 통영으로 이송, 두 달간 구금생활을 했다. 9월 17일에 풀려난 윤이상은 또 다시 체포령을 피하려고 서울로 탈출했고, 서울에서 해방을 맞이했다.

해방 후 음악교사로 활동

해방 후 윤이상은 통영으로 돌아와 통영공립고등여학교(3년제) 음악교사로 취임한다. 그리고 시인 유치환·김춘수·김상옥 등과 동창생이자 〈까치의 죽음〉 작곡가인 정윤주鄭潤柱(1918년생)와 함께 민족문화 창출을 위한 목적으로 1945년 9월15일에 '통영문화협회'를 설립하여 한글강습회·초등교원을 위한 정서교육강습회·시민강좌·연극공연·음악회·농촌계몽대 순회공연 및 강연을 하였다.

그는 또다시 통영의 역사적 문화들을 '들어 마시며' 문예가와 음악가로서 통영 출신 예술가들과 정열적인 활동을 전개하였다. 통영에서 『토지』의 작가 박경리, 꽃의 시인 김춘수, 깃발의 시인 유치환, 시조와 시로 풍광을 드러낸 김상옥 등 근대 한국문단의 중심인물과 작곡가 정윤주가 나온 것은 결코 우연한 일이 아니었다.

통영문화협회 활동시절부터 윤이상은 일련의 초기 가곡들을 창작하거나 통영의 여러 학교 교가를 창작하였다.

윤이상이 지은 통영 시내의 초·중·고의 대부분 교가들은 거의 유치환의 작시에다 붙인 곡들이다. 즉 이 기간 통영의 거의 모든 학교의 교가 지어주기 운동은 욕지중학교 교가 작시자인 김상옥金相沃(1920~2004년)을 제외하

통영현악사중주단 첼리스트로 활동한 윤이상(왼쪽에서 두 번째)

고, 주로 통영문화협회 대표이자 「깃발」의 시인인 유치환과 함께 하였다.

이 기간 윤이상은 모두 9개교에 달하는 교가를 작곡하였는데, 통영여중, 통영고, 욕지중, 통영·충렬·두룡·진남·용남·원평 등 초등학교 교가 작곡이 그것이다.

다른 한편으로 2차 대전으로 부모를 잃은 고아들을 구제하기 위하여 부산에서 시립고아원 원장직을 1년간 맡고 헌신하였다. 이때 평생 고생하는 폐결핵을 얻었다. 그는 1947년에 통영을 중심으로 '통영현악4중주단'(윤이상尹伊桑·정윤주鄭潤桂·최갑생崔甲生·최상간崔相杆)을 조직하여 활동하는 등 지역문화발전에 헌신적이고 정열적인 활동을 전개했다.

한편, 윤이상이 한국생활기에 나온 가곡 작품 중 〈그네〉와 〈편지〉의 시인은 김상옥이라는 점에서 윤이상의 정신적 한 단면을 찾아볼 수 있다. 김상옥을 비롯한 '통영문화협회' 회원들은 대부분 통영 출신의 오랜 동료들이었다.

1938년 『문장』지 추천을 받은 후 『동아일보』에 시와 시조, 동시 부문에 당선한 적이 있는 초정草汀 김상옥은 청년문학가협회에 가입하여 통영지부를 운영한 바도 있었다. 김상옥이 일제하 항일운동으로 여러 차례 투옥된 바 있어, 역시 투옥된 적이 있는 윤이상이 비록 3년 선배였지만, 서로 민족적인 동지애로 함께 생활하고 있었던 사이였다. 무엇보다도 김상옥은 한국시학사韓國詩學史에 "현대의 시詩정신을 적극적으로 감당해야 된다는 것을 깊이 터득한 시인"이자 시조부문에 "홀로 우뚝 솟은 산맥"으로 평가받고 있었다.

윤이상이 선택한 가곡의 시인들은 한국시학사韓國詩學史에서 뛰어난 서정시를 쓴 작가로 평가받고 있는 시인들이며, 해방이후 이들 시인들이 대부분 카프류의 프로시에 반대한 민족진영의 시인들이고, 또한 조지훈이나 박목월의 청록파 시인들이었다. 이들은 공통적인 공감대로 우리 문화의 성격이나 정신성향 그리고 민족전통 유산의 뿌리와 줄기를 회복

윤이상은 1950년 동료 교사인 이수자와 결혼식을 올렸다.　큰 딸(윤정)과 함께 찍은 가족사진

하려 했다. 그러한 부단한 노력들을 통영이라는 문화성지에서 불로 지피고 있었으니, 윤이상은 그 지핌으로 후반기의 삶과 예술을 비추는 한국생활기를 지냈다.

이렇게 통영이나 부산 등 지역에서 문화발전에 열정적으로 기여하고 활동했던 윤이상이 당시 악단의 양대 산맥이었던 현제명이 주도한 '고려교향악협회'나 김순남이 주도한 '조선음악가동맹'에 가입하지 않은 채, 통영에서 독자적인 활동을 한 사실은 주목할 만한 일이다. 그는 민족적 성향을 띄고 있었지만 해방정국을 비문화적 시대라고 비판하며 정치지향적인 활동에는 거리를 두고 있었다.

1950년 1월 윤이상은 부산사범학교의 같은 교사(국어)인 이수자李水子(1927년 출생)와 결혼하였다.

결혼 직전인 1949년 〈고풍의상〉·〈달무리〉·〈추천〉 등이 수록된 가곡집 『달무리』를 부산에서 출판하였으며, 주간 『소년 태양』의 편집국장직도 맡았다. 1950년에 민족의 비극인 6·25가 일어나자 '전시작곡가협회'

사무국장으로서 김세형·이홍열·윤용하·김동진·김대현·박태현·나운영 등과 함께 활동하였다. 이후 유치진 극본과 연출의 음악·연극·무용이 한데 어울린 종합공연작품 〈처용의 노래〉를 작곡하여 국립극장에서 공연하였다.

그리고 아동문학가이자 동요작가 김영일金英―(1914~1984)과 함께 문교부 검인정의 학년별(1~6)『국민학교 새음악』과 전시 초등학교 노래책 『소년 기마대』의 노래를 1950~53년간에 작곡하여 공동저작으로 부산에서 발행하거나 발표회를 가졌다.

1951년에 부산고등학교 음악교사로 활동하다가 1953년 휴전협정과 함께 그는 서울로 이주하였다. 먼저 양정고등학교 음악교사로 잠시 동안 있었다. 그러다가 건강상태가 나빠지고 창작에 전념하기 위해서 학교를 그만두었다. 이후 서울대학교 예술학부와 경희대·숙명여대·덕성여대에 출강하여 작곡을 지도하고 독주곡과 실내악곡과 여러 분야의 평론을 발표하면서 부동의 음악가로 부각되었다.

1954년에 '전시작곡가협회'에서 새롭게 발족한 '한국작곡가협회(회장 김세형)의 위원으로 활동했고, 한국작곡가협회의 '제1회 작곡발표회'(1955.2.26, 서울 시공관)에서 〈현악4중주〉를 발표한다. 서울시뮤직펜클럽 회원활동(1955년), 경주예술제(제1회)와 진주예술제(제5회) 등에 참여했고, 신문과 잡지에 자신의 논설들을 발표하면서 서울 생활 3년간 악단을 이끌었다.

1954년에 윤이상은 평생의 구상으로 일관되게 추구한 대표적인 글「악계구상의 제문제」를 비롯하여, 이때를 전후하여 여러 편의 글을 잡지·신문·강연 등에 발표했다. 그리고 한국작곡가협회 상임위원이었던 윤이상은 40세 때인 1956년 4월 11일에 〈현악4중주 1번〉과 〈피아노 3중주〉로 '제5회 서울특별시 문화상'을 받았다. 그의 수상은 작곡가로는 최초였다.

수상직후 윤이상은 한국음악단체연합회에 가입하고, 한국작곡가협회·연주가협회·뮤직 펜클럽 공동주최의 '윤이상씨 도불 환송회'(1956.5.23)를 거쳐 같은 해 6월 2일에 예술가로서의 정진과 한국음악의 세계화를 위하여 프랑스 '파리 국립고등음악원'으로 유학한다. 당시 국내에서 습득하기에는 한계가 있던 20세기 작곡기법과 음악이론을 공부하기 위하여 결단이었다. 이로써 그는 '한국생활'을 마감하고, 새로운 '유럽생활'을 시작하게 된다.

윤이상의 한국생활 시기는 1956년(40세) 유럽으로 떠나기 전의 전반 생애를 한국의 문화유산 속에서 '피부로 들어 마시며' 온전하게 살았던 때였다. 그리고 이 시기는 일본제국주의의 식민지 시대이자 분단의 시대였으므로 '피부로 들어 마신 문화유산'은 언제나 '민족적'일 수 있었다.

즉, 윤이상은 전반부 한국의 삶이나 후반부 유럽의 삶, 두 문화를 중층적으로 체험하여 작품에 반영 할 때 창작의 창조적 에너지는 동양, 특히 조국의 문화유산이었다는 점에서 우리들의 '가능성'을 열어주며 '반성'하게 한다.

'상처받은 용'의 시기를 지나다

윤이상은 한국에서의 성공에 안주하지 않았다. 그는 새로운 꿈을 이루려 1956년 6월 나이 40세에 반평생을 보낸 한국 생활을 정리하고 프랑스 '파리 국립고등음악원Paris Conservatoire'으로 유학을 간다. 그리고 다음해 8월 독일 서베를린 음악대학Berlin Hochschule으로 옮겼다. 그는 1959년 이 학교의 졸업을 전후로 현대음악제에 참가하거나 여러 작품 활동을 하였다. 네덜란드 빌토벤과 독일의 다름슈타트 현대음악제에서는 〈피아노를 위한 다섯 개의 소품〉과 〈일곱 악기를 위한 음악〉이 초연되었다.

당시에 쓴 작품으로는 실내악곡 〈현악4중주 3번〉과 실내협주곡인 〈일곱 악기를 위한 음악〉, 관현악곡으로 〈대편성 교향곡을 위한 '교향적 정경'〉, 〈현악 오케스트라를 위한 '교차적 음향'〉 등이 있다. 이후 독일에 체류하게

중앙정보부의 동백림사건 발표 내용을 실은 『경향신문』 1967년 7월 8일자. 원안이 윤이상이다.

되었고 1961년 부인 이수자가 독일로 들어가 합류한 후 활발한 음악활동을 펼친다. 1962년에는 관현악곡 〈바라〉가 베를린 라디오 방송교향악단의 연주로 초연되기도 했다.

1963년에는 독일 쾰른으로 이주하고 사신도를 보기 위해 북한의 평안남도 강서고분을 방문했다. 작품으로는 바이올린과 피아노를 위한 〈가사〉를 발표했고, 계속해서 유럽 각지에서 활동을 하다가 1964년 독일 포드재단의 예술가프로그램의 초청으로 베를린-슈마르겐도르프에 정착한다.

1965년 세계문화자유주의 한국지부 주최 현대음악발표회 때 〈플루트와 피아노를 위한 가락〉을 발표했다. 또 같은 해에 오라토리움 〈오, 연꽃 속의 진주여〉가 하노버에서 초연되었다.

1966년에는 독일의 도나우에싱겐 현대음악제에서 대편성 관현악곡 〈예악〉을 발표하여 국제적인 작곡가로 주목을 받게 되었다. 윤이상은 이 작품을 통해 서양음악에 동양의 혼을 불어넣어 새로운 생명력을 창조했다.

그 즈음 1966년과 1967년은 그에게 희망과 좌절을 동시에 안겨 주었다. 희망은 그의 작품 〈예악〉이 독일 도나우에싱겐에서 발표되어 확고한 음악적 거인으로 부각된 것에서 비롯되었고, 좌절은 1967년 박정희 정권 당시 한국 중앙정보부원들에게 서울로 납치되어 이른바 '동베를린 공작단 사건'으로 기소되어 1심(12월 13일)에서 무기징역을 선고 받은 데서 비롯되었다.

1963년 4월 처음으로 북한을 방문하여 오랜 친우인 최상학을 만난 것이 사건의 출발이었다. 그는 한 민족의 이상을 동물 형상으로 표현한 사신도를 통해 예술적인 영감을 얻으려 하였다. 하지만 당시 반공을 국시로 내세우고 있던 박정희 정권은 윤이상의 방북행적을 포착해 내사에 들어갔다.

1967년 6월 17일 윤이상과 부인 이수자는 중앙정보부에 의해 체포되어 서울로 '납치'되었다. 그는 유럽으로 건너간 다른 유학생들과 함께 간첩으로 몰려 사형을 선고 받고 서울구치소에 수감되었다.

1967년 12월 13일 1차 공판에서 윤이상은 무기징역을 선고받았으나 재심·삼심에서 감형 받았다.

고문에 굴복할 수 없었던 윤이상은 아무도 없는 틈을 타서 책상 위의 유리 재떨이로 자신의 뒤통수를 여러 차례 쳐서 자살을 기도한다. 철철 흐르는 피를 손가락에 묻혀서 벽에 "나의 아이들아, 나는 스파이가 아니다" 라는 유언을 쓰기도 했다고 한다.

재판정에 선 윤이상. 1967년 '동백림사건'으로 재판정에 나온 윤이상이 부인 이수자 여사와 나란히 서 있다.

자살을 시도한 윤이상은 결국 음악 작업을 해도 좋다는 허락을 받고 옥중에서 오페라〈나비의 꿈〉을 썼다. 완성된 작품은 집행유예로 먼저 풀려난 부인을 통해 독일에 전달되어 1969년 2월 23일 뉘른베르크에서〈나비의 미망인〉이라는 제목으로 초연되었는데, 31회의 커튼콜을 받는 등 큰 호평을 받았다.

그는 건강악화로 병원으로 옮겨진 후에도 클라리넷과 피아노를 위한 〈율律〉과 첼로를 위한 〈영상〉을 탈고하였다. 또한 석방이 되기도 전에 서독 함부르크 자유예술원 회원으로 위촉되기도 하였다.

한편 이고르 스트라빈스키와 헤르베르트 폰 카라얀이 주축이 된 200여 명의 유럽 음악인들이 대한민국 정부에 공동 탄원서를 내어 윤이상의 수감에 대해 항의했다.

세계 음악가들의 격한 저항과 서독 정부의 노력으로 그는 1969년 2월 25일 대통령 특사로 석방되어 서독으로 돌아갔다. 중앙정보부장 김형욱은 "납치 사실을 절대 발설하지 말 것" 등을 요구하고, 이를 무시할 경우 "적을 없앨 수 있는 방법은 얼마든지 있다"고 협박한 뒤 윤이상을 추방했다고 한다. 시간이 흐른 뒤에 그는 당시를 이렇게 회상했다.

> "그때까지 나의 예술적 태도는 비정치적이었다. 그러나 1967년의 그 사건 이후 박정희와 김형욱은 잠자는 내 얼굴에 찬물을 끼얹은 격으로 나를 정치적으로 각성하게 하였다. 나는 그때 민족의 운명을 멸망의 구렁텅이로 빠뜨리는 악한惡漢들이 누구인가를 여실히 목격하였다."[83]

음악가에게 참으로 가혹한 시간이었다. 결국 2년 뒤에 윤이상은 자유로운 음악활동을 위해 서독에 귀화하였다. 이후 작품 활동을 하면서 북한을 오갔다. 북한에서는 1982년부터 매년 윤이상 음악제를 개최했으

----

83) 이수자 『내 남편 윤이상』하, 14~15쪽.

며, 윤이상음악당과 윤이상음악연구소를 설립하였다.

　민주화되면서 국내에서도 그의 음악이 해금되어 연주를 할 수 있게 되었지만 그는 죽을 때까지 조국에 입국할 수 없었다.

　죽기 전 고향을 방문하려는 간절한 열망으로 윤이상은 1994년 도쿄에서 모든 정치적 활동을 중단한다고 발표했다. 1994년 9월 서울·부산·광주 등지에서 윤이상 음악축제가 열렸다. 윤이상은 참석하려 했지만 정부는 '반성문'을 요구했다. "지난 날 국민들에게 심려를 끼쳐서 미안하다는 것, 앞으로 예술에만 전념하겠다는 뜻"을 밝히라는 것이었다. 양심의 자유를 침해하는 내용이었다.

　윤이상이 고향땅을 밟을 마지막 기회는 사라졌다. 그는 이듬해, 1995년 11월 3일, 머나먼 이국 땅 베를린에서 78살의 나이로 세상을 떠났다.

　2006년 1월 '국가정보원 과거사건 진실규명을 통한 발전위원회'는 동백림 사건이 부정선거에 대한 거센 비판 여론을 무마시키기 위해 과장되고 확대 해석되었다는 조사 결과를 공표했다. 1년여 뒤인 2007년 9월

오페라 〈심청〉 공연이 끝난 후 동료 음악가들의 축하를 받고 있는 윤이상(왼쪽에서 두 번째)

〈악보 1〉 윤이상의 오페라〈심청〉1972 의 악보

14일에는 이수자 여사가 윤이상 탄생 90주년 기념 축전에 참가하기 위
해 40년 만에 한국에 입국할 수 있었다.

　'상처받은 용'은 윤이상의 어머니가 윤이상을 가졌을 때 꾼 태몽의 내
용이다. 꿈속에서 어머니는 민족의 영산인 지리산 위의 구름 사이를 용

이 휘감아 올라가는 모습을 보았다. 그런데 그 용은 하늘 위로 더 높이 솟아오르려 했지만 오르지 못했다고 한다. 바로 용의 상처 때문이었는데 상처 받은 용이 하늘로 높이 솟구쳐 오르지 못하는 모습의 태몽이었다.

여기서 상처 받은 용이 바로 윤이상이다. 훗날 루이제 린저는 『상처 받은 용』에서 용의 상처는 태몽을 꾼 어머니가 전혀 알 수 없었던 어떤 것을 의미하고 있었다고 이야기한다. 그러면서 그것은 정치로 입게 될 구체적이고 신체적인 위협과 상처였다고 말한다.

1967년 간첩단 사건 이전의 윤이상은 확고한 신념을 가진 정치적인 음악가가 아니었다. 바로 이 '상처받은 용'의 시기를 지나 그 어떤 정치 활동보다 예술이, 음악이 수준 높은 정치적 갈등의 해소와 화합이 될 수 있다는 것을 보여 주었다. 상처 받은 용이 스스로 상처를 이겨내고 하늘로, 하늘로 높이 솟구쳐 오른 것이다.

민족음악 화두로 이룬 화해와 평화의 통일음악회

윤이상은 1971년에 독일 국적을 취득했고, 1972년에는 베를린음악대학 명예교수가 되었다. 뮌헨올림픽대회 문화행사의 일환으로 작곡 위촉을 받고 오페라 〈심청〉을 발표하였으며 〈심청〉의 대성공으로 세계적인 작곡가라는 명성을 얻게 되었다. 1973년에는 미국에서 아스펜음악제의 상주작곡가로 참여했고 많은 작품들이 연주되었다. 1974년에는 서베를린 예술원 회원이 되었다.

1977년부터는 베를린예술대학의 정교수(1987년까지 역임)가 되었는데 그 때 루이제 린저와의 대담집 『상처받은 용』이 출판되었다.

1980년 광주항쟁이 일어나자 그는 교향시 〈광주여 영원히!〉를 쾰른에서 5월 8일에 초연으로 발표하였다. 1982년에는 북한에서 〈광주여 영원히〉를 연주했고 그 이후 정기적으로 북한에서는 '윤이상음악회'를 개최했다. 같은 해 서울에서는 제7회 대한민국음악제를 이틀 동안 '윤이상 작곡의 밤'으로 개최했고 세종문화회관에서 '관현악의 밤'을 열고 작품 으로는 〈서주와 추상〉, 〈무악〉, 〈예악〉, 〈오보에 하프, 소관현악을 위한 이 중협주곡: 견우와 직녀이야기〉, 〈로양〉, 〈피리〉, 〈오보에와 하프, 비올라 를 위한 소나타〉를 연주했다.

이후 1983년부터 1987년까지 매년 교향곡을 한 곡씩 발표하였다. 1984년에는 베를린 필하모니 창단 100주년 기념으로 〈교향곡 1번〉을 초 연하고 1987년에는 베를린 탄생 750주년 기념 위촉 작품 〈교향곡 5번〉을 베를린 필하모니의 초연으로 발표하는 등 매년 교향곡을 한 곡씩 써 1번 에서 5번까지 모두 다섯 곡의 교향곡이 발표되었다.

1984년에 평양 윤이상음악연구소가 개관한다. 1985년에는 독일 튀빙 겐 대학에서 명예박사학위를 받았다. 1987년 교성곡 〈나의 땅, 나의 민족이 여!〉를 발표하고 북한 국립교향악단이 초연했다. 1988년에는 독일연방공화 국 대공로훈장을 받고 베를린 축제주간에서 '윤이상 음악회'를 개최했다

첫 평양 윤이상음악회. 북한 국립교향악단이 〈나의 땅, 나의 민족이여!〉를 초연했다.

인물로 본 한국근현대음악사

1980년대 초반부터 말까지의 치열하고 활발한 활동 속에서 계속 윤이상은 마음속으로 꿈꾸어 온 바람이 있었다. 그 꿈을 실현하려 1988년 7월부터 '민족합동음악축전'을 남북한 정부에게 제의한데 이어 1990년에 남북한 각각 현지나 판문점에서 민족통일음악회 개최를 제의하였다.

　　드디어 1990년, 윤이상이 제안한 통일음악회가 분단 45년 만에 역사적으로 개최되었다. 남쪽에서는 '서울전통음악연주단'(단장 황병기)이 판문점을 거쳐 범민족통일음악회凡民族統一音樂會에 참가하였다. 범민족통일음악회에서는 본 행사가 시작되기 전 먼저 10월 14일부터 평양의 2·8 문화회관, 봉화예술극장 등 여섯 개 공연장에서 사전 음악회가 열렸다.

　　범민족통일음악회는 민간 차원에서 이루어진 최초의 방북음악회라는 점에서 남북교류의 새 장을 열었다는 평가를 받았다. 범민족통일음악회 남북한 음악인들의 만남으로 민족의 동질성을 확인할 수 있었다는 점과 그 확인을 통해 민족통일의 실제적인 첫발을 내디뎠다는 점에서 성공적으로 치러졌다고 할 수 있다.

　　범민족통일음악회를 기점으로 윤이상의 활동과 음악세계를 다룬 저작들이 나오기 시작했다.

　　1991년 최성만과 홍은미가 편역한 『윤이상의 음악세계』(한길사)가 간

1990년 평양에서 열린 범민족통일음악회 개막식 장면

환영만찬장에서 두 손을 들어 참가자들을 환영하는 윤이상

행됐고, 1992년에는 윤이상 탄생 75주년 음악회와 페스티벌이 전 세계 적으로 개최되기도 하고 일본에서 탄생 75주년 기념책『윤이상, 나의 조국』이 출판된다.

1993년에는 잘츠부르크 모차르테움 음악대학의 객원교수로 위촉되어 활동했다. 그 후 79세가 되던 1995년 5월 도쿄에서 윤이상이 참석한 가운데 교향시〈화염 속에 쌓인 천사〉가 초연되었다.

윤이상은 독일 바이마르에서 괴테상을 수상했고 독일방송이 20세기 저명작곡가 30인 중의 한사람으로 선정하였다. 동양인으로는 처음이었다.

그는 세계음악계에서 한국의 역사적인 음악과 사상을 매개로 동양과 서양의 가교역할을 하고, 또 음악을 통하여 세계통합의 위대한 업적을 남긴 용으로 평가를 받고 있었다. 그러나 정작 자신이 사무치게 그리워한 통영의 짙푸른 바다를 뒤로 한 채, 한스러움을 남기고 윤이상은 이승의 삶을 마감하였다.

윤이상과 필자 1990년 필자는 평양에서 열린 범민족통일음악회에 참석해 윤이상을 만났다.

사후에 열린 '윤이상통일음악회'

윤이상이 고향 통영 땅을 밟지 못한 채 이국 베를린에서 삶을 마감하자, 국내 음악인들은 윤이상추모음악회를 준비하였다. 추모음악회는 조국 분단의 비극으로 고향 방문도 하지 못한 그의 한을 씻어주고, 남북 간 민족 통합을 위하여 바친 삶을 재조명하는 자리였다.

마침내 '고 윤이상선생 추모제 준비위원회'가 1995년 12월 18일 출범하였다. 남북관계가 좀처럼 풀리지 않았지만, 1998년 김대중 정부가 들어서서 탄력을 받기 시작하였다.

그 결과 11월 3일 윤이상통일음악회 남측추진위원회 위원장을 맡은 필자를 비롯해 부위원장 이건용, 소프라노 윤인숙, 바이올리니스트 김현미, 콘트라베이스 연주가 안동혁, 명창 안숙선, 지휘 박범훈, 김덕수와 그 일행으로 박안지·김한복·장현진, 단장 최학래 통일문화재단 사무총장과 한겨레신문사 김보협 음악담당기자가 윤이상통일음악회가 열리는 평양에 도착하였다.

모란봉극장에서 있은 개막공연에서는 인민예술가 김병화가 지휘하는 국립교향악단 연주로 윤이상 작곡(1979)의 〈하프와 관현악을 위한 서주와 추상〉이 첫 공연작품으로 연주되었다. 까다로운 윤이상 작품을 상당한 연습과 연구로 거의 완벽하게 앙상블을 보여주었고, 윤이상 작품의 특징인 음통일체와 음향통일체의 흐름을 탄탄하면서도 깨끗하게 표현하였다.

두 번째로 최성환 작곡(1976) 관현악 〈아리랑〉이 남측 박범훈 지휘로 연주되었다. 박범훈은 북측 국립교향악단을 지휘한 첫 남측 음악인이 되었다.

세 번째 공연작품은 김덕수의 장고와 박안지의 꽹과리, 김한복의 징, 장현진의 북으로 연주하는 사물놀이 공연이었다. 김덕수 사물놀이가 보여주는 신들린 모습에서 누구나 굳어진 생각과 몸이 해방되듯이, 이 날 공연도 예외가 아니었다.

평양서 열린 故 윤이상 선생 추도회
1995년 11월 10일 평양 윤이상음악당에서 북측의 주요 문화예술계 인사들이 참석한 가운데 거행됐다.

    네 번째 작품은 북측 소프라노 조청미 독창과 이전혜의 피아노 반주로 윤이상 초기가곡인 〈달무리〉(1948)와 〈통일아 통일아〉가 이어졌다. 풍부한 성량과 잘 닦아진 벨칸토식 발성, 그리고 달무리에 젖은 듯한 음색 표현법으로 미루어 예사 성악가가 아니었다.

    개막공연의 끝 곡으로 국립교향악단이 연주하는 윤이상 작곡의 교향시곡 〈광주여 영원히!〉(1981)가 김병화 지휘로 있었다. 제목보다 실제적 감상이 더 어려운 이 작품을 정말이지 훌륭하게 연주하는 것을 보아서 도대체 북측의 연습량이 얼마 만큼인지가 궁금했다. 나중에 확인했지만 창작가극일 경우 거의 1년을 연습하면서 끊임없이 완성도를 높여, 정작 무대에 초연이 이루어질 때에는 완벽한 공연이 이루어진다고 했다.

    다음 날 오후 3시, 윤이상통일음악회 제2일 공연이 윤이상음악당에서 개최되었다. 윤이상관현악단 소속의 현악4중주단이 윤이상 작곡(1990)의 〈현악4중주 제5번〉을 첫 작품으로 공연하였다. 윤이상음악당은 6백석으로 2층에 있는 사람들을 서로 바라볼 수 있었고, 무대와 객석이 거의 같은 높이로 되어 있는 공간 때문인지는 몰라도 누구나 그 공간에 있으면 서로가 낯설지 않을 정도로 감싸 안고 있는 듯 했으며 통일에 대한 민족

폐막연주회를 마치고 김일진 지휘자의 지휘에 따라 남북의 출연음악인과 객석의 청중 모두가 손에 손을 잡고 〈우리의 소원은 통일〉을 목이 터져라 부르고 있다.

의 염원이 넘쳐서인지 더 훈훈한 분위기에서 시작되었다. 순서가 끝날 때마다 모든 출연자들은 커튼콜을 받았다.

11월 5일 폐막 공연 때는 〈우리의 소원은 통일〉이 남북 출연자 전원에 의해 끝 곡으로 불려졌다. 관객들이 하나같이 어깨동무를 하면서 눈시울을 적시는 사람도 있었고, 목 놓아 부르는 사람도 있었다. 열광적인 환호와 감동의 물결이 넘쳐났다. 이 감동의 자리가 민족에게 나눔과 섬김의 자리라는 점, 화해와 협력의 자리라는 점을 모두가 묵시적으로 알고 있었다.

윤이상통일음악회는 여러 측면에서 역사적 의의를 가진다.

첫 번째 의의는 남북음악인들이 해방이후 처음으로 합동 공연을 하여 모든 사람들에게 통일의 공동체를 이룩하는 길이 모색되었다는 점이다. 음악은 서로에게 주는 것이 아니라 민족이 함께 나눌 수 있는 유일한 예술이라는 점에서 남북음악인들의 음악회 그 자체가 하나됨의 길이 아닐 수 없다.

두 번째 의의는 작곡가 윤이상이 남북음악인들에게 음악과 민족의 이름을 갖는 생명력 있는 음악인임을 다시 한 번 확인하는 자리였다는 점이다. 자칫 양쪽 체제의 음악작품으로 교류 제안하다가 우위론적 생각이 앞서 교착상태에 빠질 수 있을 수 있었겠지만, 윤이상은 민족이름으로 화해할 수 있는 음악인일 뿐 아니라, 민족의 미래를 가늠할 수 있는 한반도 예술의 한 방향임을 거듭 확인할 수 있었다.

세 번째 의의는 윤이상통일음악회가 윤이상을 통한 통일음악회이었으므로, 음악회를 통해 한민족이 역사적으로 창조했던 민족음악들에 대하여 재평가를 했다는 점이다. '김덕수 사물놀이'란 이름이 세계적으로 고유명사가 되어 있었지만 평양 공연도중 여섯 번의 장내 박수와 끝난 뒤의 커튼콜도 이어져, 북쪽에서도 민족적으로 크게 환영을 받았다. 특히 명창 안숙선에 대한 재평가가 이루어지는 계기도 주어졌다. 그동안 판소리는 탁한 소리로 비판적 대상이었지만 안숙선의 맑으면서도 호소력 있는 판소리에 북측 음악인들도 가슴이 트이는 재평가를 했다.

이처럼 '윤이상통일음악회'는 남북음악인들이 해방 이후 처음으로 합동공연을 해서 음악예술 분야부터 통일의 공동체를 이룩하는 길이 모색되었다는 점과 윤이상이라는 음악가가 음악과 민족의 이름으로 생명력 있는 큰 음악인임을 남북음악인들이 다시 한 번 확인 할 수 있었다는 점, 그리고 민족음악에 대한 재평가가 이뤄졌다는 점에서 의의가 있다.

한 평생 음악 속에 민족의 동질성과 인간성 회복이라는 주제를 담아냈던 윤이상은 그 이름의 통일음악회를 통해 죽어서도 큰일을 한 음악가였다.

윤이상의 삶과 그의 음악

왜 윤이상인가?

윤이상 음악은 한반도 민족 전통의 음악과 음악관을 서양의 현대음악기법으로 옷을 입혀 표현하고 있다. 그의 음악에는 특정 작품의 일부(예컨대, 1987년 칸타타 〈나의 땅, 나의 민족이여! Mein Land, mein VolK〉)를 제외하고는 전

젊은 시절 윤이상과 말년 윤이상의 모습

통음악이 그대로 재현되지는 않는다.

　1950년대 세계현대음악계가 음렬적 사고와 전자음악적 방향으로 흐르다가 1960년대의 일군의 음색-음향작곡흐름으로 전환하자 윤이상은 펜데레츠키Krzysztof Pende-recki(1933)나 리게티Gyorgy Ligeti(1923)와 함께 음악어법 중심적 흐름과 함께 가고 있었다. 다만 이들과 달리 윤이상은 한국과 동아시아의 음악을 영감화靈感化하고 그 미학적 세계관으로 독자적인 음악세계를 구축하고 있었다.

　여기에서 한국-동아시아의 음악과 음악관을 영감화하였다는 점은 그의 전반부 삶의 현장에서 체험한 한국민족전통음악과 학습한 유학儒學·노장학老莊學을 바탕으로 했다는 것이다. 즉, 그의 핵심적 작품 특징이 '음통일체Ton-Einheit'(음악학자 슈미트의 용어)와 '음향통일체Klang-Einheit'라는 현대음악기법인데 이것의 영감적 아이디어가 바로 한국의 음악과 음악관에서 비롯하였다는 말이다.

'음통일체'란 어떤 중심음과 그 음을 장식적으로 둘러싸고 있는 모든 음들을 말하고, '음향통일체'란 이 '음통일체'가 하나의 묶음으로 움직이는 음향적인 흐름을 일컫는다. '음통일체'라는 한국전통음악의 '선線적'인 기화氣化 원리를 윤이상이 현대어법으로 적용시키고 있다는 점은 윤이상 음악의 한국 전통음악 음악원리가 주목받는 대목이다.

바로 이 점이 한국과 서양음악문화의 가교 역할을 하는 특징이며, 또 서양전통에서 보면 '한국적'이지만, 한국전통에서 보면 '서양적'이라는 점에서 우리들을 '낯설게' 하는 요인이기도 하다. 윤이상의 한국민족 전통음악에 대한 관심은 사실 전 생애에 걸쳐 있다.

윤이상이 암울했던 일제하에 태어나 분단조국으로 이어지는 한국근현대사의 역사현장에서 삶의 전반기를 마감하고 40세에 유럽권에서 후반기를 살아가며 세계현대음악 중심에서 주목받는 음악가로 진출했을 때 전반부 한국생활기에 겪었던 민족문화유산을 창작정신과 소재의 근거로 삼음으로써 한국과 서양을 잇는 역사적 평가를 받는다.

윤이상에게 한국의 역사적인 민족문화예술은 미적 창작의 계기도 되지만 정신적 세계관을 형성하는 계기가 되었다. 즉, 윤이상이 일제하에 항일운동으로 투옥된 사건은 스스로가 윤리성을 획득하는 계기가 되고, 동시에 그 계기는 민족문화예술에 대해 천착하는 대화를 이루어 초기가곡을 비롯한 여러 창작품에 투영시킨 결과가 된다.

이 평가들은 이 땅의 민족문화예술이 벌써 세계 속 생명의 인간화와 자주성으로 발전한 역사 속에서 대화한 결과이고, 그 점을 초기 가곡에서 벌써 '앞당겨' 세계화를 모색하고 있었음을 확인하게 한다. 이 땅에서 수천·수백 년간의 역사를 통하여 인간화를 모색하며 세계를 형성한 민족문화예술과 이제 우리들이 치열하게 대화를 전개할 때만이 세계음악사와 새로운 균형과 질서를 가질 수 있음을 깨닫게 한다.

이 깨달음은 윤이상과 동시대에 민족음악을 실천한 음악인들이 우리

당대를 반성케 하는 힘이며, 우리들을 한국과 세계의 전 역사 앞에 소환시켜주는 힘이기도 하다. 그러나 한반도의 민족문화예술이 그의 창작정신과 소재의 바탕이 되어 현대음악으로 반영이 되었을지라도 그것은 두 가지 점에서 풀어나가야 할 과제를 안고 있다.

하나는 창작의 아이디어와 재료선택이 서구의 현대어법이라는 점에서 우리가 나아갈 하나의 방향은 되었을지라도 그 전부는 아니라는 점이다. 그의 어법은 음통일체와 음향통일체이어서 선적線的이고 리듬적이지만 한반도 민족전통음악의 미적 특징인 '장단'이 아직 구체화하지 않았다. 이것은 그가 음향과 음색기법을 중심으로 한 서양현대음악 중심권에 있었기 때문이다. 한국의 장단은 역사적으로 기화氣化의 음악화이다.

또 하나는 윤이상의 미학적 세계관과 재료 선택의 바탕이 된 것은 유학과 노장학, 그리고 아악(또는 민요의 예술로서 아악화)이었지, 한국민족음

금강산 윤이상음악회 2006년 4월 29일 금강산에서 열린 윤이상음악회의 모습

악의 바탕인 민중들의 세계관과 민악民樂으로 구체화하지 않았다는 점
이다. 바로 그러한 관점에서 한국음악을 안팎으로 세계화시키는 과제가
우리들을 기다리고 있다.

분명 윤이상의 출현은 우리가 지역적으로 한반도만의 음악으로 위안
받는 시대가 지났음을 예고하였다. 한반도 음악사는 근대사를 통하여
'잘못된 계몽'으로 말미암아 서양음악 학습만으로 역사화되었고, 일제

2006년 4월 금강산 윤이상음악회 개막행사에서 인사말을 하는 이수자 여사

인물로 본 한국근현대음악사

하에 우리들의 창조적 에너지인 민족문화 유산이 '해체'되었으며, 현대 사를 통하여 우리들의 음악적 삶의 조건이 분단으로 '억압'됨에 따라 민족 문화예술에 대한 역사와 미적인 학습을 받을 기회가 주어지지 않았다. 뿐만 아니라, 서양음악조차 만족스럽게 학습하지 못하여 우리들 모두가 한반도에 머물러 삶과 음악 회복만을 지상과제로 삼아왔다.

　바로 이러한 상황에서 윤이상은 한반도의 분단과 역사와 미학 앞에 우리들을 세워놓고 '대화'하게 하여 이보다 더 '큰 음악'을 창출할 수 있도록 우리에게 악수를 건넸다. 윤이상은 '큰 음악가'이다. 그의 큰 음악은 한국에서 행동하는 민족윤리성으로 학습하고 체험한 음악과 세계관으로 깨닫고, 그 생명의 존엄성을 통하여 자연과 우주와 끊임없이 화해하려고 노력한 결과에서 비롯되었다

　그가 해방 전후에 창작한 초기 가곡 5곡을 묶어 1950년에 부산에서 가곡집 『달무리』를 출간하였을 때부터 〈화염에 휩싸인 천사〉가 나온 1994년까지 한국 전통음악은 언제나 살아 숨 쉬고 있었다.

인물로 본
한국근현대음악사

초판 1쇄 발행 2017년 12월 2일

지은이 노동은
펴낸이 홍기원

총괄 홍종화
편집주간 박호원
편집·디자인 오경희·조정화·오성현·신나래
　　　　　　 김윤희·이상재·김혜연·이상민
관리 박정대·최기엽

펴낸곳 민속원
출판등록 제18-1호
주소 서울시 마포구 토정로 25길 41(대흥동 337-25)
전화 02) 804-3320, 805-3320, 806-3320(代)
팩스 02) 802-3346
이메일 minsok1@chollian.net, minsokwon@naver.com
홈페이지 www.minsokwon.com

ISBN 978-89-285-1102-0
S E T 978-89-285-1054-2　 04380